織田信長
室町幕府的終章

尾張權力統合、京都政治重構……打破戰國舊格局的天下構想

從桶狹間到京都,
不為輔佐將軍、不為響應召喚……
天下大勢翻湧之際,「上洛」爭奪國之大政!

北條早苗 著

目錄

(二十六) 武田信玄舉兵 …………………………………005

(二十七) 三方原合戰 ……………………………………023

(二十八) 幕府滅亡 ………………………………………035

(二十九) 天正之世 ………………………………………045

(三十) 長島一揆滅亡 ……………………………………055

(三十一) 武田勝賴來襲 …………………………………071

(三十二) 大戰前夕 ………………………………………085

(三十三) 長筱合戰 ………………………………………097

(三十四) 信長的勝因 ……………………………………109

(三十五) 安土時代的到來 ………………………………119

(三十六) 本願寺之戰 ……………………………………129

(三十七) 湊川合戰 ………………………………………139

(三十八) 播磨侵攻 ………………………………………151

(三十九) 有岡城之戰 ……………………………………165

目錄

(四十) 統一政權建立……………………179

(四十一) 鳥取城攻防戰………………189

(四十二) 北陸的戰事…………………199

(四十三) 甲州征伐……………………213

(四十四) 備中高松城合戰……………231

(四十五) 最後的上洛…………………239

(四十六) 本能寺之火…………………249

(四十七) 本能寺之變謎團……………259

(四十八) 信長的遺產…………………275

參考書目………………………………293

（二十六）

武田信玄舉兵

▎光秀受封滋賀郡

　　天台宗的本山延曆寺被燒討以後，天台宗的座主覺恕法親王逃到了甲斐國接受武田信玄的庇護。另外，因為明智光秀在攻打延曆寺時身為織田軍的前鋒立下許多戰功，戰後他從信長處受封了包括坂本在內的滋賀郡作為領地，足利義昭也任命明智光秀為幕府在山城國南部的總代官。

　　然而明智光秀的野心遠不止如此，他主張除了懲處延曆寺以外，還應該把延曆寺下轄的在地方上的末寺領地也一併沒收。同時明智光秀還是一個非常有行動力的人，他藉著整理調查延曆寺寺領的名義，在領內大肆侵占寺社的莊園。

　　明智光秀此舉是典型的室町大名的做法，他無視權門舊貴，一切都以拳頭至上。實際上自織田信長上洛以來，和織田家站在同一方的幕府奉公眾們在足利義昭的領導下恢復了室町時代的惡習，肆意侵占貴族和寺社的領地，光秀只是這群人裡比較明顯的一個。

　　之所以說明智光秀比較明顯，是因為他的舉動驚動了天皇。

　　十二月，京畿一帶的寺院向正親町天皇提起訴訟，抗議明智光秀的行為。當時的寺社與朝廷保持著良好的關係，經常上貢給天皇，他們的土地

(二十六) 武田信玄舉兵

自然也與朝廷的利益有密切關係,明智光秀的行為間接影響到了天皇的利益。

正親町天皇得知此事以後非常憤怒,向幕府提出了嚴正抗議。然而,要說明智光秀是典型的室町大名,那麼足利義昭就是典型的室町將軍,無論正親町天皇怎麼憤怒,足利義昭都將此事置之身外,對光秀的行為不管不問。

被幕府無視的正親町天皇無奈之下只能任命山科言繼身為敕使帶著綸旨前往岐阜城,希望織田信長能夠管管違法亂紀的明智光秀。

十二月十五日,山科言繼前往美濃國,不過因為織田信長出陣在外的緣故,便滯留在了岐阜城。不過,二十九日夜裡,山科言繼卻在宿所裡迎來了一位不速之客——明智光秀。

明智光秀見到山科言繼就開始嘿嘿嘿地傻笑,然後把手伸進懷裡摸著摸著,突然摸出了一個袋子,說道:「山科大人長期待在岐阜,手頭一定很緊吧,這是小人的一點心意……」

山科言繼感到有些吃驚,明智光秀這是在賄賂自己啊!

當時織田信長嚴令禁止家臣們侵犯皇族、公家以及寺社的領地,明智光秀打著沒收延曆寺領的幌子整治土地,暗中卻侵占了不少別人的莊園。這事要是被信長知道了,光秀最少也得挨一頓罵,所以這才來到敕使山科言繼的宿所裡,希望山科言繼能在織田信長那裡美言幾句。

明智光秀走後,山科言繼拿出了錢袋,數了數裡面的數額,驚訝地發現明智光秀還真是獻上了一筆「鉅款」——兩百疋,也就是兩貫錢。當時兩貫錢的購買力,換算成現在的貨幣大約是二十萬日元。

順便一說,在近四十年以前,年輕的山科言繼和飛鳥井雅綱前往尾張

國傳授蹴鞠時，二人對尾張國的武士收取的學費就是每人兩貫錢加一柄太刀或者什麼別的名產。而當時武田信玄治理下的武田家賣奴隸的價格，也是兩貫到十貫左右。

也就是說，明智光秀雖然想賄賂山科言繼，付的錢卻小氣得可能還不如山科言繼收一個足球學生的價格，甚至可能無法在武田家買一個奴隸。

值得一提的是，明智光秀在受封滋賀郡以後剃了頭，想要辭去在幕府的職務徹底倒向織田家。但是足利義昭需要明智光秀作為自己與織田信長交涉的中間人，所以沒有允許辭職。

營造信長宿所

時間很快地到了元龜三年（1572 年）。

這年的三月五日，織田信長率軍出陣北近江，之後於七日再度在小谷城北部的餘吳、木本縱火。根據《淺井三代記》的記載，當時淺井長政率軍兩千人出陣與山本山城的城主阿閉貞征父子一同擊敗了織田軍的佐久間信盛，織田軍不得不退往橫山城防守。但是，這件事並不見於一次史料當中，是否屬實還有待考證。

三月十二日，織田信長將織田軍主力留在近江國牽制小谷城，自己則率領馬迴眾上洛，前往妙覺寺留宿。在信長上洛後，足利義昭表示前幾年織田信長幫助自己修築二條御所，現在自己上洛卻只能在臨時住處妙覺寺借宿，實在是太不好意思了，所以幕府決定在京都為織田信長修一處正式的居所。

儘管織田信長拒絕此事，但是足利義昭這回的態度卻很強硬，最後信

（二十六）武田信玄舉兵

長只能接受將軍的「好意」。當然，徵發徭役的對象仍舊是織田家領內的武士們。除了武士以外，足利義昭還以幕府的名義命寺社、公家無論出多少東西，都必須出錢出力，連吉田兼見都被迫獻上了兩塊木板。

日本歷史作家桐野作人認為，足利義昭此舉其實是在向織田信長炫耀自己身為「天下人」的權力，儘管這個權力建立在織田家的基礎上，十分脆弱。

■ 包圍小谷城

信長在京都期間，收到了一個好消息和一個壞消息。

好消息是京兆細川家的家督細川昭元、三好三人眾之一的巖成友通率部來降，親自來到京都拜見織田信長表示臣服，大坂的本願寺顯如也向織田信長送來了禮物表達了和解的意向，這兩件事讓織田家在京畿的壓力稍微減小了一些。

壞消息則是三好家宗家的家督三好義繼在松永久秀的慫恿之下舉兵謀反，加入了松永家的一方，開始攻打河內國守護畠山昭高麾下的城池。三好義繼之所以敢跟著松永久秀作亂，主要原因還是他們與當時仍舊看似強大的朝倉義景有著祕密聯繫。五月二日，朝倉義景派往河內國與三好義繼通訊的密使在路上被織田軍查出，密使隨後被送往京都當眾燒死。

織田信長非常重視河內國、大和國的叛亂，他派遣了尾張國、美濃國的老臣佐久間信盛、柴田勝家、蜂屋賴隆、齋藤利治、稻葉一鐵等人率軍前往河內國討伐三好義繼。

包圍小谷城

　　在通說裡這一年動亂的內因乃是不滿織田信長專權的足利義昭暗中策劃的「信長包圍網」。然而足利義昭在這一戰中既派出了奉公眾參戰，還向織田信長表示希望織田家能夠「平定天下（京畿）的動亂」的意願。這兩件事再加上之前為織田信長修別墅之事，此時的足利義昭實際上依舊與織田信長保持著良好的關係，並沒有出現對立的情況。

　　織田信長收到將軍的平亂請求後返回了岐阜城，開始召集領內的軍勢。七月，織田信長召集齊了五萬大軍，再次攻打淺井長政的小谷城。

　　值得注意的是，織田信長的嫡子「奇妙丸」也在這一戰中初陣，時年十六歲。不過，奇妙丸正式使用元服後的名字「織田信重（後改名信忠）」乃是兩年之後的事情，因此初陣時的他應該還沒有元服。

　　織田軍出陣以後，淺井長政只敢龜縮在小谷城內據守。隨後織田軍再侵入近江國與越前國交界的餘吳、木本，在此地縱火後，還將當地的名寺淨信寺燒毀。宛如前幾次侵攻的翻版，織田軍迂迴到了小谷城背後的草野、野瀨一帶縱火，準備用焦土政策將除了小谷城以外的淺井領地全部摧毀，打擊小谷城守軍的士氣。

　　另外，當時從琵琶湖水路進軍的明智光秀麾下的堅田眾駕駛著被稱為「圍舟」的大船出戰，「圍舟」是戰國時代的一種以堅硬的巨木作為裝甲的船隻，後來的安宅船、關船均是「圍舟」的一種。織田軍的水軍自琵琶湖水上攻來，攻打淺井方的餘吳入海口與竹生島，根據《信長公記》的記載，攻打竹生島時織田水軍使用了包括「火矢、大筒、鐵炮」在內的大量火器。

　　七月二十一日，織田信長派遣佐久間信盛、木下秀吉、柴田勝家、丹羽長秀、蜂屋賴隆等精銳軍勢在小谷城正面的雲雀山與虎御前山布陣。

(二十六) 武田信玄舉兵

二十七日，織田軍開始在虎御前山修築用來長期包圍小谷城的城砦。

相比先前被包圍的橫山城，虎御前山城就在小谷城的正門口外，淺井長政被此事急得是焦頭爛額，向越前國派去了緊急求援的使者。為了欺騙朝倉家出兵，淺井長政故意撒謊說現在伊勢長島的一向一揆已經切斷了尾張國與美濃國的通路，織田軍正因為後方之事軍心不穩，只要朝倉軍出陣，定可以將織田軍消滅。

不明所以的朝倉義景率軍一萬五千人出陣來援，朝倉軍來到小谷城北面的大嶽城著陣，但是朝倉軍中卻陸續出現士兵逃亡的現象，甚至朝倉家中的重臣前波吉繼父子也率部到信長處參降，這使得軍心不穩的朝倉義景不敢輕舉妄動，只敢在此地與織田軍對峙。

為了進一步包圍小谷城，織田信長在小谷城城下修築了一圈高度為三公尺的土壘，同時還在土壘前挖掘了壕溝，引入附近的河水。織田軍此舉是為了將自家的兵力部署情況隱藏在土壘之後，同時土壘還可以將小谷城徹底圍死。不僅如此，織田信長還在橫山城與虎御前山城之間修了一條長達五公里的公路，在路上修築了作為兩城交通連接點的「繫城」作為休息區，以方便織田軍移動和休整。

九月十六日，完成了對小谷城包圍的部署後，織田信長任命木下秀吉為虎御前山城的守將，自己則率軍返回了岐阜城。淺井長政雖然在十一月三日時與朝倉家配合突圍，想要破壞織田軍修築的土壘，但是也被守將木下秀吉擊退。

武田背盟

　　元龜三年（1572年）十月三日，織田家的盟友武田信玄率領大軍從甲府出陣，正式宣布與織田信長開戰。

　　武田信玄一方面派出下條信氏作為別動隊向兩屬勢力美濃國遠山氏的巖村城進軍，一方面親自率軍攻打遠江國、三河國的德川家領地。

　　在舊說裡，攻打美濃國巖村城的武田軍主將為秋山虎繁，然而根據武田信玄的一份年分不明的書信來看，武田信玄在某年三月派遣秋山虎繁前往巖村城駐守。武田家與織田家敵對的時間乃是元龜三年十月開始，武田信玄在次年病逝，這個三月自然只可能是指元龜四年的三月。這封書信說明了秋山虎繁在元龜四年三月前一直跟隨著武田信玄的本隊作戰，並不在美濃國。

　　在武田軍出陣駿河國時，織田信長還覺得武田信玄這是在聲東擊西，佯裝前往駿河國，之後再突然掉頭進軍越後。信長樂呵呵地對家臣們表示不用擔心武田家的動向，武田信玄的這招自己都已經玩爛了，直到收到武田信玄正在進攻織田家和德川家的領地的報告時，織田信長才知道武田信玄是真的背盟了。

　　此時的老實人織田信長還在幫助武田信玄調解武田家與上杉家的關係，盛怒之下的信長寫信給上杉謙信斥責武田信玄此舉乃是古今未聞的無道之事，表示織田家今後永世不會再與武田家來往。

　　雖然在信長的一生中平均每年都有幾個人背叛他，但是他之所以會對武田信玄背盟之事如此深惡痛絕，主要是因為織田家在武田家擴張版圖之際非常信任武田家，心甘情願地當了一回工具人，最後卻被背叛。

（二十六）武田信玄舉兵

▌三國同盟破裂

　　永祿七年（1564年），經過第四次川中島合戰以後，武田信玄對信濃國的支配逐漸強化，隨後便開始轉變攻略方向侵入信濃國的鄰國飛驒國。

　　此時織田信長還在攻打美濃國的一色家，為了孤立一色龍興，織田家與武田家之間開始交涉結盟。最終織田信長將養女嫁給武田信玄的四子武田勝賴，兩家締結了姻親關係。

　　武田信玄的嫡長子武田義信的妻子是今川家家督今川氏真的妹妹，武田義信與父親就支持今川家還是支持織田家出現了分歧。次年十月十五日，武田義信想要發起政變放逐武田信玄，可是陰謀敗露，武田義信的側近飯富虎昌被殺，武田義信雖然得以免死，也遭到了幽禁。

　　妹夫被幽禁以後，今川氏真察覺到了武田家的異心。永祿十年（1567年），為了防止武田信玄背盟的可能，今川家開始與上杉家交涉，最後祕密約定若是武田信玄入侵駿河國，則上杉謙信就將侵入武田家背後的信濃國。

　　同年十月，武田義信死去，今川氏真隨後透過北條氏康、氏政父子為中間人，說自己想妹妹了，將嫁入武田家的嶺松院召回了駿河。為了防止武田信玄起疑，今川氏真還送去了起請文給武田信玄，表示自己此舉並沒有敵對的意思，兩家的同盟依舊會繼續。

　　武田信玄什麼表示也沒有，只是冷眼看著今川氏真一步一步地自尋死路。此時今川家已失去三河國，又因為今川氏真對國眾的處置不當，導致長年以來的舊領遠江國也發生了動亂。武田信玄雖然不想破棄與今川家的盟約，但是對富饒的駿河國也是垂涎三尺，朝思暮想。

駿河侵攻

　為了奪取駿河國，武田信玄只好要求盟友織田信長協助自己。此時的織田信長正在籌備上洛，他先是調解武田家與上杉家的關係，讓上杉謙信不要再對信濃國、飛驒國的武田領地做出敵對行為，隨後又身為中間人讓武田家與德川家搭上關係締結同盟。

　武田信玄侵入駿河國的話，武田家有可能會同時遭到上杉家和北條家的攻擊。讓織田信長居中調解，上杉謙信多少會給足利義昭、織田信長一些面子，即便北條家對武田家發起攻擊，武田信玄也多了個盟友德川家康支援自己。

　今川氏真不是傻子，此時除了北條家以外，武田信玄和武田家的盟友已經將今川家的領地完整地包圍了起來，連條縫隙都沒有。於是，今川氏真開始封鎖對武田家領地的供鹽，兩方的關係急遽惡化。

　與通說裡不同的是，雖然沒有上杉謙信送鹽給武田信玄，但是想徹底封鎖甲斐國的鹽路確實是不太可能的。畢竟整個日本都是島國，又不是只有你駿河國產鹽。不過，禁鹽確實讓武田家遭受了一定的損失，這也堅定了武田信玄侵攻駿河的決心。

駿河侵攻

　永祿十一年（1568年）十二月六日，作為信長上洛的聯動作戰，武田信玄率軍從甲斐國出陣攻打駿河國。

　根據《松平記》的記載，武田信玄的父親武田信虎曾長期在駿河國滯留，儘管此時他已經被驅逐，但是經過他的遊說，當武田軍進入駿河國時今川家的一門眾瀨名氏、家臣朝比奈氏、三浦氏、葛山氏便都投入了武田

(二十六) 武田信玄舉兵

家的麾下，這些人後來都成為了武田家在駿河國的左膀右臂。

十二月十二日，今川氏真率軍迎擊侵入駿河國的武田軍，他先是命重臣庵原安房守朝薩埵峠進軍，自己則在清見寺布下本陣。然而，因為今川氏真人心盡失的緣故，今川軍的士兵們紛紛逃散，今川氏真最終也沒能與武田軍交戰，只好返回駿府今川館。武田軍隨後追來，今川氏真依舊沒做抵抗，狼狽地逃往家臣朝比奈泰朝防守的遠江國懸川城。十三日，武田軍進入今川館之後，縱火將今川館燒毀。

對於武田家侵入駿河國之事，雖然武田信玄對北條家的解釋是今川氏真密通上杉謙信想要滅亡武田家，但是北條家也不是傻子，武田信玄的野心早已是司馬昭之心，路人皆知。不光光是今川家而已，連北條家也暗暗開始與上杉家進行交涉，北條氏照更是在書信裡提到武田信玄此舉是想占領駿河國滅亡今川家。

所以，當北條氏康得知嫁給今川氏真的女兒早川殿逃離今川館時，因為被武田軍追擊，早川殿連轎子都沒有，只能徒步逃亡，北條家終於也坐不住了。早先嶺松院返回駿河時，是北條家居中出任擔保人，才讓武田信玄與今川氏真交換了繼續同盟的起請文。如今武田信玄背盟不說，還讓早川殿如此狼狽，實在是讓北條家顏面盡失。

十月十二日，北條氏政率軍出陣在沼津備戰。十三日，北條幻庵之子北條氏信率領的北條軍在興津與武田軍交戰，隨後北條軍進軍薩埵峠，進入尚在今川家麾下的蒲原城防守。武田信玄猜到了北條軍有可能會出陣，但是沒想到北條軍的行動如此迅速，再加上北條軍出陣以後，位於甲斐國、駿河國通路上的富士大宮城的今川家守將紛紛投入了北條家的麾下，使得東駿河落入了北條家的手中，威脅到了武田軍的歸國道路。

武田信玄匆忙在興津川西岸改築了興津城以防止北條家的進一步西進，在駿河國與北條軍對峙了起來。

德川家康的抗議

另外一方面，雖然在織田信長的居中協調下，武田信玄與德川家康締結了瓜分今川家領地的同盟。然而，武田信玄卻在結盟時要求德川家向武田家送出人質，家康不得不將異母弟弟久松勝俊與重臣酒井忠次的女兒送到甲府。與之相反，德川家康卻不敢要求武田家向三河國送來人質，這意味著甲三同盟從締結的那一刻起，德川家的地位就是低於武田家的。

為了響應武田信玄侵攻駿河，德川家康在十二月也侵入了今川家的領地遠江國。因為事先已經對今川家家臣進行過遊說的緣故，菅沼忠久、近藤康用、鈴木重時以及井伊谷的井伊一族全都不戰就加入了德川家麾下。

既然是瓜分今川家的同盟，那麼雙方的邊境在哪裡就是首要的解決問題。遺憾的是，在一次史料中並沒有雙方約定邊境線的相關記載，過去都是按照《三河物語》、《甲陽軍鑑》等後世編纂史料的觀點，認為兩家約定以河川為界瓜分今川家。只是，武田家認為的邊境是遠江國的天龍川，而德川家卻認為是大井川。

天龍川位於遠江國東部，如果以天龍川為界的話，遠江國西部的懸川城、二俣城、高天神城等地都將歸屬武田家，這幾乎相當於將近三分之二的遠江國。而大井川則在遠江國與駿河國的邊境，以大井川為界的話，就意味著武田家、德川家分別占領駿河國和遠江國。

不過近年來歷史研究者丸島和洋卻提出了不一樣的觀點，他在文書中

015

（二十六）武田信玄舉兵

發現武田信玄曾向德川家康表達了自己將出陣遠江國的意思，德川家方面並沒有提出異議。此外，德川家康也有招降駿河國國眾的行為，說明武田、德川兩家很可能並沒有約定明確的邊境線，而是各自以自己的能力各憑本事占地盤。

然而，讓德川家康沒有想到的是，老辣的武田信玄並未因為駿河國的戰事就放棄遠江國，在武田信玄的命令下，重臣秋山虎繁率軍自信濃國侵入了遠江國，不僅順利占領了遠江國北部地區，秋山虎繁還著手策反天龍川以西的國眾，這使得遠江國的國眾們內部發生分裂，一部分人想要投靠相近的德川家，另一部分人則想投靠更強大的武田家。

不過，秋山虎繁率領的軍隊畢竟只是別動隊而已，武田信玄率領的主力軍隊此時正在駿河國與北條軍、今川軍作戰，無暇顧及遠江國的局勢。因此，德川家康的心中便有了一些想法。

永祿十二年（1569年）正月，德川家康送去書信給正在與北條軍對峙的武田信玄陣中，質問武田信玄為何派遣秋山虎繁侵入遠江國，表示這是違反「甲三同盟」的行為。武田信玄在收到書信後震驚不已，當初的約定並沒有說明遠江國必須由德川家占領，德川家康此舉明顯是欺侮自己正與北條軍作戰，無法出兵遠江國。

為了避免遭受德川家、北條家的兩面夾擊，武田信玄只好認可了德川家康的不合理要求，派出使者前往遠江國，命令秋山虎繁率軍自遠江國撤退，前往駿河國與主力會合。同時，武田信玄還與德川家康互相交換了起請文，約定雙方都不與今川氏真和談。

儘管很多人戲稱德川家康為「老烏龜」，但是實際上德川家康一點也不烏龜，反而與日本人替他取的外號「狸」更加接近。狸並非是狸貓，這

兩個一個是犬科，一個是貓科。狸指的是成語「一丘之貉」中的「貉」，不管在日本還是中國，指的都是狡猾的壞人，尤其是日本，「貉」的能力更接近中國神話傳說中的「狐狸精」。

在與武田家交換的起請文墨跡未乾的情況下，德川家康私自與懸川城的今川氏真達成和解，雙方約定將武田信玄從駿河國趕出，讓氏真重新領有駿河國一國。此後在德川家的護衛下，今川氏真乘船前往北條家的領地相模國。

這下武田信玄真的生氣了，他向「甲三同盟」的擔保人織田信長派去使者，對德川家康的做法表達了強烈的抗議。在武田信玄的眼中，織田信長身為德川家康的主君，在收到自己的抗議以後，應該好好制裁一下這個不聽話的從屬。但是武田信玄不知道的是，身為對等盟友，此時的織田信長根本沒有能力干涉德川家的內政。事實上，直到武田家滅亡前夕，織田、德川兩家才真正確認了主從關係，而駿河侵攻時的德川家康與織田信長一樣，都是從屬於足利義昭政權的大名，雙方仍然是對等關係。

從桶狹間合戰後，家康繼續追隨今川家與織田、水野兩家敵對，到與織田家締結和約，再到平定三河國、與武田家結盟攻打今川家，可以看出德川家康並不是一個墨守成規的人，而是一個懂得靈活變通，十分狡猾的戰國大名，一隻名副其實的「狸」。

四月，雖然上杉謙信接受了足利義昭、織田信長的調解願意與武田家停戰，但是因為北條家也正在與其交涉結盟，因而武田家領國還是有可能會遭到上杉家的攻擊。武田信玄不得不放棄占領的駿府，暫時撤軍回國。撤軍前，武田信玄命穴山信君駐守興津城，命坂垣信安駐守久能城，防備北條軍。

（二十六）武田信玄舉兵

武田信玄對德川家康與今川家、北條家的和談表示抗議，他所期望的結果就是讓今川氏真在懸川城自盡，這樣駿河國的今川舊臣就會死心。此時駿河國東部還在北條家與今川家家臣的控制之下，今川氏真前往北條家以後完全可以在北條家的支持下反攻駿河國，一些暫時投入武田家麾下的今川家家臣也有可能再度背叛。德川家康擅自與今川氏真議和之事最終成為後來武田、德川兩家敵對的直接導火線。

十二月，武田信玄率軍再度侵入駿河國與今川家舊臣、北條軍交戰。武田軍的善戰遠遠超出了北條家的預料，十二月六日，武田軍強攻蒲原城，於當日破城，城主北條氏信以下諸多北條家、今川家家臣戰死。武田信玄隨後任命山縣昌景為蒲原城城代，自己也率軍進入蒲原城中。十二日，因為蒲原城的陷落導致北條軍後路被斷，在薩埵峠駐守的北條軍不戰自潰。次日，武田軍再度進軍駿府今川館，此地自四月武田軍撤軍以後就由今川家的家臣岡部正綱進駐修復，武田信玄透過臨濟寺的和尚與岡部正綱交涉，無血開城接管了今川館。

永祿十三年（1570年，元龜元年）正月四日，武田軍攻打駿河國的花澤城，守將大原資良拚死抵抗。二十五日，武田信玄親自出陣攻打花澤城，於二十七日破城，大原資良流亡遠江國的高天神城。

武田家在二月開始相繼攻陷了群龍無首的駿河國中部、西部的今川家城池。二月二十二日，平定駿河國大部的武田信玄率軍返回了甲斐國，此時除了駿河國東部以外，餘下的今川家領地已經全都被武田家占領了。

武田信玄的舉兵原因

　　元龜元年（1570年），德川家康將根據地從三河國的岡崎城遷到了遠江國的濱松城。此後，家康祕密派出使者前往越後國，與武田家的敵人上杉謙信締結了同盟。

　　德川家與上杉家的結盟早在攻打遠江國時就已經開始商談，當時的德川家康與武田信玄還未撕破臉，但是家康已經決定日後一定會與武田家敵對，所以在表面上與武田家保持盟友關係，背地裡卻悄悄地與上杉家開始接觸。不僅如此，德川家康還試圖破壞織田信長與武田信玄的同盟，想要讓織田、德川、上杉三家締結盟約，加上本已與武田家敵對的今川、北條兩家，武田家將陷入重重包圍網之中。屆時，德川家便可在滅亡武田家之後，從一眾大名之間分走一杯羹。

　　幸而織田信長並未採納德川家康的建議，沒有背叛武田家。而北條氏康也在不久之後病逝，繼任者北條氏政認為在北條家與武田家作戰時，上杉家並未支援北條家，便撕毀了與上杉家的盟約，重新與武田家結盟。甲相同盟復活以後，接受北條家庇護的今川氏真便離開了相模國，與妻子早川殿一同前往德川家接受家康的庇護。諷刺的是，大概是怨恨武田信玄的背盟，此後的今川氏真便以織田、德川方支持者的身分活躍，對從屬武田家的今川舊臣展開策反。但是由於氏真的威望過低，響應者寥寥無幾，根本沒有能力重返駿河國。

　　按照舊說，元龜年間武田信玄舉兵與織田信長敵對，是為了響應足利義昭、朝倉義景、淺井長政等人的請求上洛。原本武田軍早就該出陣了，但是因為武田信玄舊病復發，這才拖到了十月。

（二十六）武田信玄舉兵

不過，近年來學者鴨川達夫與柴裕之反對武田信玄舉兵是為了上洛的說法。鴨川達夫表示先前被推測是元龜三年五月十三日足利義昭下發給武田信玄的御內書中提到：「希望武田信玄率軍上洛，平定京畿。」但是此時的足利義昭正與織田信長一起在討伐三好義繼、松永久秀的陣中，所以這時候的足利義昭應該並沒有與織田信長斷交的想法，自然也不會要求武田信玄上洛打倒信長。目前可以確定足利義昭最早在元龜四年（1573年）二月十三日才明確表態與織田信長敵對，四處拉攏信長的敵人，因此這封將軍御內書應當是在元龜四年五月才發出的。

柴裕之則表示先前被推測是武田信玄在元龜二年（1571年）五月十七日寫給松永久秀的家臣岡周防守，表達自己想要上洛的書信，實際上也是在元龜四年寫成的。元龜二年的時候，松永久秀正因為和筒井順慶爭權而與足利義昭鬧不愉快，之後甚至舉兵謀反，所以武田信玄也不可能在這時候和將軍的敵人松永久秀聯繫。武田家開始與松永久秀的聯繫應當是元龜四年三月之際，此時足利義昭因為與信長進入敵對狀態，赦免了謀反的松永久秀、三好義繼，這也剛好呼應了足利義昭在五月十三日向武田家發去的那封御內書。

元龜四年二月時，淺井長政分別送去書信給武田家的穴山信君以及越中國的盛興寺，在淺井長政的書信中提到，將軍義昭已經下決心要與信長訣別，還向朝倉、淺井兩家下發了打倒信長的御內書。從這點來看，足利義昭與織田信長敵對的時間點其實是在三方原合戰以後，自然不可能事先組建「信長包圍網」，召喚信玄上洛。恰恰相反的是，武田信玄西進期間，他的敵人是足利義昭和織田信長，在三方原合戰獲勝以後，足利義昭認為織田家大勢已去，便決定拋棄織田家與反信長勢力結盟，這才召喚信玄上洛。

武田信玄的舉兵原因

順帶一提，足利義昭發出御內書的時候武田信玄其實已經去世，但是因為武田家隱瞞死訊的緣故，各方勢力並不能確定武田信玄是否尚在人世。武田家送去給松永久秀家臣的那封表達上洛意願的書信，實際上是武田勝賴偽造的，這是為了製造出武田信玄尚在人世的假象，迷惑其他勢力。

那麼，既然武田信玄的出兵不是為了上洛，那他的作戰目標又是什麼呢？

戰後的歷史學者高柳光壽曾對前文《三河物語》的「信玄上洛」觀點提出異議，認為武田軍的上洛並不現實。信玄舉兵後或許會因為一系列戰鬥的勝利而上洛，但是這絕不能說明信玄一開始舉兵的目的便是為了上洛。江戶時代的編纂史料為了神化織田信長，通常喜歡增強歷史事件的戲劇性，例如織田信長成功打倒了想要奪取天下的今川義元，而武田信玄打倒織田信長奪取天下的計畫卻失敗了，說明天命屬於織田家。

鴨川達夫同樣對「信玄上洛」表示疑義，他認為武田信玄在「三方原合戰」以後沒有在遠江國糾纏，而是轉進三河國，說明信玄的目的並不是占領德川家的領地，而是想給予德川家一定的打擊，防止德川家干擾武田家的作戰計畫。而武田家在西進期間，曾派遣秋山虎繁率領一支別動隊占領了東美濃，再加上信玄給朝倉義景的書信中提到自己出兵的目的是打倒織田信長，所以鴨川氏的觀點認為武田信玄是想要率軍前往美濃國與織田信長決戰，攻打德川家只是這個計畫的一環而已。

鴨川達夫的觀點不無道理，但是也有其餘的學者對此提出不同的看法。例如柴裕之表示武田家占領東美濃遠山家領地的別動隊其實並不存在。遠山家原本作為兩屬國眾，是有一定的獨立性的，但是因為遠山兄弟的去世，遠山家被織田信長給編入了織田家的體制之內，引起了遠山家親武田派的不滿。在武田信玄西進期間，遠山家自發加入武田家，武田信玄

（二十六）武田信玄舉兵

　　得到這個消息後，才派遣家臣進入東美濃。此外，信玄派出的家臣並非是通說中的秋山虎繁，而是秋山虎繁麾下的吉岡城城主下條信氏。因此柴裕之認為鴨川氏的「岐阜決戰說」從條件上就不成立。

　　除了上述兩個學者以外，本多隆成則是糅合了二人的觀點，認為武田信玄出兵的目的既不是信長也不是家康，而是信長和家康。本多隆成認為武田軍在西進以前，武田信玄便出兵飛驒國，其目的正是為了將來能夠從飛驒、信濃兩地侵入東美濃。而武田信玄攻打遠江、三河的目的，正是為了警告德川家，讓家康不敢輕舉妄動。

　　上述的跡象說明武田信玄在元龜三年的舉兵並非是響應足利義昭的號召，而是因為朝倉義景、本願寺顯如的慫恿。其目也並非是上洛，而是攻打織田信長後方的盟友德川家康的領地。若是能消滅德川家，武田信玄還可以順帶西進襲擾濃尾，讓織田信長首尾不能相顧。

(二十七)
三方原合戰

甲相同盟復活

　　元龜二年（1571年）十月三日，北條家的前家督北條氏康去世，趁著這個機會武田信玄開始與北條氏政交涉恢復甲相同盟。

　　北條家的擴張政策終究不是朝著西邊的駿河國，而是東邊的關東，再加上北條氏政是武田信玄的女婿，因而兩家在這年年末很快就達成了和談。北條家破棄了與上杉家的盟約，隨後將駿河國的興國寺城讓渡給武田家，同時承認武田家對西上野國的領有權，武田家也將關東武藏國的御嶽城等地讓渡給北條家，兩家正式恢復同盟。

　　元龜三年（1572年）七月，武田信玄為了鞏固後方，派遣軍勢出陣飛驒國攻打與上杉謙信勾結的江馬輝盛。在此期間，武田、織田兩家的兩屬家臣，巖村城城主遠山景任、苗木城城主遠山直廉兩兄弟相繼去世，隨後織田信長派遣軍勢占領了巖村城，將遠山氏的領地納入織田家的版圖。

　　為了做好西進的準備，武田信玄開始策反巖村城的遠山氏家臣，隨後又將三河國奧三河地區的山家三方眾（作手奧平氏、田峰菅沼氏、長筱菅沼氏）招攬進了武田家的麾下。

（二十七）三方原合戰

▍西進作戰

　　元龜三年（1572年）十月三日，武田信玄率軍從駿河國出陣，山縣昌景、秋山虎繁則率領別動隊自信濃國伊那郡南下，朝著三河國、遠江國進軍。

　　武田信玄本隊沒有選擇田中城通往懸川城的東海道大路進軍，而是沿著遠江國的海岸線，從小山城至高天神城的路線進軍。直到攻取高天神城以後，武田軍才返回東海道大路，隨後在十一月又包圍了遠江國天龍川附近的二俣城。

　　山縣昌景、秋山虎繁率領的別動隊進入三河國以後在長篠城備戰，隨後侵入遠江國來到二俣城與武田軍本隊會合。此時，巖村城的遠山氏家臣們得知武田信玄出兵，自發加入武田家麾下。十一月十四日，武田信玄派遣下條信氏進入巖村城，接管了東美濃的領地。

　　根據《三河物語》的記載，十月十四日，為了偵查武田軍的動向，德川家康率領本多忠勝、大久保忠世、酒井忠次、石川數正等家臣出陣，越過天龍川偵查武田軍的動向。結果，武田軍發現了德川家康一行人，兩軍在三箇野相遇。德川家康慌忙向濱松城逃去，多虧了本多忠勝在一言坂率軍殿後擋住了武田軍的進攻，德川家康才得以渡過天龍川返回濱松城。

　　另外，在武田信玄十月二十一日寫給奧平定勝的書信中提到：「高天神城城主小笠原氏助已經降服，自己將會在次日進軍國中，五日之內越過天龍川直奔濱松城而去，以消除自己三年以來的憂憤。」

　　武田信玄口中的「三年以來的憂憤」指的就是德川家康與今川氏真和談之事，導致武田家的駿河侵攻出現很大的阻力。然而讓武田信玄沒想到

的是，武田軍在二俣城遭到了德川守軍的頑強抵抗。二俣城的守將乃是中根正照、青木貞治二人，守軍人數僅有一千二百餘人左右，武田軍原本以為以自己的優勢兵力很快就能攻取此城，但是直到十一月三十日方才逼迫德川軍投降。

三方原合戰

十一月，得知武田信玄來襲的織田信長派遣佐久間信盛、平手汎秀等率軍三千人前往濱松城，支援德川家康。

武田軍這邊，經過一個月的圍城戰以後，二俣城開城投降，武田軍在進入二俣城稍作休整之後，便於十二月二十二日上午出陣，沿著遠江國的秋葉街道直接南下，直奔著德川家康的根據地濱松城而來。然而，在德川家康做好守城的準備時，武田軍卻在濱松城外的一處名為「大菩薩」的地方突然調轉方向，朝著西邊的三方原臺地進軍。

站在濱松城城頭的德川家康見武田軍轉向西進，連忙下令追擊。根據《三河物語》的記載，德川家的家臣們均反對家康出擊，但是德川家康卻認為若就這樣放縱武田信玄西去，三河國不保不說，德川家將來也會成為世間的笑談，所以堅持出擊。此外，德川家家臣的許多家眷都居住在三河國的矢作川一帶，如果武田軍西進奪取了三河國，這些家眷們一旦成為武田軍的俘虜的話，德川軍就將不戰而潰。再加上德川家作為織田家的盟友，就這麼一槍未發便放任武田軍西去，將會引起信長的不悅。因此，無論如何德川家康都必須出城與武田軍一決雌雄，這是一場明知會輸卻也要強行交戰的戰鬥。

（二十七）三方原合戰

　　雖然上述的觀點十分符合邏輯，但是著實與德川家康「狸」的外號違和，身為一個不管怎麼樣都不願意自己吃虧的人，真的會在意武士的面子嗎？

　　歷史學者平山優在近年提出一個新的觀點，根據《信長公記》的記載，武田軍在離開三方原臺地後，其實並未朝著三河國行進，而是再次改道，朝著濱名湖畔的堀江城進軍。武田軍的再次改道，讓德川家康大吃一驚，遂做出追擊武田軍的決定。

　　當時濱松城與尾張國、三河國的聯繫通路一共有四條，分別為鳳來寺道、本坂道、東海道與濱名湖的水運。鳳來寺道早就被秋山虎繁、山縣昌景的別動隊占領，東海道又被武田軍本隊阻斷，僅剩下本坂道與濱名湖水路兩條通路，而堀江城正好處於控制本坂道與濱名湖的交通要道上。如果武田軍奪取了堀江城，那麼濱松城將會變成一座孤城，失去與外界的聯繫。這樣一來，濱松城的陷落就只是時間問題。

　　也就是說，武田信玄在大菩薩、三方原的改道並不是單純的侮辱德川家康，誘使家康出城野戰，而是經過深思熟慮的作戰計畫，他的最終目標依然是濱松城內的德川家康。

　　實際上根據《甲陽軍鑑》品第三十九的記載，因為忌憚驍勇善戰的德川家康，再加上當時盛傳織田軍主力已經在三河國的岡崎、山中、吉田等地備戰。雖然織田軍的來援只是謠言而已，但是朝著三方原方向進軍的武田信玄並不知道此事的真偽，因而才會試圖避免與德川軍爆發直接衝突。否則，即便武田軍戰勝德川軍，已成疲敝之師的武田軍是無法正面迎戰來勢洶洶、以逸待勞的織田軍的。正是因此，奪取堀江城圍困濱松城，使德川家康不戰而降才是上上策。

　　三方原是濱松城附近的和地、祝田、都田三家的草場，此地方圓五

里，沒有水源與人家居住，乃是一塊荒地。德川軍追擊至此地之後，發現武田軍早已做好迎戰態勢，兩軍隨後在此地展開激戰。

是時，武田軍的人數約為兩萬餘，德川軍的人數大約八千人，佐久間信盛、平手汎秀、水野信元率領的織田家援軍人數大約在三千人左右。在良質史料裡並沒有詳細地記載兩軍的交戰過程，只知道這場合戰發生得十分突然（午後四時），結束得也十分突然（午後六時）。

根據《信長公記》的記載，武田軍的前鋒乃是一群被稱為「水役之輩」的賤民組成的輔助部隊，這支部隊向德川軍投擲飛石挑釁德川軍出戰。江戶時代成書的《總見記》中提到，這支投石隊是小山田信茂麾下的部隊，但是並沒有其他史料佐證，可能只是《總見記》作者遠山信春的個人創作。

根據《甲陽軍鑑》的記載來看，武田軍的前鋒乃是「武田四名臣」之一的山縣昌景，也就是通說中統率武田家精銳部隊「赤備」的武士。不過，實際上武田家的軍隊裡並沒有我們想像中的「赤備」部隊。「赤備」指的並非是某支具體的部隊，而是指穿著紅甲的部隊，在武田信玄、武田勝賴時期，作為「赤備」出戰的軍隊有非常多支，他們也沒有經過什麼特殊訓練，只是換件衣服而已。另外，根據德川家康在戰後的書信來看，德川家康提到當時武田軍的前鋒乃是西上野的小幡眾，而不是山縣昌景。

根據《三河物語》的記載，武田信玄在三方原布下了魚鱗之陣，德川家康則布下了鶴翼之陣。武田軍的前鋒部隊與德川家康交戰之後一度崩潰，特別是山縣昌景麾下的奧三河國眾「山家三方眾」因為畏懼家康旗本的戰鬥力，向武田軍後方逃竄，使得武田軍陣腳大亂。趁著這個機會，家康重臣酒井忠次再次對山縣昌景發起攻擊，山縣隊以及北條家派出的援軍均被德川軍擊敗，陷入了苦戰。雖然德川軍人數少，但是卻一直殺到了武

（二十七）三方原合戰

田信玄的本陣跟前。在《甲陽軍鑑》等書中也提到，在山縣昌景所部瀕臨崩潰之際，馬場信春突然率隊殺入，抵禦住了德川軍的攻擊。而後，武田勝賴率軍從側面對家康的旗本們發起攻擊，將家康的旗本武士們給擊退。山縣昌景見狀趁勢重整隊形，對酒井忠次發起反擊。不僅如此，武田信玄見到前方陷入苦戰，連忙命令負責運輸兵糧的甘利信康放棄糧隊，率領所部配合山縣昌景一同對酒井忠次發起攻擊。

在武田軍的多重打擊之下，德川軍逐漸成為強弩之末，隨後發生崩潰。令人意外的是，武田信玄並未大規模追擊德川軍的敗兵，而是見好就收，重整陣型準備迎擊傳說中在岡崎、山中等地布陣，實際上卻並不存在的織田軍。

雖然在三方原合戰時武田軍的人數占優勢，但是實際上武田軍的參戰部隊只是殿軍的山縣昌景、馬場信春、武田勝賴等人以及武田信玄的旗本武士、甘利信康的運輸隊而已。雖然山縣昌景一度陷入危險之中，但是武田信玄依舊沒有將武田軍的主力、側翼部隊投入戰鬥。這是因為武田信玄聽信了織田家散布的謠言，擔心在與德川軍交戰時會遭到織田軍的偷襲，所以武田軍的主力在整場戰鬥中都處於備戰狀態，一直防禦著三河國的方向。

這一戰中，德川家康的家臣夏目信吉、本多忠真、鳥居忠廣、成瀨藤藏、中根正照、青木貞治等戰死，而織田家派出的援軍中的大將平手汎秀也被武田軍討取。根據《當代記》和武田信玄書信的記載，三方原合戰中織田、德川聯軍共戰死千餘人。

織田家在這一戰中共派遣了三員大將，其中平手汎秀戰死，水野信元、佐久間信盛雖然逃出生天，但是在之後幾年也相繼失勢。水野信元於

天正三年被織田信長以「內通武田家」為罪名勒令切腹，佐久間信盛則因對同僚平手汎秀見死不救被信長責罵，後來新帳舊帳一起算，於天正八年被織田信長流放。

《信長公記》中還提到一件事，織田信長尾張時代的小姓眾中的長谷川橋介、佐脅良之（前田利家之弟）、山口飛驒守、加藤彌三郎四人，先前因為觸怒信長被流放，此時幾人均在德川家擔任客將參與了這場合戰，全都戰死沙場。另外，太田牛一還提到尾張國的一名二十四五歲左右的甲冑商人玉越三十郎是四人的好友，當時正好來遠江國拜訪他們，恰好武田信玄來襲，四人勸說玉越三十郎返回尾張，但是玉越三十郎卻不願意丟下好友自己逃命，最終玉越三十郎也和長谷川橋介四人一同戰死在三方原的戰場之上。

德川家康逃回濱松城之後，武田軍並未追擊。武田信玄之所以不趁勢攻打濱松城，有兩個原因，一是此時德川軍還有餘力守城，強攻濱松只怕會徒增傷亡，二是經過三方原合戰以後，德川家領地內必然大為震動，許多德川方的國人定會背叛家康投入武田家麾下。所以武田信玄認為與其強攻濱松城，不如靜待濱松城守軍自己散去，到時候再攻打濱松城便是易如反掌。

另外，根據《三河物語》的記載，德川家家臣大久保忠世在三方原合戰後派遣了一支鐵炮隊，夜襲了在犀崖駐紮的武田軍，讓武田軍陣腳大亂，許多士兵在夜色中失足落入犀崖之下摔死。犀崖現在仍有悼念犀崖夜戰戰死士兵的石碑，但是這件事不見於一次史料的記載，所以是否屬實也無從知曉。

(二十七) 三方原合戰

▋德川家康失禁之謎

根據通說，德川家康在三方原合戰之時被武田軍嚇得脫糞，返回濱松城之後，為了記住自己在這一戰中的慘敗，找來了畫家畫下自己狼狽的模樣，之後便一直將這幅畫掛在自己的臥室裡警示自己。

不過，不管在一次史料還是二次、三次史料裡，都看不到德川家康在三方原合戰時嚇得拉褲子的記載。僅有在《改正三河後風土記》中有類似的記載，不過該書中讓德川家康不小心拉稀的並非是三方原合戰，而是兩個月前的一言坂合戰。

從《信長公記》的記載來看，德川家康敗退之時遭到了武田軍的阻擊，但是德川家康卻不慌不忙掏出弓箭，一邊射殺敵軍一邊後撤，完全沒有通說中狼狽的樣子。在濱松城遺址附近，至今還有被稱為「小豆餅」、「錢取」的地名，據說是德川家康在三方原戰敗之時路過路邊的茶店買餅吃，之後因為擔心武田軍的追擊忘記付錢就離開了，茶店的老闆娘以為德川家康不想給錢，一路猛追，這才結了帳。這件事同樣不見於史料記載，有可能是當地口耳相傳留下來的故事，當然是逸聞的可能性也比較高。

▋三方原敗像之謎

除了脫糞謠言以外，通說中傳聞是尾張德川家代代相傳的「德川家康三方原敗像」的那張畫也十分可疑。

根據《御清御長持入記》的記載，這幅德川家康的畫像原本並非是尾張德川家保有，而是尾張德川家第十代家督德川治行的妻子嫁入之時帶來

的嫁妝。德川治行的妻子從姬出身於紀伊德川家，所以這幅畫其實是從紀伊德川家傳來的，當時畫的名字還叫〈東照宮尊影〉。

明治十三年（1880年）七月，尾張德川家為了整理廢藩置縣後的傳家寶物，重新編纂了一套尾張德川家的財產目錄《御器物目錄》，在〈東照宮尊影〉畫像一欄上新增了〈長篠戰役陣中小具足著用之像〉的副標題，同時在畫盒外貼上了〈家康公長篠戰役小具足著用之像〉的貼紙。當時有非常多名為〈東照宮尊影〉的畫像，尾張德川家增加副標題乃是為了區分這些畫像。

明治四十三年（1910年）四月，為慶祝名古屋開府三百週年，尾張德川家將各種寶物都拿出陳列供遊客觀賞，此時這幅畫用的便是上述的名字。當時的雜誌《國華》收錄的一篇文章〈雜錄〉中提到，這幅畫乃是德川家康的「長篠敗仗圖」，是尾張德川家的初代家督德川義直為了記住父親戰敗後的「苦窮」樣子所繪製的。然而，長篠合戰其實是德川家康一方取得了勝利，考慮到當時的時代背景所限，這種錯誤可能是因為記者的歷史知識不足所致。

昭和五年（1930年）時，尾張德川家的第十九代家督德川義親開設了德川美術館，當時這幅畫的名字依舊還是〈家康公長篠戰役小具足著用之像〉。為了統計美術館的財產，德川義親命人編纂了《美術館所屬什寶評價調》記錄展品價值，這幅畫的評估價值為一千五百日元。

然而，到了昭和十一年（1936年）一月六日時，《新愛知新聞》以及《大阪每日新聞》中報導德川美術館召開第三回展覽會時，介紹這幅畫乃是江戶時代初期的畫師狩野探幽繪製，畫的是德川家康在三方原戰敗之後的狼狽模樣。《大阪每日新聞》甚至還詳細提到說，此畫是尾張德川家的家祖德川義直為了不忘記父親創業的辛苦，命令狩野探幽畫成的。

(二十七) 三方原合戰

緊接著，一月十四日，《新愛知新聞》在報導關於德川美術館座談會裡的新聞時記錄了座談會的過程，時任尾張德川家家主的德川義親向與會者介紹此畫是德川家康在三方原合戰戰敗後，為了讓子孫記住自己戰敗的慘狀命人畫成的畫像。當時《名古屋市史》的主編堀田璋左右還補充了一句說這是德川家康在戰敗後命狩野探幽繪製的畫。

德川義親身為德川家後人，又在德川美術館的座談會上親口說出這則故事，再加上《名古屋市史》的主編添油加醋，此事經過新聞報導以後許多人都信以為真，誤以為此畫是德川家康在三方原合戰後命人畫下的。實際上，狩野探幽出生於慶長七年（1602年），此時別說三方原合戰了，連關原合戰都打完兩年了。

然而，這個謠言從這時候開始就在德川美術館內流傳了下來。昭和三十七年（1962年），德川美術館首次發行的藏品圖錄《德川美術館》別卷裡將此畫改名為〈德川家康三方原戰役小具足著用之像〉。

等到昭和四十七年（1972年）發行的《德川美術館名品圖錄》裡，此畫徹底被定名為〈德川家康三方原戰役畫像〉，並附上解釋說：「三方原戰敗後，德川家康逃回濱松城，命人畫下自己狼狽的樣子，從此一直將這幅畫帶在身邊警示自己。」

實際上對佛教稍微了解的人便會知道，德川家康的「三方原戰敗之像」裡德川家康的坐姿並非是戰敗後的狼狽模樣，而是佛教裡非常有名的「半跏趺坐」的姿勢。紀伊德川家繪製此畫不是想要後人記住什麼先人的創業辛苦，而是想將德川家康神化為佛一樣的存在。只是，因為德川義親等人的造謠傳謠，這幅畫最終變成了「三方原敗像」並廣為流傳。

信玄之死

十二月二十八日，武田信玄在寫給朝倉義景的書信中炫耀自己取得了三方原合戰的勝利，提到「三、遠兩國凶徒並岐阜之加勢眾千餘人討殺」。

武田信玄在三方原合戰後於濱松城附近的「刑部」地區部署，在此地度過了新年。元龜四年（1573年）正月，武田軍進軍三河國，包圍了三河國的野田城。野田城的守將乃是菅沼定盈、松平忠正兩人，為了支援此地，德川家康也率軍來到了三河國的吉田城。

二月十六日，野田城開城投降，守將菅沼定盈等人被捕，恰好先前山家三方眾降服於武田家時還有人質留在濱松城，武田信玄便用野田城的守軍交換了山家三方眾的人質，將他們送往信濃國。

次日，武田軍離開野田城返回山家三方眾麾下的長篠城駐紮。在此期間，武田信玄的病情開始惡化，通常認為武田信玄患的乃是肺結核或者肺癌，經過長期的行軍作戰，武田信玄的身體再也支撐不住了。在這樣的情況下，武田軍不得不暫時返回甲府，等武田信玄養好病後再對德川家進行攻擊。可惜的是，四月十二日，武田信玄在返回甲斐國的途中於信濃國的駒場病逝，享年五十三歲。

另外，德川家康在三方原合戰之後也並非像通說裡那樣龜縮。根據《武德編年整合》、《浜松御在城記》的記載，從武田軍進入三河國後，德川家康便開始試著收復失地，在武田信玄去世前的三月分，遠江國的天方城、各和城等地相繼回到德川家康的手中。五月，有傳言說武田信玄已經去世，德川家康便開始大舉反攻，包括高天神城在內的許多城池全都重新被德川家康占領。

(二十七）三方原合戰

(二十八)
幕府滅亡

▌〈異見十七條〉

　　元龜四年（1573年）正月，因為武田家在三方原合戰的勝利，朝倉義景、淺井長政、武田信玄、六角承禎、筱原長房、本願寺顯如、三好義繼、松永久秀等反信長勢力形成了對織田信長、足利義昭、德川家康等信長方勢力的絕對優勢。

　　讓織田家雪上加霜的是，織田信長親手扶持的幕府將軍足利義昭也突然與自己敵對，投入了敵方的陣營。足利義昭之所以舉兵對抗織田信長，是有一定的原因的。在前一年九月時，織田信長從近江國返回岐阜城以後向足利義昭送去了批評將軍的書信〈異見十七條〉。主要內容有年號問題、足利義昭親小人遠賢臣等等。

　　先來說說年號的問題，按照當時的習慣，每當遇上一些大災大難或者戰爭之後，為了革新世間的氣象，就需要改元。可是，當足利義昭建議改元「元龜」以後，織田家陷入四面楚歌的境地。織田信長認為「元龜」這個年號太不吉利，想要改個新年號，然而足利義昭卻事不關己似的，屢次拖延需要向朝廷繳納的改元費用，導致到了這年日本仍然還在用「元龜」做年號。

(二十八) 幕府滅亡

　　其次，明智光秀倒向織田家以後，雖然足利義昭沒有允許明智光秀致仕，但是卻開始有意疏遠明智光秀，這讓織田信長感到有些不滿，所以這個舉動便成為了「親小人遠賢臣」。除此以外，信長的書信裡還提到足利義昭不尊重朝廷，擅自插手地方政務導致家臣叛變，施行惡政讓百姓失望等等。

　　雖然織田信長的言辭懇切，但是畢竟這封信頗有些質問的含義在裡面，弄得足利義昭非常不爽。不過，不管織田信長心裡怎麼想的，表面上這封書信是忠言逆耳，此時足利義昭要是和信長作對，只怕是會被天下人議論，所以他也沒有說什麼。

■ 公方御謀反

　　元龜三年（1572年）以後，織田信長明顯落入下風。雖然織田家還未出現頹勢，但這都是因為織田軍在各地奮戰取得勝利導致，誰也不能保證萬一織田家打了一場敗仗，還能否在京畿立足。隨著三方原合戰的戰敗，織田家大受影響，足利義昭尋思要是繼續跟著織田信長，只怕會一起踏進幕府的墳墓之中。

　　恰好此時武田信玄送來一封書信給足利義昭的側近上野秀政，表示自己舉兵沒有他意，只是想討伐織田信長、德川家康等逆臣，恢復天下的秩序。京都郊外的國人山本氏、磯貝氏等幕府方的大名又都被反信長方的松永久秀招攬，足利義昭最終決定拋棄織田信長，舉兵作亂。

　　元龜四年（1573年）二月十三日，足利義昭向淺井長政、朝倉義景表明自己將要舉兵對抗織田信長的意願。次日，足利義昭宣布赦免松永久

秀，表示幕府會與松永久秀站在同一方。十五日，足利義昭正式舉兵討伐織田信長。

室町幕府將軍的節操，從第一代將軍足利尊氏開始就一落千丈，根本沒有任何一任將軍會對此覺得不好意思。

織田信長沒有料到足利義昭會舉兵，連忙派遣朝山日乘、島田秀滿、村井貞勝為使者前往幕府交涉，表示自己會交納效忠將軍的起請文並送出一個人質給幕府。同時信長還給了足利義昭一個臺階，暗示將軍可以將這次的舉兵罪責全部推給側近上野秀政。

此時的織田信長雖然四處滅火，但是對付區區一個足利義昭還是綽綽有餘的，信長之所以會放低姿態，終究還是因為他沒能走出室町時代的局限性。前文多次提到，當時雖然是「下克上」盛行的年代，但是實際上沒有什麼人會願意公然與主君對抗，否則即便贏了主君，名聲也會臭遍全日本。足利義昭身為幕府將軍，織田信長則是地方大名，二人有著理論上的主從關係，信長不願意無端背負一個「謀叛」的罪名，這才會放低姿態。

然而，足利義昭一口回絕了信長的提議，表示幕府會與織田家對抗到底。此時的足利義昭並不知道，武田軍在攻取野田城之後沒有繼續西進，因為武田信玄病重的緣故，武田軍正全軍北上，前往三河國的長筱城部署，隨後開始返回信濃國。

足利義昭舉兵以後，山城國北部、近江國滋賀郡、高島郡的國人紛紛舉兵對抗信長，織田信長派遣柴田勝家、明智光秀等部將率軍前去平叛。

三月六日，松永久秀率軍上洛，同時三好義繼、阿波三好家、京畿的一向一揆等約兩萬人的軍勢在堺集結，隨時準備攻入京都。此時的足利義昭覺得自己底氣十足，於三月七日再一次拒絕了織田信長的和談請求，連

（二十八）幕府滅亡

負責交涉的島田秀滿都被將軍激怒，怒氣沖沖地返回了織田家。

為了抵禦信長的進攻，足利義昭命令京畿的大名上洛。隨後，丹波國的內藤如安率領兩千人、攝津國的池田重成率軍五千人進入二條御所，足利義昭下令讓這些軍隊破壞了前一年為信長在京都修的宅子。

■ 京都之火

三月，武田軍撤軍返回信濃國的消息傳到了岐阜城，織田信長判斷武田軍暫時不會對織田、德川的領地發起攻擊，於是決定率軍上洛。

織田軍於當月二十五日抵達洛中，攝津國茨木城城主荒木村重、細川藤孝前來迎接織田信長，表示此次將軍「御謀反」，自己會加入織田家一方。細川藤孝非常認可織田信長前一年的〈異見十七條〉，經常勸諫足利義昭身為將軍要多自重，因而招來了義昭的不滿，於是決定背叛足利義昭。值得一提的是，在幕臣時代細川藤孝是明智光秀的上級，而到了織田家家臣時代細川藤孝與明智光秀就變成了同僚關係。

四月一日，吉田兼見、島田秀滿前往知恩寺的織田奇妙丸的本陣拜訪，因為吉田兼見的父親吉田兼右臨死前曾經做出預言：「南都滅亡，北嶺滅亡，因此王城（京都）將迎來災難。」所以織田信長趁著這個機會緊張兮兮地詢問吉田兼見此事是否屬實。

前文提到過，南都的東大寺曾被松永久秀燒毀，北嶺的延曆寺則被織田信長燒毀，織田信長有些擔心素來以博學著稱的吉田兼右的預言是否有依據。

吉田兼見回答說，自己並沒有見過類似的記載，這話不過是自己的父

親一時逞口舌之快而已，希望信長公不要在意。從吉田兼見的見聞來看，織田信長並非是現在大家所認為的那個無神論者，而是個極度迷信的人。

　　吉田兼見的答覆讓織田信長放下心來，下決心進入京都。四月二日至三日，織田軍在京都郊外縱火，警告足利義昭。四日，織田軍包圍了足利義昭據守的二條御所，隨後信長派出和談的使者，但是仍舊被足利義昭一口回絕。隨後，織田軍便在上京進行燒討，恫嚇足利義昭。

　　京都燒討的總大將是織田家的重臣柴田勝家，而負責在賀茂一帶縱火的則是明智光秀、細川藤孝二人。明智光秀一邊放火，一邊非常開心，經過這麼長時間的努力，自己終於徹底擺脫了幕臣的身分加入了織田家，將來必定有機會身為一方領主大有作為的。

　　與信長上洛時不同，這一次織田信長不再約束織田軍的士兵，明智光秀等人早就在坂本大開殺戒過一回，這一次也在京都燒殺劫掠，許多商人、百姓都被織田軍士兵和趁機作亂的盜賊殺害。

　　見到暴怒的織田軍士兵，足利義昭這回是真的怕了，他終於發現老實人織田信長也有恐怖的一面。四月七日，織田信長請求正親町天皇調解自己與足利義昭的關係，天皇派出關白二條晴良前往二條御所，足利義昭終於服軟，表示這次舉兵都是因為小人的讒言，願意與信長公和解。

▎倒楣的足利義昭

　　要說足利義昭沒有勇氣，實在是說不過去，從他在本國寺合戰時親自光著膀子提刀上陣砍人來看，就知道這傢伙不是好欺負的。然而，要是說起運氣，足利義昭的運氣真的是所有幕府將軍裡最差的一個了。

（二十八）幕府滅亡

在弗洛伊斯的記載之中，當時「甲斐的王信玄率軍三、四萬人逼近信長，越前的王（朝倉義景）也率軍兩萬從信長背後襲來，其他方面也有三好殿（三好長慶）和大坂的一萬五千人將要襲來……」局勢似乎對反信長勢力來說一片大好。

足利義昭時代的室町幕府和先前的幾個將軍並沒有什麼區別，他根本就沒有理由去策劃包圍網破壞自己和諧美好的生活。他之所以與織田信長敵對，主要還是因為看走了眼，認為織田家已經是風中殘燭，不值得依靠了。

正是因此，太田牛一在《信長公記》裡形容足利義昭的行為是「御謀反」，與「天下」敵對。上杉謙信在得知足利義昭舉兵以後也是冷眼相看，表示將軍的操作太傻眼了，自己無法理解。

在足利義昭的預估中，風中殘燭一般的織田家倒下以後，自己可以將三好家、武田家、松永家、畠山家、朝倉家、毛利家、浦上家等家族集結起來，重新編成一個新的幕府體系。可是，此時朝倉家已經被織田信長打得神經衰弱；松永家、畠山家、三好家看似軍勢龐大，實際上不過是烏合之眾；毛利家、浦上家離京都過遠，領地和織田家也不接壤，頂多就只能替幕府舉舉旗喊喊口號，幫不上什麼忙。

另外，足利義昭千算萬算，萬萬沒算到自己被武田信玄父子給大大地耍了一把。武田家是唯一在和織田方勢力交戰過程中取得大勝的家族，替當時的信長包圍網打了一劑強心針，成為所有反信長勢力的偶像。然而，武田信玄在元龜四年（1573年）以後就一病不起，於四月十二日病逝。武田家隱瞞了武田信玄的死訊，對外宣稱武田信玄只是因病隱居，將家督之位傳給了武田勝賴而已。為了讓京畿的勢力拖住織田信長，讓武田家消化侵占的遠江國、三河國領地，武田勝賴還在五月偽造了一封武田信玄的書信送到了松永家，讓他們向將軍轉達不要氣餒，武田家很快就會上洛支援

幕府的消息。從足利義昭的反應來看,他是真的信了。

除此以外,三好三人眾的首腦三好長逸在這年二月去世,阿波三好家的家主三好長治開始與織田家進行和談交涉。到了五月,阿波三好家的重臣、三好三人眾的支持者、主張武力對抗織田信長的主戰派筱原長房在阿波國被三好長治殺害。

勝利的天秤,開始傾向織田家。

流放將軍

織田信長與足利義昭議和以後便率軍返回了岐阜城,途中他命令柴田勝家、佐久間信盛攻打六角家據守的鯰江城,同時他聽說近江國的百濟寺暗地裡在支援六角家,另外派出一支軍勢在百濟寺進行燒討。

另外一方面,織田信長無法確定武田信玄去世的消息是否屬實,只能被迫返回岐阜城防禦東方的敵人。不過,信長也知道足利義昭與自己的和談只是緩兵之計而已,兩家已經很難再修復之前的關係了。

為了增快織田軍上洛的速度,織田信長在五月十五日前往佐和山城,命令家臣在當地修建大船。這樣一來,一旦京都有變,織田軍只需要從美濃國前往佐和山城,隨後乘船渡過琵琶湖即可上洛,能節省一天的時間不說,士兵們也免去了行軍之苦。

根據《信長公記》的記載,織田家建造的大船長度為三十間(約五十四公尺),寬度為七間(約十三公尺),是不折不扣的運輸船,大船一直到七月五日方才建造完畢。

在運輸船造好的前兩日即七月三日,因為先前武田家的上洛保證,被

（二十八）幕府滅亡

　　武田勝賴哄騙的足利義昭再度舉兵對抗織田信長。足利義昭命令幕府奉公眾三淵藤英、武家曜近公家眾日野輝資、高倉永相等在二條御所防守，自己則前往槙島城，召集軍勢勤王。

　　此時織田家建造的運輸船派上了用場，下水的第二天織田信長便趁著強風渡過了琵琶湖，於次日率領大軍上洛，進入妙覺寺布下本陣。織田軍到來以後，武家曜近公家眾率先離開二條御所來降，隨後三淵藤英也在柴田勝家的勸說之下在十二日開城投降，二條御所隨後被織田信長拆毀。

　　七月十七日，織田軍進軍槙島城。槙島城位於宇治川中的一處島狀平地，四面被水包圍，地勢十分險要。織田信長兵分兩路，一路派遣美濃眾從宇治川上游朝著宇治平等院進軍，此地是「源平合戰」時代鎌倉軍攻打木曾義仲時，佐佐木高綱和梶原景季爭奪前鋒時的渡河點，水勢較淺。另外一路織田軍由佐久間信盛、丹羽長秀、明智光秀、羽柴秀吉作為主力，自下游的五之莊朝著槙島城進軍，從兩面夾擊槙島城。

　　次日，織田軍發起總攻，陷入包圍的槙島城根本沒有抵抗強敵的意志，很快足利義昭就開城投降了。太田牛一在《信長公記》中寫到，足利義昭被織田信長擁立才成為幕府將軍，但是卻忘記了這個恩情，此時即便命他切腹也不是不可理解的事情，然而織田信長念及主從情誼不想背上弒主罪名，最終饒過足利義昭性命將其流放。

　　在流放足利義昭前，織田信長將足利義昭的幼子足利義尋扣為人質，對足利義昭說：「就算你我之間有著仇恨，我也會以德報怨。」暗示將會擁戴足利義尋為新的幕府將軍。隨後，信長命木下秀吉護衛足利義昭，將其送往三好義繼所在的河內國若江城。

　　太田牛一還寫到，在織田信長奉足利義昭上洛時，足利義昭威風凜凜，連道路兩旁的草木都倒向了將軍，當時大家都感慨足利義昭的命好。而此

時足利義昭被流放的樣子卻落魄狼狽，失去了對京畿的控制權，被人嘲笑為「貧困的將軍」。

隨著足利義昭被流放，室町幕府的幕臣們紛紛前往織田信長處參降。自日本南北朝時代的北朝曆應元年（1338年）足利尊氏就任幕府將軍以來，延續了二百三十六年的室町幕府正式滅亡。需要注意的是，足利義昭雖然被織田信長流放，但是織田信長卻一直沒有讓朝廷解除足利義昭的「征夷大將軍」官職，這大概是為了日後有可能出現的和談所做的準備。

七月二十一日，織田信長率軍回到京都，隨後動員軍勢攻打在此戰中站在足利義昭一方的山城國國人渡邊宮內少輔以及磯谷久次等，將其一一討伐。之後，因為先前在京都縱火的緣故，織田信長下令免除京都住民的賦稅徭役，重建京都，又任命村井貞勝為「天下所司代」，管轄包含京都在內的畿內近國。

吉田山築城建議

順便說個小插曲，根據《兼見卿記》的記載，在二條御所開城後、槙島城投降前的四月十四日，明智光秀為了向織田信長諂媚，竟然出賣了與自己關係甚好的吉田家，向織田信長建議在吉田山修築居館。

吉田山是吉田兼見的地盤，此地也是吉田神社的所在地。吉田兼見平日裡非常保護這個「聖地」，甚至不允許任何人砍伐山中的樹木。若織田信長將居館設在此地，破壞了風水不說，一旦居館遭到攻擊，吉田神社必然也無法逃過一劫。

吉田兼見父子與明智光秀素來交好，得知光秀向新主諂媚出賣吉田家

(二十八)幕府滅亡

氣得是破口大罵。好在柴田勝家等人巡視了吉田山以後，回來向信長表示吉田山並不適合修築居館，這才讓吉田兼見鬆了口氣，在這天的日記結尾裡感嘆：「（沒能被修居館）真是太好了。」

明智光秀出賣吉田家的緣由，除了諂媚以外其實還有個原因。吉田山位於京都前往坂本、比叡山的路上，坂本則是明智光秀的封地。明智光秀並不是不知道吉田山無險可守，不適合修築居館，但是只要說服織田信長將居館設在此地，一旦坂本出現反信長勢力的活動的話，集結在信長居館的織田軍就可以迅速出陣坂本，幫助明智光秀平叛。

真是個不要臉的人啊！

（二十九）

天正之世

▎天正改元

元龜四年（1573年）七月二十一日，回到京都的織田信長向朝廷申請改元，朝廷方面也覺得「元龜」這個年號過於不吉祥，響應信長的提議開始籌劃改元。

負責挑選新年號的是公卿高辻長雅和東坊城盛長，高辻長雅建議的新年號有「貞正」、「安永」、「延祿」、「天正」、「文祿」，東坊城盛長提議的有「寬永」、「明歷」、「永安」，朝廷隨後將二人提議總結，交給織田信長閱覽，最終由織田信長選擇了「天正」作為新的年號。

七月二十八日，朝廷舉行改元典禮，下令從這天開始正式改元為「天正」。

在室町時代，改元雖然是朝廷負責的政務，但是當時的改元大多數都是由室町幕府提出申請才進行的，所以之前信長才會催促足利義昭向朝廷建議改元。而織田信長將足利義昭提議的年號「元龜」改為「天正」後，代表著織田家在朝廷正式取代了足利家的地位，成為京畿最高的合法統治者（除天皇外），真正的「天下人」。

（二十九）天正之世

攻取大嶽、丁野

　　流放足利義昭以後，織田信長將全力用在了對付死敵淺井長政、朝倉義景的身上。七月二十六日，織田軍乘坐著大船渡過琵琶湖，在近江國高島郡登陸，隨後攻取了淺井方的木戶城、田中城。

　　此時河內國若江城的三好義繼派遣家臣諏訪行成、三好長逸的家臣坂東季秀作為援軍前往巖成友通防守的澱城。巖成友通在足利義昭舉兵之時站在了足利義昭一方，因此也遭到了織田軍的攻擊。八月二日，奉命攻打澱城的木下秀吉、細川藤孝策反了諏訪行成、坂東季秀二人，細川藤孝對澱城發起攻擊，殺死了守將巖成友通。澱城陷落後，織田信長對朝廷表達了自己近期將會出陣近江國討伐淺井家的意願。

　　朝廷對織田信長的軍事行動大為支持，八月七日，在朝廷的主導下，誠仁親王等人舉行了誦讀千卷心經的法會，祈願天下太平。二十日時，正親町天皇甚至下令讓各地的寺院都舉行祈願法會，祈禱織田信長的作戰能夠順利。這也是朝廷支持信長放逐幕府將軍足利義昭的一種表示。

　　話說回來，八月六日時，朝倉義景在淺井長政的請求下率軍出陣，於小谷城北部的餘吳、木本部署，朝倉義景本人則在附近的田上山布下本陣。此時的朝倉軍因為盟友武田家撤軍而士氣低下，再加上朝倉家新占的若狹國動向不穩，朝倉義景實際上身在曹營心在漢，根本無心救援淺井長政，能夠出陣就已經相當難得了。

　　八月八日，近江國的國人山本山城城主阿閉貞征投入織田家麾下，隨後山本山城附近的越瀨城也開城投降。十日，織田軍占領小谷城背後的北方城、山田山城，將小谷城與越前國的聯繫切斷，徹底包圍了小谷城。

攻取大嶽、丁野

大嶽城曾是朝倉家去年支援淺井家時部署的地方，為了抵禦織田軍的進攻，同時給支援的朝倉軍一個落腳點，淺井家的前任家督淺井久政下令在大嶽城下的燒尾修築城砦，命家臣淺見對馬進駐。然而，面對織田軍的強大攻勢，淺見對馬也在十二日被阿閉貞征策反，內通織田家。

織田信長在淺見對馬叛變的同日決定用武力強攻大嶽城。當天夜裡，信長命嫡子奇妙丸在虎御前山留守，自己親自率軍進入燒尾砦。恰好這天夜裡下起了大雨，織田信長便決定趁著雨勢的掩護，率領馬廻眾一口氣攻下大嶽城。

大嶽城的本丸由朝倉軍的齋藤刑部少、小林彥六左衛門、西方院三人防守，二之丸由淺井軍的井口越前守、千田采女正守備，三之丸便是淺見對馬守備的燒尾砦。織田信長的馬廻眾佐佐成政、前田利家、蜂屋賴隆等人從三之丸突然發難，大嶽城的守軍一觸即潰，井口越前守、千田采女正丟棄城池突圍，逃往小谷城，本丸的朝倉軍守將和士兵則被織田軍俘虜。

織田信長原本想要處決俘虜的朝倉軍士兵，但是他轉念一想，突然心生一計，決定將這些敗軍放回朝倉軍陣地，讓朝倉義景知道大嶽城已經淪陷，動搖朝倉軍的軍心。果然，朝倉義景得知了這個消息後陣腳大亂，大嶽城的淪陷讓朝倉軍本陣和小谷城斷了聯繫，現在也無法知道小谷城是否已被織田軍攻陷。在這樣的情況下，朝倉軍想要救援小谷城已然是不可能了，朝倉義景只剩下了撤回越前國這個選項。

八月十三日，朝倉軍在最前線的據點丁野城被織田軍攻取，織田信長決定在這天夜裡連夜追擊朝倉軍，下令讓各軍的將領一定不能大意，絕對不要放任朝倉軍就這樣安全撤軍回國。

到了晚上，織田信長迫不及待地率領本陣先行追擊撤退中的朝倉軍，

(二十九) 天正之世

朝倉軍士兵因為接連丟失了大嶽、丁野兩城，戰意全無，幾乎沒做抵抗就四下逃散。

此時織田軍中的幾員將領不知道織田信長已經出陣，姍姍來遲，氣得織田信長對著趕來的幾個家臣破口大罵：「我已經三番五次提醒你們不要大意，你們還如此延誤戰機，真是一群庸才。」

瀧川一益、柴田勝家、丹羽長秀等將領頭一次見到織田信長如此生氣，連忙向織田信長請罪。只有佐久間信盛一人覺得委屈，一邊不滿地落淚一邊對織田信長說：「您說這樣的話會失去我們這些家臣的。」

織田信長絲毫沒有給這個老臣面子，反而斥責道：「你難道很為自己的能力感到驕傲嗎？不知道是什麼勇氣讓你如此大言不慚地說出這樣可笑至極、不自量力的話。」

▎朝倉家滅亡

正如織田信長所料，朝倉軍此時已是潰敗之勢，織田軍緊隨其後追擊，斬獲無數。這時，織田軍的前鋒來報，說朝倉軍正分成兩股朝著中野河內方向和刀根方向逃竄，詢問信長應該向哪邊追擊。

織田信長當機立斷地下令道：「敵人的主力一定是朝著還在朝倉家控制下的引壇城、敦賀城逃竄，向刀根山進軍！」

果然，織田軍在刀根山追上了撤退的朝倉軍，朝倉軍中的一些家臣為了讓主君順利撤離，被迫反身迎戰織田軍，然而這些家臣最終還是抵擋不住氣勢如虹的織田軍，紛紛戰死。在距離敦賀城還有四十三公里左右時，

朝倉家滅亡

織田軍已經斬獲了三千餘首級，其中包括朝倉景氏、朝倉景行等朝倉一族與朝倉家的重臣，甚至連自稻葉山城陷落以後四處流亡的一色龍興也在此地被織田軍士兵殺死。

織田信長進入敦賀城以後，在此地滯留了三日以整頓軍勢，同時要求越前國的豪族送來人質歸降。八月十七日，織田信長再度率軍出陣，越過木目峠於次日抵達越前國府中的龍門寺部署。

朝倉家的居館位於一乘谷，不利於據城防守，朝倉義景便在一門朝倉景鏡的建議下將朝倉館燒毀，隨後倉惶出逃，退往大野郡的山田莊。朝倉館中的女眷們連行李和轎子都來不及準備，匆忙地跟著朝倉義景徒步逃亡。在此期間，有一個朝倉家的上級貴婦在出逃之時落單，被一個鄉下的武士發現，綁架回家囚禁起來。幾日之後，這名不堪受辱的女子討要了紙硯，在寫下辭世句後找了個機會就投井自盡了。

朝倉義景出逃期間，許多朝倉家的武士都被織田軍士兵搜出，全都被殺死。此時越前國平泉寺的僧人們也向織田信長表示投誠，朝倉義景退無可退，在朝倉景鏡的逼迫下切腹自盡。八月二十四日，朝倉景鏡帶著朝倉義景的首級前來歸降，織田信長赦免了他的罪過，命人將朝倉義景的首級帶往京都示眾。隨後又有人搜出了朝倉義景的母親與嫡子阿君丸，織田信長下令讓丹羽長秀處決了祖孫二人。

朝倉義景死後，越前國的國人們紛紛前來參降，織田信長在此地頒布了禁制，任命前波吉繼出任越前國守護代，於八月二十六日返回了近江國的虎御前山本陣。

稱霸越前國近百年的朝倉家，就這樣在半個月內被織田信長以迅雷不及掩耳之勢給消滅了。

（二十九）天正之世

▎小谷城陷落

　　朝倉家的滅亡讓織田信長徹底沒了後顧之憂。八月二十七日夜裡，織田軍對孤立無援的小谷城發起總攻，小谷城是一座狹長的山城，南部的本丸由淺井長政防守，北部的小丸由淺井久政防守。

　　八月二十七日夜裡，木下秀吉率軍先行攻取了位於小谷城中央的京極丸，將本丸與小丸的聯繫斬斷。隨後，小丸的淺井久政在此地舉行了最後的晚餐後切腹自盡，享年四十九歲。

　　織田信長於二十八日登上京極丸，命木下秀吉攻打本丸。此時淺井長政已經覺悟，將妻子市姬和三個女兒送出，隨後在小谷城內赤尾清綱的居館自盡，年僅二十九歲。自大永三年（1523年）淺井亮政時期以來崛起的國人淺井家，經過五十一年三代人後就此滅亡。

　　織田信長命令家臣將淺井久政、淺井長政的首級也送往京都示眾，還將淺井長政十歲的兒子萬福丸搜出，在關原處以磔刑。

　　因為木下秀吉在攻取小谷城時立下了戰功，織田信長便將淺井家的舊領地賜給了木下秀吉。木下秀吉之後在長濱建築了長濱城作為自己的居城，同時因為自己成為一方領主的緣故，木下秀吉放棄了從岳父家拜領的苗字「木下」，將苗字改為了「羽柴」。

　　根據《豐鑑》的記載，木下秀吉的「羽柴」是為了拍織田信長的家臣丹羽長秀、柴田勝家的馬屁，從二人的苗字裡各取一字組成。其實不然，丹羽長秀、柴田勝家成為織田家的家老時是林秀貞、佐久間信盛失勢以後的事，這時候他們不過是秀吉的同僚罷了。此時秀吉要是想拍馬屁，首選肯定不是丹羽、柴田二人，而是林秀貞與佐久間信盛。退一萬步來說，柴田

勝家的地位比丹羽長秀要高，若他知道自己苗字裡的第一個字「柴」被秀吉放在丹羽長秀苗字的第二個字「羽」之後的話，恐怕早就埋伏在秀吉下班的路上準備試刀了。

實際上，從長濱城的名字就可以得知此地臨水，「羽柴」可能是從長濱城一帶的「橋場」演變來的，二者漢字看似差距很大，日語裡的讀音卻相同。當然，也有說法推測說這是因為羽柴秀吉的母親曾經從事「土師（製作瓷具、陶具等）」職業，所以秀吉的「羽柴」實際上從母親的工作場所「土師場」的發音演變來的。

北伊勢侵攻

九月四日，織田信長率軍抵達佐和山城，命令柴田勝家率軍攻打附近的鯰江城。淺井、朝倉兩家在一個月內接連滅亡，極大地打擊了反信長勢力的抵抗決心，鯰江城守將六角承禎很快也開城投降，織田信長於九月六日返回了岐阜城。

九月十日，磯野員昌的家臣在近江國捉拿到了先前狙擊織田信長的杉谷善住坊，將其送往岐阜城。織田信長在拷問了杉谷善住坊以後，下令將其處以鋸刑，即將杉谷善住坊的頭部以下埋進土裡，再用鋸子把首級鋸下。

多年以來的敵人相繼被織田信長消滅，信長心中的怨氣頓時煙消雲散，織田家的局勢也開始一片大好。

在信長包圍網期間，伊勢長島的一向一揆對織田信長的後方造成了極大的麻煩，為了拔除長島一揆背後的支持勢力，織田信長決心攻打長島背

（二十九）天正之世

後的北伊勢諸豪族。

九月二十四日，織田信長從岐阜城出陣，在同日抵達大垣城，留宿一日之後信長前往更南邊的小稻葉山上的大田城布陣。近江國的織田軍則翻過兩國邊境，於九月二十六日進軍伊勢國的桑名。

一向一揆在西別所據城以守，信長下令佐久間信盛、羽柴秀吉、蜂屋賴隆、丹羽長秀四人領兵攻擊，斬獲無數。另外，織田信長還命令柴田勝家、瀧川一益率軍攻打片岡氏麾下的坂井城，片岡氏在十月六日開城投降，隨後二人繼續攻打位於深谷部的近藤氏。織田軍召集了許多礦工挖掘隧道攻打城池，最終近藤氏也不得不開城投降。

十月八日，織田信長來到東別所布陣，此時北伊勢國的許多豪族紛紛前來參陣，並向織田家送出人質表示臣服之意。只有白山的中島將監沒有前來參陣，織田信長立即命令佐久間信盛、羽柴秀吉等率軍攻打中島將監的居城，同樣採用挖掘隧道的方式攻入城中，中島將監眼見大勢已去，只能開城投降。北伊勢的豪族被平定以後，織田信長命瀧川一益進入矢田城駐守，同時在此地進行普請改築，加強防禦以監視長島一揆。

十月二十五日，織田信長撤軍返回岐阜城。然而在歸國途中，織田信長於一處蜿蜒的山道遭遇了長島一揆的伏擊。當時道路的左邊乃是草木茂密的高山多藝山，右邊則是揖斐川河口附近的沼澤地，蘆葦叢生，是一個非常便於伏擊的地形。

長島一揆知道這裡是織田軍返回岐阜城的必經之路，找來伊賀、甲賀豪族作為援軍。等到織田軍路過之時，埋伏在兩旁的弓箭手、鐵炮手突然發難，射殺無數織田軍士兵。幸好此時天上下起了豪雨，打溼了一揆眾的火藥，使得他們的鐵炮失去了作用，但是同樣的織田軍中的鐵炮也因為這

個緣故而無法使用。

　　織田信長命令林秀貞的女婿林通政率軍殿後，林通政帶領家中的一門眾、郎黨拚死抵抗，多次擊退了一揆眾的進攻。不過，林通政卻在這場殿後作戰中戰死，除此以外許多信長在尾張時代的舊部也都戰死在了掩護信長撤退的作戰中。

　　從這天中午織田軍遭到伏擊開始，天上就下起了豪雨，織田軍中甚至出現了凍死的民夫。夜裡，織田信長抵達大垣城，留宿一夜後於次日返回岐阜城。

▌平定河內、大和

　　淺井長政、朝倉義景滅亡、三好長逸病逝、巖成友通戰死、篠原長房被殺、六角承禎投降、武田信玄病逝，曾經帶給織田信長巨大麻煩的「信長包圍網」到這時已經分崩離析，再也無法發起像樣的攻勢了。

　　十月至十一月期間，毛利輝元收到足利義昭的邀請，派遣了外交僧安國寺惠瓊前往京畿斡旋織田信長與足利義昭的關係，織田家負責外交的是當時意氣風發的羽柴秀吉。毛利家想讓織田信長放過足利義昭一馬，讓足利義昭於十一月五日離開若江城前往堺。

　　此時織田信長向足利義昭表示，若是真心和解根本無需前往堺港，可以直接返回京都居住，恢復曾經的地位，可是足利義昭卻厚著臉皮要求織田信長按三月時提出的和談條件向自己交納人質。信長不是傻子，此一時彼一時，讓足利義昭返回京都的交涉自然是失敗了。被足利義昭弄得顏面盡失的毛利輝元拒絕讓足利義昭前往毛利家的領地，而是讓足利義昭前往

(二十九) 天正之世

紀伊國的由良城暫住。

十一月九日，雖然這一年被視為是室町幕府滅亡的年分，但是此時織田信長為了對付織田家的敵人還需要一些大義名分，因而他還是擁戴著足利義昭的嫡子足利義尋上洛。此時足利義昭依舊是征夷大將軍，在當時的人們眼中，哪天織田信長和足利義昭和解也不是不可能的事情。

例如在天正二年（1574年）時，織田信長的盟友德川家康甚至想將足利義昭接到三河國居住，這樣萬一日後足利義昭與信長達成和解，自己說不定也可以在幕府內分一杯羹。

織田信長上洛的同時留下了佐久間信盛率軍繼續攻打三好義繼據守的若江城。十六日，因為家臣們的背叛，織田軍攻入了若江城，三好義繼在天守殺死了女眷與子嗣之後切腹自盡，制霸京畿數十年的三好家宗家滅亡。

三好義繼自盡以後，大和國的松永久秀也向織田信長提出投降的請求。松永久秀的家臣岡周防守、楠木正虎在兩個月前就已經投奔了織田信長，隨著松永家的盟友相繼滅亡，松永久秀也沒有繼續抵抗的意義了。

織田信長接受了松永久秀的提議，但是要求松永久秀之子松永久通交出嫡子作為人質，同時命松永家讓出多聞山城，轉到信貴山城居住。次年，松永久秀費盡心血修築的多聞山城被織田信長下令拆除，拆下來的材料也被送往京都修築織田信長的新住所。

（三十）

長島一揆滅亡

▎頭骨酒杯的逸聞

　　天正二年（1574年）正月，這是頭一個以「天正」為年號的新年。

　　許多新歸順的地方國眾為了向織田信長表忠，紛紛前往岐阜城拜年，信長依次招待了他們。在各地的家臣都離開以後，織田信長將馬迴眾等近臣留下，在岐阜城召開了新年的宴會。

　　宴會上，信長命人端出許多家臣們見都沒見過的珍饈美味，大家正在對菜餚嘖嘖稱奇之時，卻突然又都止住了聲音，全都盯向了一個新端上來的餐盤。

　　與其他餐盤不同，這個餐盤裡放著的並非是什麼稀世美味，而是三個化過妝的首級——也就是去年被討伐的朝倉義景、淺井久政、長政父子。因為首級已經放置了三個月的緣故，三人的面容有些腐爛，織田信長特意命人用金漆遮掩已經露出來的白骨。

　　首級和其他菜餚擺在一起，家臣們面面相覷，有的人甚至強忍著噁心。只有織田信長對自己的惡趣味不以為然，自從去年解決掉了這三個死敵以後，他的心情是無比舒暢，連上廁所都通暢了許多。此次將三人的首級展示，也是在向大家炫耀去年取得的勝利。

(三十) 長島一揆滅亡

不過，這個故事傳到了江戶時代以及現代，就越來越偏離《信長公記》的記載了。比如，因為首級放置了三個月的原因，有人就靠此依據說，織田信長端出來的其實不是首級，而是三個骷髏頭——看骷髏頭就能認出首級的主人，那織田家的家臣也是蠻厲害的。其次，因為首級端出來時織田家正在召開宴會，所以在骷髏頭的基礎上，又演變出了織田信長用三個人的頭骨做成酒杯喝酒——這已經不是惡趣味了，而是變態。

當然，原記載裡織田信長連碰都沒碰這三個首級，只是把他們擺在一邊展示給家臣們。雖然現在也有人提出織田信長當時命人端出的很可能確實是骷髏（畢竟放了三個月），但是信長用金漆裝飾這些骷髏不是為了堵住窟窿眼用來喝酒，而是按照佛教密宗的做法將三人的頭骨做成法器以示尊重。

不過，織田信長本人信仰的應當是室町時代流行的禪宗臨濟宗，所以這種說法其實沒有非常可靠的證據支持，只能算推測。從我個人的角度來看的話，考慮到信長以前的種種作為，這還真有可能只是惡趣味罷了，沒有那麼多含義在裡面。

武田家的美濃侵略

在前年平定越前國之時，織田信長舉用了許多朝倉家的舊臣，以安定越前國的秩序。然而，自從足利義昭被流放後，他在紀伊國是一天也沒閒著，沒日沒夜地寫信給各地的大名，命令他們上洛打倒織田信長。

正月十九日，越前國因為本願寺的煽動突然爆發了一向一揆，朝倉家舊臣富田長繁與一向一揆勾結，擊殺了織田家任命的守護代前波吉繼。富

田長繁隨後也被一向一揆眾殺死，緊接著，一揆眾將目標盯上了投降織田家的朝倉家舊臣，將他們逐個擊殺，試圖將越前國變為像加賀國那樣的由一向宗控制的「佛之國」。

與此同時，反信長勢力中的中堅力量武田家也有了新的動向，武田軍在年僅二十九歲的新任家督武田勝賴的率領之下侵入了美濃國，於巖村城部署，隨後包圍了明智城。據說武田勝賴召集了「五國的軍勢」，人數達到了兩萬人，這裡的五國指的應該是武田家麾下的甲斐國、信濃國、上野國、駿河國以及三河國或遠江國中的一個（當時武田家在三河和遠江都占有相當大的地盤）。

織田信長得知美濃國遭到入侵，於二月一日派遣尾張國、美濃國的軍勢作為前鋒出陣，自己則和嫡子織田信忠於五日率軍出發，在可兒郡的御嵩部署。《信長公記》中沒有記錄織田軍此次出陣的人數，按《甲陽軍鑑》的敘述是六萬人，但明顯有誇大的嫌疑。

織田軍迎戰武田軍後，前鋒被山縣昌景擊退，隨後明智城內的守軍叛變，在織田軍到來以前便被武田軍攻取。另外，在《信長公記》的記載中，織田軍在東美濃的一個小據點飯羽間城也因為城主飯羽間右衛門的叛變而被武田軍奪取，而在《甲陽軍鑑》中則說是武田勝賴派遣川中島眾攻打飯羽間城，守軍拚死抵抗後戰敗，城主飯羽間右衛門被武田軍活捉。無論真相如何，織田家的另外一個據點飯羽間城被武田軍奪取，是不折不扣的事實。

東美濃淪陷後，織田信長難以在此與武田勝賴對峙，於是他下令在高野城進行築城普請，命河尻秀隆駐守，又在小里修築了小里城，命池田恆興率軍守備，防止武田軍進一步侵蝕美濃國。

二月二十四日，織田信長、信忠父子率軍返回了岐阜城。

(三十) 長島一揆滅亡

■《甲陽軍鑑》中的武田勝賴

　　武田勝賴在繼承家督以後的軍事行動非常果斷迅速，一點也不輸給其父武田信玄。不過，在《甲陽軍鑑》的記載中卻說，因為武田勝賴有信濃諏訪氏的血統，所以武田信玄臨死前將家督傳給了孫子武田信勝，再任命武田勝賴為家督「陣代」（指在家督無法處理政務時，通常從一門眾中選擇一人代行家督職能，直到家督復歸為止，此即陣代，例如今川氏的今川範滿就曾在今川氏親成年前出任過家督陣代），在武田信勝成年前代理家督施政。

　　一些書籍甚至以此作為依據進行推論，認為武田勝賴成為家督陣代之後，武田信玄時代的老臣對他面服心不服，處處與武田勝賴唱反調，導致武田勝賴不得不四處出擊建立戰功，以在家中立下威望。

　　然而，實際情況並非如此，根據《甲陽軍鑑》的記載，武田信玄去世前留下的幾條遺言如下：

　　1、要武田勝賴與家臣們隱瞞自己的死訊三年，並且希望武田勝賴不要對外用兵，專心領內政治。若是織田家、德川家侵入武田家領內，就以武田領國險峻的地勢將其擊敗。

　　2、武田勝賴在嫡子武王丸（武田信勝）成年以前出任家督陣代，等武王丸成年以後，武田勝賴需將家督大權歸還武王丸。

　　3、武田勝賴不許使用諸如武田家的御旗以及武田信玄的孫子大旗等這樣象徵武田氏家督的旗幟與指物。

　　4、許可武田勝賴使用武田信玄的諏訪法性兜。

《甲陽軍鑑》中的武田勝賴

從上述內容中可知，除了三年內祕不發喪以外，武田信玄在 2、3 兩條明確地表現出了自己不認可武田勝賴繼承武田氏的家督之位。在江戶時代創作的〈長筱合戰屏風圖〉之中，武田勝賴使用的也是「大」字旗而非「風林火山」的孫子旗，「大」字旗指的便是「諏訪大明神」。再加上武田信玄許可武田勝賴使用諏訪法性兜的第 4 條遺言，可以看出遺言處處都在針對著武田勝賴的諏方氏出身。由於武田勝賴是武田氏的末代家督（陣代），《甲陽軍鑑》中武田勝賴的力挽狂瀾但又最終失敗的悲劇形象便赫然紙上。

不過，《甲陽軍鑑》雖為研究戰國大名甲斐武田氏的重要史料，但是該書的許多內容都尚待考證。例如《甲陽軍鑑》一書假稱是武田四名臣之一的「高坂昌信」所作，但是卻連名字都弄錯了。「武田四名臣」指的是山縣昌景、馬場信春、內藤昌秀、春日虎綱四人，其中的春日虎綱便是傳說中《甲陽軍鑑》的作者「高坂彈正」的原型。

春日虎綱的出身和羽柴秀吉差不多，出身於甲斐國石和的一個富農家庭，年少時父親早逝，春日虎綱在和親戚爭奪遺產的訴訟中敗訴，成為無家可歸的流浪漢。後來，春日虎綱被武田信玄提拔，並讓其身為養子入繼信濃國牧之島國眾香坂氏。所以，實際上春日虎綱繼承的乃是香坂氏而非高坂氏，並且從未在史料中發現春日虎綱有使用過《甲陽軍鑑》中記載的「昌信」這個名字。《甲陽軍鑑》中所謂的「高坂昌信」，在歷史上並不存在。

如果武田信玄希望武田氏政權穩定的話，就絕不可能在眾多家臣以及一門眾面前留下這種遺言，因為這種遺言無疑是在打擊武田勝賴的權威，將使得武田勝賴在家中的執政寸步難行，甚至可能導致家中內亂和分裂。

（三十）長島一揆滅亡

因此，除非武田信玄病糊塗了，否則《甲陽軍鑑》中所述的武田勝賴為「家督陣代」之事從邏輯上是說不通的。

另外需要申明的一點是，雖然《甲陽軍鑑》的可信度較低，但是我們也不能矯枉過正，完全否定它的史料價值。

▌武田勝賴是否是家督

那麼，有什麼證據能證明武田勝賴並非家督陣代，而是名副其實的家督呢？

在武田信玄的諸多兒子中，武田勝賴雖然身為四子，但是因為次子海野信親是個盲人，三子西保三郎早夭，所以武田勝賴名為四子，實為次子。因此，在嫡長子武田義信死後，武田勝賴理所當然地就成為武田家家督的順位繼承人。

有的文章裡為了貶低武田勝賴的地位，甚至故意顛倒是非，將武田家的一門眾穴山信君的繼承權抬高到和武田勝賴同級，簡直是貽笑大方。要知道穴山信君只是武田信玄的女婿罷了，除非武田信虎、武田信玄的子孫都死絕了，否則根本不可能輪到穴山武田家來繼承宗家的家督。不客氣點說，武田信玄就算傳位給姪子武田信豐，都不會傳給穴山信君。

在日本戰國時代，過繼給外姓後再返回本家繼承家督之事其實非常常見，例如武田家的家臣真田昌幸，早年繼承了甲斐國的名門武藤氏。但是在兩個兄長去世以後，真田昌幸便恢復了「真田」苗字，返回信濃國繼承了本家。北條氏政的兒子北條氏直也曾當過今川氏真的養子，後來照樣回到本家繼承家督，所以過繼後就不能繼承宗家的規矩，實際上純屬謠言。

武田勝賴是否是家督

　　永祿十三年（1570年）時，武田信玄曾寫信給幕府將軍足利義昭的側近一色藤長，希望幕府能夠下賜將軍的偏諱給武田勝賴並幫忙申請官位。雖然這個申請最後因為種種原因沒有實現，但是武田信玄此舉無疑就是在替武田勝賴成為武田家繼承人鋪路。若是足利義昭下賜名諱的話，武田勝賴也有可能會按照其兄長武田義信的先例，將名字改為「武田義勝」或「武田義賴」。

　　武田信玄死後，武田家祕不發喪，對外只稱武田信玄因病隱居，將家督讓給了武田勝賴。武田勝賴還在外交文書上偽造了武田信玄的畫押，以武田信玄的名義下發命令。

　　七月十四日，北條氏政在寫給長延寺的書信中提到：「甲斐派遣了使者，通知我們武田勝賴已經繼承了武田氏的家督，並且為了兩家日後依舊會保持之前的緊密關係，互相交換了起請文。」

　　九月二十一日，本願寺顯如送來兩封回信給甲斐，一封給武田信玄（不知道武田信玄已死），一封給武田勝賴，祝賀武田勝賴繼承了家督。

　　在戰國時代，戰國大名在家督更替之時會派出使者通知盟友，以鞏固先代家督時期的同盟，織田信長當年和齋藤道三見面就是如此。所以，武田勝賴繼承了家督後，才會派出使者前往盟友北條氏政與本願寺顯如處傳達消息，大概為了穩定人心，武田勝賴對盟友也隱瞞了武田信玄的死訊。

　　在前文有提到過，武田勝賴有可能還以武田信玄的名義向松永久秀的家臣岡周防守送去效忠幕府的書信，表示為了響應足利義昭打倒織田信長的號召，武田信玄將會親自率軍上洛。武田勝賴的這封書信，其實是在武田信玄死後開出的空頭支票，雖然他口中說希望武田家能夠加強與各家的同盟關係，但是實際上武田家只想讓他們充當炮灰拖住織田信長，好度過

(三十) 長島一揆滅亡

家督交替的這段不穩定時期。

後來，在武田氏滅亡以後，穴山信君在祭奠生母南松院殿的法會上寫的法語中，也有「本州太守勝賴公，在其位已十歲」這樣的紀錄，「太守」在室町時代指的就是「守護」的意思。

綜上所述，武田勝賴既要冒充武田信玄，又要替兒子代行家督陣代之事，實際上是一件相當滑稽的事情。結合當時的書信和記載來看，無論是武田家的盟友還是家臣，時人的認知都是武田信玄隱居、武田勝賴繼承了家督。因此，《甲陽軍鑑》當中的記載應當是不屬實的，而〈長篠合戰屏風〉等江戶時代的作品之所以也將武田勝賴視為陣代，應該是受《甲陽軍鑑》的影響而創作出來的，也不足為信。

高天神城之戰

天正二年（1574 年）二月，為了支援織田家，德川家康對被武田家占領的遠江國二俁城發起攻擊。武田勝賴派遣了信濃眾、西上野眾前往支援。同時，上杉謙信也響應德川家康的請求出陣上野國，夾擊武田勝賴。

三月十九日，德川家康密謀入侵駿河國，此時因為上杉謙信在上野國避開了武田家的領地攻打北條領，使得武田勝賴得以抽出身來對付德川家。德川家康自從武田信玄死後就不斷地對武田家發起攻擊，甚至連奧三河的「山家三方眾」之一奧平氏都被德川家康策反，武田信玄生前的最後陣地長篠城也落入了德川家的手中（這個下文會詳細說明）。

四月五日，武田勝賴送去了甲府備戰的命令給箕輪城城代內藤昌秀。隨後，武田軍於四月下旬出陣遠江國，攻打當地的高天神城。武田勝賴本

高天神城之戰

人也在五月三日出陣,於次日抵達遠江國的小山城,隨後派遣軍勢朝著高天神城進軍。高天神城原本是今川家重臣福島助春的領地,福島助春在攻打甲斐國戰死以後,被封給了小笠原氏。

在現在流傳的一些通說裡指出,因為武田勝賴不是家督,所以他攻打高天神城的原因是想要攻取父親都沒能攻下的城池證明自己。實際上,當時武田勝賴並沒有參加對高天神城的攻擊,高天神城的城主小笠原氏助也在武田信玄西進之時一度降服於武田家,後來武田軍退去、德川家康反攻時才又重新歸降德川家。這是武田信玄在書信裡提到的,武田勝賴不管是不是武田家的家督,都不可能去否定自己的父親吧!

五月十二日,武田軍包圍了高天神城,武田勝賴則率領大軍在鹽買坂布陣。高天神城遭到攻擊以後,小笠原氏助定然會派遣使者請求濱松城的援軍,武田勝賴此舉是想在此地圍城打援,這與日後他在長篠合戰中的戰法有著異曲同工之處。

小笠原氏助被包圍以後,在五月二十三日開始和武田軍議和,然而小笠原氏助的叔父小笠原義賴主張堅決抵抗,最終高天神城也沒有順利開城。德川家康與小笠原氏助約定,當織田軍前鋒抵達濱松城時德川軍會在青田山燃起第一次狼煙,援軍抵達遠江國的見付宿時會點燃第二次狼煙,當織田信長親自到達濱松城時,便會點燃第三次狼煙。

此時的織田信長得知武田勝賴來襲,已經在五月十六日從京都返回了岐阜城。在岐阜城期間,織田信長下令徵集出陣遠江國所需的兵糧,做好長期作戰準備。值得一提的是,六月八日時,有不明忍者潛入了岐阜城,被織田家家臣橫井伊織時泰發覺並被斬殺,這個忍者是哪方派來的並不知曉,但是極有可能是當時出陣遠江國的武田勝賴。

六月九日,織田信長下令讓越前國的織田勢做好防守準備,不要與一

（三十）長島一揆滅亡

向一揆交戰，自己則在十四日領軍出陣前往遠江國。織田信長之所以遲了整整一個月才出陣，一方面是因為越前一向一揆弄得自己很頭痛，另一方面則是要籌集與武田家作戰的軍糧。

武田軍攻打高天神城期間，德川家康也沒閒著，他先是派兵切斷了二俣城的糧道，隨後又對從屬武田家的遠江國犬居谷發起攻擊。然而，武田軍並沒有被德川軍的圍魏救趙攻勢所影響，對高天神城的包圍仍在繼續。

五月二十八日，高天神城外城被攻破，只剩下本丸、二之丸、三之丸可以防守。六月十日，三之丸也被武田軍攻取，守軍的陣地僅剩下本丸與二之丸。此時小笠原氏助已經無心抵抗，他早就想要投降武田家，但是守備二之丸的叔父小笠原義賴堅決不許，高天神城的守軍分裂，甚至出現了本丸和二之丸互相用鐵炮對射的情況。

六月十七日，小笠原氏助開城投降，武田勝賴表示高天神城的守軍之中，如果有人想要繼續從屬德川家的話，許可他們前往濱松城。此舉並非是武田勝賴仁心大發，而是想用這些士兵換回小笠原氏助在濱松城的人質。

織田信長在高天神城開城的同日抵達西三河國的吉田城，此地是德川家重臣酒井忠次防守的地域。織田軍於十九日抵達遠江國的今切渡，然而此時高天神城已經陷落的消息傳來，織田信長只得返回吉田城。

德川家康為了感謝織田信長的出陣，從濱松城趕到了吉田城。因為織田信長沒有對德川家進行及時的支援，德川家的一些家臣們看信長有些不順眼。好在織田信長為了表示歉意，命人牽來一隻背著兩個大袋子的馱馬，對德川家康表示這是支援德川家的軍費。

德川家的家臣們原本以為這麼大的袋子，估計和水果攤上買來的果籃沒什麼兩樣，上面一層錢，下面十幾層包裝。等到織田信長走後，德川家

康命人將袋子從馬背上解開，這才發現每個袋子都至少需要兩個成年人才能搬得動。待家臣們解開袋口一看，兩個袋子裡雖然沒有裝錢，但是裡面竟然滿滿地裝著黃澄澄的金子，自德川家康、酒井忠次以下，在場的所有人都為信長的大度感到吃驚不已。

圍攻長島

說實話，這一年要是高天神城再堅持一陣子的話，織田、德川家與武田家之間的「長篠合戰」很可能就會提前一年發生，而這時候織田軍許多軍勢都在和越前一向一揆、長島一向一揆交戰，織田軍來援的人數與次年相比要少非常多。也就是說，如果兩家在這一年就決戰的話，武田軍的勝算還是非常大的。

另外，因為沒和武田家交戰的緣故，織田信長便將原本徵集來與武田家作戰用的糧草投入到了與長島一揆的戰爭裡去。畢竟一向一揆的動向，極大地限制了這一年織田家的軍事行動。

七月十三日，織田信長、信忠父子自岐阜城出陣，在同日於津島部署。自信長的弟弟織田信興被一揆逼迫自盡後開始的織田家與長島一向一揆的恩怨，馬上就要在這個地方做個了結了。

長島東部的織田軍由織田信忠為總大將，統率織田信包、織田秀成等織田一門眾，以及池田恆興、長谷川與次、坂井越中守等譜代眾。西部的軍勢則是佐久間信盛、柴田勝家、稻葉一鐵、蜂屋賴隆等有力家臣。織田信長自己親自率領中路大軍，麾下有庶兄織田信廣、家臣丹羽長秀、木下秀長、安藤守就、不破光治、前田利家、佐佐成政等有力家臣以及馬廻眾。

(三十）長島一揆滅亡

　　一向一揆先在小木江城防守，遭到織田軍攻擊後開始潰敗。筱橋城的一揆勢率軍出擊織田軍，被木下秀長等人擊敗。另外一支一揆眾想要在小田見崎的渡口乘船，依靠堤壩進行防禦，也被丹羽長秀擊潰，許多一揆眾都被織田軍當場討取。

　　另外，織田信長認為先前攻打長島時，因為當地水路複雜，加上織田軍又沒有水軍，這才吃了一向一揆的虧。所以，七月十五日，信長特意組建的由志摩國水軍眾首腦九鬼嘉隆為首的水軍也抵達了戰場，信長配置了瀧川一益、島田秀滿、林秀貞等家臣給水軍。同時伊勢灣的許多水軍眾、海賊眾均前來信長麾下參陣，入嗣北畠家的織田信雄也率軍來援。

　　一揆眾們見到織田軍人多勢眾，嚇得帶著妻兒進入了長島，於筱橋城、大鳥居城、屋長島城、中江城、長島城五處布下防禦。織田軍隨後對大鳥居城、筱橋城發起攻擊，在大鐵炮的攻擊下，兩城的牆、櫓均被毀壞，守備二地的一揆眾請求和談，但是被織田信長拒絕。

　　織田信長惡狠狠地說道：「攻陷城池對我來說不過是轉瞬之間的事情，但是為了懲治這些惡人，我要用圍攻的方式把他們餓死在城裡。這樣一來，多年來因為他們的惡行導致的怨念才會消散。」

　　八月二日夜裡，風雨大作，大鳥居城的一揆眾想要趁著雨夜出逃，卻遭到織田軍追擊，包括女性在內共千人被討取。三日，大鳥居城被織田軍奪取，十二日，筱橋城也開城投降，一揆眾宣示會為信長效忠，信長便饒過他們一命，命他們全都進入長島城。

　　家臣們不理解織田信長增強長島城守軍的做法，但是信長卻自有考量。

屠殺一揆眾

此時一揆眾防守的據點還有屋長島城、中江城、長島城三處，因為一揆眾沒有做好長期抗戰的準備，城內兵糧並不多。再加上守城的人看似人多，實際上沒有多少戰鬥人員，大多數都只是一揆眾的家屬等普通百姓，這些無用之人在長島城內不斷地消耗著有限的兵糧，使得長島一揆陷入了絕境。

織田軍並沒有強行攻打長島一揆眾剩下的幾個據點，而是將其包圍。約三個月以後，一向一揆終於消耗完了存糧，大量的一揆眾餓死在了長島城裡。

九月二十九日，長島城的一揆眾表示投降，織田信長假意答應。當一揆眾們乘船準備離開長島城之時，織田軍的鐵炮隊突然對撤離的一揆眾發起攻擊，無數人被擊中落入了水中，隨後織田軍士兵從四處圍了上來，攻擊剩餘的一揆眾。

織田信長的舉動無疑是一種背叛行為。在織田信長指揮過的合戰中，信長很少有背叛過什麼人，即便是在戰國時代，允諾守軍投降後，也鮮少還有屠殺戰俘之事。織田信長此舉，足以見得他有多麼仇恨長島的一向一揆。

此時在長島城的一揆眾中還有一支約七、八百人的軍勢，他們見到織田軍背叛了約定，便赤身持刀與織田軍拚死一戰。陷入死地的一揆眾發揮出了強大的戰鬥力，朝著織田信長的本陣發起突襲。信長的叔父織田信次、哥哥織田信廣、弟弟織田秀成、堂兄弟織田信成（織田信光之子）、妹夫佐治信方以及大量信長的馬廻眾為了掩護信長，均戰死在和這支一揆

(三十) 長島一揆滅亡

眾的交戰之中。

大量親族戰死使得織田信長徹底失去了理智，在長島城的一揆眾被屠殺殆盡以後，屋長島城、中江城中還有約兩萬人左右的一揆眾。織田信長命人在兩城周圍修築起柵欄，防止一揆眾中有人逃離包圍圈，隨後命織田軍從四處點火，將兩城內的一揆眾不分男女老幼通通燒死。

雖然織田信長在事前聲稱要將多年來的怨恨發洩在這一戰中，但是眾多親信的戰死讓織田信長倍受打擊。織田信長一直以來都算是個蠻善良的人，而這一次卻失態地下令將一揆眾全部燒死。燒討開始以後，織田信長沒有參加燒討，也沒有圍觀，而是在同一天丟下全軍僅僅帶著本陣的馬迴眾匆匆返回了岐阜城，可以想像當時織田信長的神情必定十分落魄。

縱觀織田信長的一生，無論是消滅淺井、朝倉家，還是在長筱合戰大破武田勝賴，織田信長從來都是高調地四處炫耀自己的戰功。然而在殲滅長島一向一揆以後，織田信長卻沒有在任何一封書信中炫耀這次戰鬥的勝利，足以見得信長有多自責。

■「第六天魔王」的由來

通說裡，織田信長在與比叡山延曆寺、大坂本願寺之間的交戰中，因為對佛教徒的強硬手腕導致當時佛教勢力將其稱為「佛敵」。而因為屠殺延曆寺、一向一揆，使得人們畏懼地稱呼織田信長為「第六天魔王」。

實際上，織田信長與大部分佛教勢力的關係都保持得相當好，延曆寺、本願寺也是主動舉兵對付織田信長的，與兩派敵對並非信長的本意。

「第六天魔王」的由來

而「第六天魔王」的稱號，也不是佛教徒們替信長取的外號，而是出自傳教士路易斯・弗洛伊斯在他給耶穌會的報告。

弗洛伊斯提到，天台宗的延曆寺被織田信長燒討以後，許多延曆寺僧人前往甲斐國武田家避難，這使得武田信玄在西進作戰時，寫信給織田信長誇耀自己是「天台宗的最高者以及指導者（天臺座主沙門信玄）」。對此，織田信長在回信時也自稱是「第六天魔王」，弗洛伊斯還特意解釋到，第六天魔王指的是「佛教諸宗派的敵人，惡魔裡的王」。

所以說，第六天魔王其實是織田信長在和武田信玄打口水戰時自稱的稱呼，並非世人給他的稱號。另外，這件事是否屬實其實也有待考證，弗洛伊斯的這個報告很可能是為了討好耶穌會，故意在耶穌會面前誇耀信長是個和佛教敵對的人（這樣在信長手下的自己就倍有面子）。另外，從織田信長對佛教的態度來看，他並非與所有的佛教宗派敵對，即便在一向宗裡，也有不少派系支持織田家。而且，當時佛教的各個宗派之間爭鬥不休，織田信長在火燒延曆寺和攻打本願寺時，說不定有一些宗派還在拍手稱快呢！

只是弗洛伊斯來路不明的記載後來到了小說或者電視劇裡，慢慢地就變化成了織田信長不信神佛、與佛教敵對，最後被人稱為「第六天魔王」了。

(三十）長島一揆滅亡

（三十一）

武田勝賴來襲

▍天正三年的德政令

　　大概是前一年殺戮太多，天正三年（1575年）四月一日，織田信長下令頒布「德政令」。

　　這次德政令的對象主要是公卿，室町時代以來，大多數公卿們的生活都非常貧困，只能將祖上傳下的田產賣給大地主換取生活費。織田信長下令將這些被迫出售的土地通通歸還原籍，使得公卿們紛紛稱讚織田信長，連在奈良興福寺的多聞院英俊聽說此事都說這是「（將）百年以來的京都公家領歸還原籍的善政」。

　　德政令釋出以後，織田信長便率軍出陣「南方」，討伐河內國、攝津國方面的反信長勢力。此時攝津國的大坂本願寺依舊在與織田家交戰，在河內國的高屋城駐守的阿波三好家的重臣三好康長也在當地反抗信長。高屋城原本是河內國守護畠山昭高的居城，但是在足利義昭舉兵反抗織田信長以後，畠山昭高因為站在織田家一方被反信長的守護代遊佐信教殺害，高屋城因此落入反信長勢力的手中。

　　四月八日，織田信長先是攻打了高屋城，隨後轉進攝津國，於十三日包圍了大坂本願寺。此時的織田信長麾下號稱有十餘國的兵力以及根來眾

(三十一) 武田勝賴來襲

的加勢，總數達到「十萬餘騎」。

織田信長在攝津國住吉與和泉國堺之間的遠里小野布下本陣，隨後攻打堺附近的阿波三好家據點新堀城。四月十七日，織田信長對新堀城發起猛攻，三日之後新堀城陷落，十河因幡守戰死、香西越後守被俘後遭到斬首，三好方戰死一百七十餘人。

新堀城陷落後，三好康長透過織田家在堺的代官松井友閑為傳達開城投降。三好康長後來在七月一日前往京都相國寺，拜訪在此滯留的織田信長，正式出仕織田家，並於十月二十一日獻上了名為「三日月之葉」的茶具給信長。在這以後，三好康長便與松井友閑一同負責織田家與本願寺家的和談交涉，後來在征伐四國前夕時，三好康長還迎接織田信長的三子織田信孝為養子，讓織田家進軍四國有了大義名分。

高屋城投降以後，織田信長命令家臣塙直政將高屋城為首的河內國諸城拆毀，隨後在四月二十一日返回京都。在京都滯留數日後，織田信長於二十八日歸陣岐阜城。

織田信長之所以這麼急匆匆地返回岐阜城，主要是因為當時武田勝賴又對三河國、遠江國發起了攻擊。

山家三方眾

「山家三方眾」指的是三河國內以田峰城為居城的「田峰菅沼氏」、以長筱城為居城的「長筱菅沼氏」與以龜山城為居城的「作手奧平氏」三家國眾。這三家三河國眾互相聯姻，結成了一揆。

山家三方眾

　　進入戰國時代以後，因為織田、今川、松平等家族的擴張，山家三方眾周邊的局勢不斷地發生變化，山家三方眾內部也因為支持不同家族發生了分裂。桶狹間合戰以後，山家三方眾中大部分人都歸屬德川家，其餘的也在今川家的勢力退出三河國後歸降。然而，在武田信玄西進之際，山家三方眾再度因為該支持武田家還是德川家發生了分裂。

　　那麼，山家三方眾究竟是一股怎麼樣的勢力呢？

　　山家三方眾中的菅沼氏號稱家族最早出自美濃土岐氏的分家，初代家祖土岐小次郎定直在三河國設樂郡的菅沼居住，便以菅沼為苗字。然而，在文明十三年（1481年）十一月十五日時，田峰菅沼氏在布施給高勝寺的梵鐘上的銘文記載奉納者名字為「大旦那藤原貞吉」。這位藤原貞吉就是指當時的家主菅沼定吉，所以菅沼氏應當是藤原氏出身，後來才冒充清和源氏。

　　菅沼氏的初代家督菅沼定直有兩個兒子，長子菅沼定成以田峰城為根據地，是田峰菅沼氏的家祖，次子菅沼滿成修築了長篠城作為據點，即長篠菅沼氏的家祖。

　　山家三方眾剩下的一個家族奧平氏同樣也不是三河國出身，他們的祖先據說是「武藏七黨」之一的兒玉氏，因拜領了上野國的奧平鄉便以「奧平」為苗字。奧平氏之所以來到三河國居住有兩種說法，一種是在南北朝時期奧平氏從屬南朝，所以南朝落敗後不得不搬離根據地，另外一種則是說在室町時代的「永享之亂」時奧平氏支持關東公方足利持氏，最後被上杉家驅逐才離開關東。

(三十一) 武田勝賴來襲

■ 奧平父子叛變

　　山家三方眾在武田信玄西進之時從屬武田家，但是三家之後因為領地分配問題發生了衝突，最終山家三方眾裡的作手奧平氏對武田家生了逆心。

　　天正元年（1573年）六月，武田勝賴對山家三方眾的領地進行安堵，同時讓三家協商處理領地問題。然而，此時的山家三方眾早就不像以前那樣團結，已經出現了分裂，陷入了內亂中。

　　七月七日，奧平定能派遣家臣前往武田家，希望武田勝賴能夠介入山家三方眾的領地問題。然而，原本身為山家三方眾取次的山縣昌景此時因為德川家康進攻武田家正出陣在外，留守甲府的長坂光堅沒把奧平家的請求當一回事，導致奧平家對武田家徹底失望。

　　此時德川家康對奧平家伸出了橄欖枝，表示只要奧平家投入德川家麾下，就將與奧平家締結姻親關係並增加領地，於是奧平定能、奧平信昌父子便決定歸降德川家。

　　七月十九日，德川家康率領三千人進軍長篠城，於次日包圍了此城。此時長篠城的守將為長篠菅沼氏的家主菅沼正貞，長篠城對德川軍做出了頑強的抵抗，武田軍也準備率軍來援。然而，在包圍長篠城期間，德川軍的火矢意外地在長篠城內引發了大範圍的火災，使得長篠城最終在一個多月後的九月八日開城投降，德川家康隨後命令松平景忠進入城內駐防。

　　八月下旬，奧平父子也來到德川軍陣中歸降，而奧平家在甲斐的人質則在九月二十一日被武田家處刑。值得一提的是，奧平信昌的正室也在處刑的行列之中。然而，後來奧平信昌迎娶了德川家康的女兒龜姬為正室，成為了德川家一門眾之一，江戶時代的奧平家系圖便不再承認這個人質是

奧平信昌的正室，以維護自家家祖的形象。

另外，按照奧平家的自稱，奧平信昌的「信」字是因為堅守長篠城的緣故從織田信長處拜領的。實則不然，實際上在武田家西進時奧平信昌就已經在文書裡用了這個名字了，所以其實奧平信昌的「信」字，可能是來源於武田家的通字「信」字。當然，這件事在江戶時代也被奧平家給抹去了。

勝賴的遠三侵攻

天正三年（1575年），武田勝賴對遠江國、三河國發起侵攻。武田家一直延續著武田信玄的西進策略，在武田信玄時代，三河、遠江兩國就已經有部分領土在武田家屬下，這些位於武田家、德川家交界的領土被稱為「境目」地區，非常不穩定。

當然，武田勝賴也不會無故出兵，例如「高天神城之戰」是為了反擊德川家康在武田信玄死後對武田領地的侵攻，長篠合戰時武田勝賴的出兵也是有一定的原因的。

二月二十七日，為了平定京畿針對織田家的叛亂，織田信長從岐阜城出陣，並在三月三日上洛進京。此時的織田家在京畿發起了大規模的軍事行動，若是武田家對德川家發起侵攻，信長定然無法及時派出援軍。為此，二月二十八日時，為了防備武田軍對三河國發起侵攻，德川家康命令在三河國瀧山城的奧平信昌進入長篠城駐防。奧平信昌進入長篠城以後，見到長篠城因為長期戰亂而破敗不堪，便對長篠城進行普請改築，增加城防能力。

(三十一) 武田勝賴來襲

恰好此時織田信長麾下的近江國國眾堀秀村受到信長的改易處罰，堀秀村的原居城鎌刃城儲存的兩千俵糧米也被織田信長沒收。而自上一年以來，德川家康在面對武田勝賴的侵攻時舉步維艱，織田信長便命人將這兩千俵糧米贈與德川家。德川家康收到禮物後，將糧米作為軍糧分派給了三河、遠江前線的諸城，長筱城也獲得了三百俵稻米。

三月二十四日，武田勝賴發去書信給上野國的國眾安中景繁，表示為了讓「計策萬無一失」，將會在四月一日命武田軍出陣，命安中景繁在四月三日前來諏方上原參陣。同時武田勝賴還表示，此次出兵極為重要，希望安中景繁能夠率領比規定的軍役人數要多的士兵前來。

三月末，武田軍的先陣部隊為了實現武田勝賴的計策，率先侵入了三河國足助口，試圖攻打足助城。武田勝賴口中的「計策」，指的可能是他對三河國國眾的策反，並且所有矛頭都指向了一件事——在這期間發生的「大岡彌四郎事件」。

■ 大岡彌四郎事件

武田軍之所以侵入三河國的足助口，是因為只要通過了足助口，武田軍就可以一路直接朝著德川家在三河國的重要據點岡崎城前進。而在岡崎城內，有著武田軍的內應。

大岡彌四郎，在《三河物語》中記載為大賀彌四郎。根據《三河物語》的記載，德川家的中級家臣大賀彌四郎是三河國奧郡二十餘鄉的代官。但是大賀彌四郎卻與岡崎眾小谷甚左衛門尉、倉地平左衛門尉、山田八藏等人合謀奪取岡崎城獻給武田家。

大岡彌四郎事件

　　在三人聯名與武田勝賴內通以後，大賀彌四郎決定利用自己的家臣身分先暗殺德川家康之子、岡崎城城主德川信康，再迎接武田軍進城。大賀彌四郎之所以敢定下如此計畫，是因為每回德川家康來到岡崎城之時，大賀彌四郎都是負責管理開城門的家臣，因此只要武田軍派出幾隊軍勢偽裝成德川家康的軍勢，在自己的內應之下就可以神不知鬼不覺地進入岡崎城。一旦武田軍進入岡崎城後，就可先趁亂討取城主德川信康的首級，德川信康一死，失去主將的大部分守軍便都會投降武田家。

　　奪取岡崎城後，小谷甚左衛門尉和山田八藏可以將住在矢作川畔的德川家臣的家眷們俘虜並作為人質，這樣一來在濱松城的家臣們便會因為顧及妻兒而拋棄德川家康。到時候大量士兵逃亡的濱松城必然無法抵禦武田軍的侵攻，而岡崎城又落入了武田軍的手中，德川家康只能從遠江國乘船逃往尾張國或伊勢國。德川家康出逃後，武田家只需派出一兩隊軍勢就可以在海上攔截德川家康，輕鬆取下德川家康的首級。

　　可惜人算不如天算，山田八藏在仔細考慮了之後，認為弒殺主君實為不妥，便將此事密報給了德川家康。德川家康在得報以後經過調查，發現大賀彌四郎確有弒主投敵的傾向，便搶先逮捕了大賀彌四郎。同時，見到事蹟敗露的倉地平左衛門尉想要逃出岡崎城，被德川家家臣斬殺，小谷甚左衛門尉雖逃出岡崎城，卻遭到服部半藏的追殺，後跳進天龍川游到了對岸，經過二俣城逃到了甲斐國躲藏。

　　隨後，大賀彌四郎被處以鋸刑，其妻子兒女也被處以磔刑。

　　以上便是《三河物語》的作者大久保忠教記錄的大賀彌四郎事件，然而考慮到大久保忠教的身分，《三河物語》中的紀錄很可能並不屬實，或者說並不完全屬實。

　　在《岡崎東泉記》和《傳馬町舊記錄》的記載中，有著和《三河物語》

077

（三十一）武田勝賴來襲

　　完全不同的記載。兩書中說大岡彌四郎乃是岡崎城上級家臣裡的三個岡崎町奉行之一，另外兩人分別為松平新右衛門、江戶右衛門七。

　　而此次謀反，是由大岡彌四郎、松平新右衛門謀劃，參與者有德川信康的家臣山田八藏、小谷甚左衛門尉、倉地平左衛門尉、德川信康的傅役（老師）石川春重、春久父子、德川信康的母親築山殿。而所謂謀反，其實是德川信康的家臣團想要與武田勝賴內通，驅逐德川家康擁立德川信康的一次政變，武田勝賴反倒變成了配角。

　　德川家康素來與築山殿、德川信康不和，築山殿是今川義元的養女，對織田家沒有什麼好感。而德川信康麾下的家臣團大多由原松平清孝、松平廣忠麾下的西三河眾組成，這些被稱為「安祥眾」的松平氏老臣世代與織田家是敵人，可是德川家康出任家督之後卻一反常態與織田家結盟。再加上德川家為織田信長建立織田政權立下赫赫戰功，而在武田家侵略德川家領地之際，織田信長卻一直將支援德川家擺在次要位置上，種種跡象讓安祥眾們越來越不信任織田信長，自然也就開始懷疑家督德川家康是否有能力領導德川家。

　　除此以外，德川家康遷居濱松城後，因為家臣團的擴大，怠慢了這些安祥時代的老臣，親近新晉提拔的家臣「濱松眾」，使得「安祥眾」與「濱松眾」矛盾重重（大久保忠教屬於濱松眾，因此才將家臣矛盾寫成是大岡彌四郎為了一己私欲背叛主君），所以才導致了此次事件的發生。

　　最終，大岡彌四郎一家被處刑、倉地平左衛門尉被斬殺、小谷甚左衛門尉逃亡，石川春重、春久父子、松平新右衛門切腹自盡。而同為岡崎町奉行的江戶右衛門七，雖然沒有參與此事，但是因為沒有及時發現同僚的計畫也被命令切腹謝罪。

考慮到長篠合戰後德川家康與德川信康對立，德川家康下令暫時中止家臣集住在岡崎城，並且嚴令不得與德川信康私下往來之事，此次大岡彌四郎事件是三河家臣團與德川信康母子聯合一揆發起的政變也不是沒有可能的。

武田軍出陣

　天正三年（1575 年）三月末武田軍先陣侵入了三河國，但是此時武田勝賴卻不在軍中，他正在躑躅崎館忙著舉辦武田信玄逝世三週年的法會。說到底，武田軍的進軍計畫其實正是因為這次的法會而推遲的。

　四月五日，武田家在上野國的箕輪城城代內藤昌秀對麾下同心眾與直參眾下令，命令他們在四月十二日之前前往甲府參陣。四月十二日正是武田信玄逝世三週年整，也是武田信玄逝世第三年的三回忌法會舉辦之日。

　元龜四年（1573 年，天正元年）四月十二日，武田信玄在信濃國駒場去世。為了掩蓋家督去世的消息，武田家將武田信玄的遺骸運往了甲斐，由武田勝賴以及親信家臣親手將其裝入一個大壺之中封印起來，這個大壺就這樣放在躑躅崎館的一個角落裡，一直放了三年之久。

　不過，因為武田勝賴即將出兵三河，因此這一年只舉辦了簡單的法會，武田信玄真正的葬禮是在次年才舉辦的。第二年（1576 年）的四月十五日，家臣春日虎綱、跡部勝資、跡部勝忠三人將這壺開啟，見到直挺挺地坐在壺中被醃了四年的武田信玄屍骸，不禁放聲大哭（我倒覺得是被嚇哭的）。隨後十六日清晨，在快川紹喜等高僧的主持下，武田家才舉行了武田信玄的葬禮。

（三十一）武田勝賴來襲

　　話說回來，這年的四月六日，織田信長自京都出陣，攻打本願寺以及三好康長的高屋城，織田信長的動向被六角承禎察覺，並通報給了若狹武田家的武田光昭和甲斐武田家的武田勝賴。

　　此時，奉命前往高野山奉納武田信玄牌位的山縣昌景也從高野山歸來，不過他並未返回甲斐參加武田信玄逝世的三週年法會，而是直接與三河國的先陣部隊會合，在四月十五日包圍了三河國足助城。十九日，足助城開城投降，武田家命令伊那郡的國眾下條信氏入城防守，隨著足助城的淪陷，東三河的一眾小城也都兵不血刃地相繼落入了武田軍手中。

　　因為此前大岡彌四郎的政變已經被德川家康粉碎，此時的武田軍先陣再透過足助口侵入岡崎城已經不可行了，不過大軍勞師遠征，肯定不能無功而返。於是武田軍的先陣便進入了奧三河的作手古宮城，在此地靜候武田勝賴本隊的到來。

　　武田勝賴的本隊在武田信玄逝世三週年法會舉辦完畢的數日以後，自甲府出陣，進入信濃國，與在此地的軍勢會合後，武田軍再進入遠江國，從遠江國的平山進入了三河國，前往作手古宮城與山縣昌景會合。隨後武田軍又攻下了大野田城，武田勝賴原本的計畫是奪下岡崎城攔腰切斷德川家的領地，但是因為大岡彌四郎被殺計畫失敗，因此便在四月二十九日朝著三河國的另一個據點吉田城出發，並在路上順帶攻略了二連木城，只要武田軍攻下吉田城，德川家的三河國、遠江國的聯繫就會被切斷。

　　另一方面，德川家康早在四月十四日就得知武田勝賴從甲府出陣了，好在他早就做好了諸多的準備。四月二十九日這天，為了防止吉田城落入敵手，德川家康從濱松城率軍前往吉田城，在與武田軍發生小規模衝突以後，德川家康率領本隊兩千人順利進入吉田城，據城防守。

包圍長篠城

武田勝賴嘗試著攻打吉田城，但是德川家康據城防守，一時半會兒也沒有辦法攻陷。於是，武田勝賴便試圖引德川家康出城作戰，他的目光盯向了奧三河的另一座城池──長篠城。一旦武田軍攻打此城，德川家康就不得不率軍來援，否則奧三河的重要據點長篠城就會再度落入武田家的手中，這樣一來吉田城就會被長篠城威脅，德川家的領地還是隨時都有可能被武田軍給切成兩塊。

所以，武田軍一開始的出陣其實並非衝著長篠城而來，但是卻陰差陽錯地來到了長篠城下，從而爆發了「長篠・設樂原合戰」的第一場戰鬥。

▌包圍長篠城

天正三年（1575 年）五月一日，武田軍率軍包圍了奧平信昌、松平景忠防守的長篠城。

此時武田軍的兵力有如下幾種記載：

《當代記》：一萬人

《信長公記》：一萬五千人

《甲陽軍鑑》：一萬五千人

《寬政重修諸家譜》：一萬八千人

《武德大成記》：兩萬人

《三河物語》：兩萬餘人

《松平記》：兩萬五千人

《長篠日記》：數萬人

（三十一）武田勝賴來襲

《總見記》：數萬人

值得一提的是，織田方的史料《信長公記》和武田方的史料《甲陽軍鑑》在記錄長篠合戰武田軍人數上出奇地一致，因此現在大多採用一萬五千人的記載。另外，很多人都提出武田家此時正是農忙季節，因此召集不齊軍隊，只能湊出一萬五千人出陣，人數過少最終導致了武田軍在長篠合戰的失敗。

其實不然，若是有研究過武田家的軍役和賦稅的話，就會知道武田家領內的住民其實分為軍役眾與惣百姓，軍役眾只需要服兵役，作為替代可以不用納稅和服徭役，而惣百姓則專心負責生產。這種制度通常會被人誤以為是「兵農分離」，其實並不對，兵農分離實際上指的是劃清武士（士兵）與農民的身分界限，目的是限制軍隊的人數，而不是指軍隊離職。兵農分離加上刀狩等命令，能夠控制地方領主的軍隊數量，防止出現室町、戰國時代那樣割據一方的勢力。此時武田軍之所以動員力有限，是因為其有相當大一部分兵力在春日虎綱麾下，正駐守在海津城防止武田勝賴出陣時期上杉謙信趁機南下。

而此時長篠城內的守軍又有多少呢？根據《甲陽軍鑑》的記載，奧平氏的動員力只有一百五十騎，其實是一個很小的國眾。此時長篠城內的人數大致有如下記載：

《三州長篠合戰記》：四百餘人

《日本戰史·長篠役》：五百人（奧平信昌二百五十人、松平景忠二百五十人）

《明治郡志》：七百人（奧平信昌五百人、松平景忠二百人）

《牧野文齋遺稿》：五百餘人

《中津藩史》：四百人（奧平信昌二百五十人、松平景忠一百五十人）

《長筱日記》：奧平氏兵力二百餘人，加勢人數不詳

奧平氏的軍役雖然只有一百五十騎，但是在這種大戰將至的情況下領主通常會多動員一些士兵，因此人數達到二百人是沒有問題的，再加上松平景忠等德川家康對長筱城加派的軍勢，長筱城守軍人數大致能達到四百到五百人左右。

不過，武田勝賴的「圍城打援」計畫沒有成功，至少從目前來看，德川家康死待在吉田城內，拒絕出城。五月六日，武田勝賴分出一部分軍勢來到吉田城附近的牛久保燒殺劫掠，可是德川家康仍不出城，武田軍在破壞了橋尾堰後便又返回了長筱城下。

橋尾堰是負責灌溉東三河農田的水路，武田軍的破壞將使得這一年東三河的農作物遭到毀滅性的打擊。德川家康本人其實並非像小說裡那樣會隱忍，此時面對武田軍的侵攻卻寧可放棄東三河的收入也不出城，與其說是隱忍，倒不如說是無可奈何。

五月十一日，見引德川家康出城無望後，武田軍正式對長筱城發起猛攻。

（三十一）武田勝賴來襲

（三十二）

大戰前夕

▍信長的動向

前文提到過，在武田軍對德川領地發起攻擊之時，織田信長本人正出陣京畿，無力支援德川家康，只是派了佐久間信盛、水野信元作為援軍前往三河國。

根據《甲陽軍鑑》等書的記載，德川家康此時派出了奧平定能作為使者知會信長說：

「當初的清洲同盟是約定雙方互相支援。正是因此，在織田軍上洛、攻打若狹國、姊川合戰時德川家都派出了援軍。此次織田信長若是再不支援德川家，一旦武田勝賴占領了遠江國，到那時候，我德川家就會以保留三河國為條件與武田家議和。信長殿如果不為長篠城派遣援軍，那麼兩家的盟約就到此為止。作為失去遠江國的補償，我方將會作為武田勝賴的前鋒占領尾張國。」

在三方原合戰、高天神城之戰中，織田軍的援軍分別戰敗與遲到，這導致德川家領地被武田家占了不少。長年以來德川家康一直獨力對抗著遠比自己強大得多的武田家，到此時也已經接近極限了。再加上「大岡彌四郎事件」，德川家康鎮壓了德川信康等親武田派的政變，可以看出德川家

（三十二）大戰前夕

也非鐵板一塊。在這前所未有的危機之下，即便德川家康與武田勝賴議和也不是什麼不可理解的事情。歷來都被認為是毫無破綻的清洲同盟，在武田家的侵襲下出現了裂痕。

四月二十一日，織田信長率軍返回京都。在此期間，武田軍席捲三河國的消息已經傳遍京畿。織田信長在京都進行京畿領地分配以後，於四月二十七日離京，在次日抵達岐阜城。

此時越前國的一揆得到了很好的控制，織田信長並未發現一揆眾有呼應武田勝賴起事的動向，便從越前方面抽調了前田利家、羽柴秀吉等人的軍勢。和武田勝賴相比，消滅了淺井、朝倉兩家，又平定了京畿大部的織田信長，此時已經能夠派出相當多的兵力來與武田軍決戰了。

五月十一日，在武田軍對長篠城發起總攻的同一天，織田信長向熱田神宮發去信函，表示自己近日將會出陣三河國，想順便到熱田祈禱勝利。在《多聞院日記》的記載中，身處奈良的多聞院英俊也在五月十二日聽聞織田軍先陣在這天已經抵達了熱田。

在大多數人看來，德川家康已經如風中殘燭一般，而織田信長的援軍卻依舊慢吞吞的，彷彿並不關心德川家的存亡似的。其實，織田信長的動作之所以慢，是因為他在徵集糧草與鐵炮、火藥、彈丸，以便更好地與武田氏決戰。

五月十三日，織田信長、織田信忠父子從岐阜城出陣，同日抵達尾張國熱田，在此地舉行祈禱戰事獲勝的法會。熱田是織田信長的第一塊領地，在桶狹間合戰時織田信長也曾進入熱田神宮祈禱，最終取得勝利。可以看出，武田勝賴在織田信長眼裡就彷彿是桶狹間合戰時的今川義元一樣的敵人。

五月十四日，織田信長率軍抵達三河國，在德川家康的迎接下進入了岡崎城。

鳥居強右衛門之忠節

五月十一日開始，武田軍對長篠城發起攻擊，並在五月十三日子時趁著夜色攻破了長篠城的瓢曲輪，但是為此也付出了不小的傷亡代價。

隨後，武田軍又用竹束作為掩護，開始在城內修築井樓。井樓是一種類似簡易天守的防禦工事，一旦井樓修築完畢，武田軍就可居高臨下地攻擊本丸的守軍。好在長篠城內有一定數量的鐵炮，奧平信昌等人命令士兵在本丸內朝著武田軍的建築隊射擊，在鐵炮的威脅下，井樓最終沒有修建成功。

一計不成，武田軍在本丸西側動用了黑川金山的金掘眾，試圖將長篠城本丸的土壘挖崩，但是由於受到城內的反擊，也沒有成功。最終武田軍為了打擊城內士氣，只得偷偷趁著夜色從別處運來大石塊放在城下，裝作是從守軍腳底下挖出來的。

五月十三日以後，武田軍對長篠城的攻勢開始減弱，此時武田軍的傷亡大致也有七、八百人左右，眼見長篠城陷落在即，便沒有必要再像之前那樣強攻，不過武田軍仍然斷斷續續地發起攻擊。在這樣的情況下，奧平信昌派出了使者鳥居強右衛門前往岡崎城請求德川家康速速來援。

在太田牛一所著的《信長公記》中並沒有提到此事。鳥居強右衛門之事最早見於江戶時代初期的史料《三河物語》以及《甫庵信長記》之中，後來在《長篠日記》中求援的使者又增加了一名叫鈴木金七郎的人。另一本

（三十二）大戰前夕

史料《武德大成記》中則是描述鳥居強右衛門先出城，而後奧平信昌不放心，又再派遣了鈴木金七郎出城。可信度較高的史料《當代記》則同樣沒有記載這件事。

根據《三河物語》的記載，彈盡糧絕的長篠城派出鳥居強右衛門為使者前往岡崎城，與德川家康一同拜見了織田信長。織田信長十分高興，表示一定會增援長篠城，於是鳥居強右衛門又從岡崎城返回長篠，在城下裝作是武田軍的雜兵想要混進城，卻被武田信廉的家臣發覺並被逮捕。隨後，武田勝賴要求鳥居強右衛門前往長篠城下，對城內的守軍撒謊說織田信長的援軍不會來了，讓守軍開城投降。鳥居強右衛門假意答應，來到城下後卻大聲對城內守軍說織田、德川援軍不日就能抵達，讓守軍轉告奧平定能與奧平信昌。武田軍見鳥居強右衛門如此，盛怒之下對其處以磔刑。

以上便是《三河物語》中的記載，不過值得注意的是，《三河物語》中的一些對話可能是有虛構的成分在其中的。例如鳥居強右衛門在臨死前讓守軍將援軍很快就會到達的消息轉告給奧平定能與奧平信昌，可是奧平定能此時並不在城中，而是在德川家康陣中，鳥居強右衛門身為長篠城守軍，不可能不知道此事。

相比之下，《甫庵信長記》中則詳細記錄了鳥居強右衛門在五月十四日夜裡出城，於十五日夜抵達岡崎城，確認援軍會到達以後，又在十六日夜裡返回了長篠城並被逮捕。在《甫庵信長記》的記載裡，鳥居強右衛門是在進入長篠城前被武田軍士兵發覺之際，對城內大喊援軍即將到來的消息，連武田勝賴都感慨其忠義，最終將其斬首，而不是處以磔刑。

不過，鳥居強右衛門被處以磔刑是歷來的定說，這主要是因為武田家的家臣落合左平次道次將鳥居強右衛門被處以磔刑的樣子畫在了自己的背

旗之上。不過，近年來也有研究顯示落合左平次此時其實正從屬於德川軍中，不可能看到鳥居強右衛門被處刑的樣子，因此鳥居強右衛門之死是否為磔刑只怕還有待商榷。

織田、德川聯軍的進軍

五月十六日，織田信長與德川家康一同進入牛久保城，次日又前往野田原，並在十八日於設樂郡志多羅鄉的極樂寺山布下本陣。二十日，織田信長將本陣移往茶臼山，在長筱合戰交戰的二十一日上午，為了便於指揮，織田信長又將本陣移到前線的彈正山。

此時織田、德川聯軍的人數大致有如下記載：

《信長公記》：信長本隊三萬人。先鋒援軍、德川軍人數未記

《大須賀記》：德川軍不足五千，織田軍人數未記

《甲陽軍鑑》：十餘萬人

《三河物語》：十餘萬人

《牧野文齋遺稿》：三萬八千人

《當代記》：四萬人

《武田三代軍記》：十二萬人

在這些史料當中，德川方史料《大須賀記》中記載的德川軍人數加上織田方史料《信長公記》中記載的織田軍本隊，再加上先前派遣的佐久間信盛隊，總人數剛好和《當代記》中的四萬人相當，因此聯軍的人數為四萬人左右，這是沒有什麼大問題的。

（三十二）大戰前夕

按照《信長公記》的記載，織田信長本人在極樂寺山布陣，其子織田信忠則在附近的新御堂山布陣。因為設樂郡志多羅鄉多低窪地帶，織田信長便將三萬織田軍布置在了武田軍看不到的位置。從武田軍的角度來看，武田軍與織田信長、織田信忠布陣的極樂寺山附近之間還阻擋著一座彈正山，確實沒那麼容易看到織田援軍的具體人數。

在此期間，德川家康也率領著德川軍作為先陣在有海原的高松山布陣，現在廣泛採用的陽明文庫本《信長公記》中記載德川家康與瀧川一益、羽柴秀吉、丹羽長秀三人一同在有海原布陣，但是太田牛一親筆所寫的池田文庫本《信長公記》卻提到瀧川等三人布陣位置位於德川家康的左側，隨後聯軍在德川家康、瀧川一益陣前布置了柵欄。考慮到《信長公記》並未提到羽柴秀吉、丹羽長秀陣前也布置了柵欄，因此二人應該是作為瀧川一益的後陣布陣於瀧川一益的後方，在三人軍勢的後側，便是織田信長在二十日至二十一日停留的茶臼山。

德川家康布陣的高松山屬於彈正山東側丘陵的一部分，而彈正山東側的丘陵前也有一條與丘陵幾乎平行、南北走向的小河連吾川。織田、德川聯軍的陣地，正是在彈正山的東側丘陵地帶，聯軍的布陣同樣也與丘陵、河流平行，沿著連吾川的西岸布置了柵欄。

現今對於長篠合戰的稱呼，一般是稱為「長篠・設樂原合戰」，但是實際上兩軍的交戰場所在連吾川附近，而交戰場所的地名也有不同的記載。如今廣為人知的地名「設樂原」最早出現於貞享二年（1685 年）幕臣遠山信春創作的《總見記》，在江戶時代以及之後的明治時代，「設樂原」這個地名並不被當時的史書以及地誌接受，直到明治三十六年（1903 年）參謀本部編纂的《日本戰史・長篠役》中，採用了《總見記》的「設樂原」叫法，這才使得如今將這場合戰稱為「長篠・設樂原合戰」。

武田軍的進軍

　　實際上,在《日本戰史·長筱役》刊行的前一年,由吉田東伍所著的《大日本地名辭書》中也沒有見到「設樂原」這個地方。因此,《總見記》裡的「設樂原」可能並非是地名,而是指「設樂郡」的「原」。不過在《信長公記》的記載當中,織田信長、信忠父子雖然在設樂郡志多羅鄉布陣,但是織田軍在這之後卻是朝著有海原前進,設樂郡志多羅鄉已然變成了後方,根本就不是交戰場所。

　　在《大日本地名辭書》一書中,此地確實有個被稱為「有海」的地方,書中說這裡就是曾經被稱為「有海原」的古戰場,並且標注引自天保四年寫成的《改正三河後風土記》。《改正三河後風土記》等江戶時代的史料對交戰地大多都採用「有海原」的叫法,這大概也是因為《信長公記》和《甫庵信長記》中使用「有海原」的緣故。與之相對的,《總見記》中的「設樂原」可信度就得大打折扣了,要不是《日本戰史》採用了《總見記》的稱呼,此戰在現在恐怕得改為「長筱·有海原合戰」或者「長筱·連吾川合戰」了。

▋武田軍的進軍

　　織田、德川聯軍在連吾川畔停留,這使得武田勝賴誤判了敵軍的動向,考慮到之前幾次武田軍對德川領地侵攻時織田軍有限的援軍數量,以及在進軍有海原前織田信長隱藏軍隊人數之事,武田勝賴此時很可能誤以為織田、德川聯軍人數並不多,所以才會停滯不前。

　　武田勝賴包圍長筱城的最初目的,正是吸引敵方援軍前來決戰。為此,在五月二十日武田勝賴還洋洋得意地寫信給在後方留守的武田家家臣三浦員久說:

（三十二）大戰前夕

「敵方已經方寸大亂，率領軍勢攻來了，我決定直接向敵軍發起進攻，這正是擊敗信長與家康的好機會。」

此時駿河國久能城代今福長閒齋也派出使者前來陣中慰問，武田勝賴也在同日寫信回覆道：

「已經萬事俱備，請放心吧！因為我軍攻擊長筱城的緣故，信長、家康已經作為援軍出陣。這不是什麼大不了的事，我們迎戰就是了。敵方已經不講策略地向我軍進軍，我軍只管向敵陣進攻，想必這次定能一口氣將信長、家康這兩個敵人同時擊敗。」

在武田勝賴寫給生病中的側室的書信中，武田勝賴也提到：

「想必長筱城很快就會被我軍攻陷了。」

從武田勝賴給後方留守的家臣以及側室的書信來看，武田勝賴對擊敗織田、德川聯軍相當有自信，因此武田軍的進軍並非是什麼「不得不進軍」或「一旦撤軍武田勝賴在家內便會威望盡失」，而是因為武田勝賴的本意就是圍城打援，與援軍交戰。並且，因為聯軍就地修築柵欄以及誤判織田軍人數的緣故，武田勝賴認為聯軍可能非常畏懼武田軍，自己的贏面非常大。

武田勝賴萬萬沒有想到的是，織田信長竟然會如此重視盟友德川家康，親自帶著三萬大軍前來支援。再加上武田軍戰前情報工作的不足，大意輕敵，這才最終導致了武田軍的悲劇。

武田勝賴決意決戰，在長筱城下留下了春日源五郎（春日虎綱之子）、室賀信俊、小山田昌成等兩千軍勢，又在鳶巢山五砦留下了另外兩千人，在五月二十日率領一萬一千人的軍隊越過瀧澤川，朝著有海原進軍。

五月二十日，織田信長在給細川藤孝的書信中表示，敵人布陣的位置

易守難攻，自己在十八日時已經布置好鐵炮隊做迎敵準備。織田信長並不想主動出擊救援長篠城，因為這樣一來織田軍必將陷入野戰，即便擊敗了武田勝賴，自己也將遭到極大的損失。對織田信長來說，統一天下的敵人並非只有武田勝賴一人，所以他不想出現不必要的兵力損失，而武田勝賴的出擊，其實也正好中了信長下懷。

綜合來看，武田勝賴的出擊實在是有些莽撞。此時的織田信長認為武田軍會以鳶巢山五砦以及長篠城畔的瀧澤川作為地形掩護與聯軍交戰，至少在信長看來，戰場的主動權在武田軍的手上，甚至還有些小優勢。然而，五月二十日，武田勝賴捨棄了優勢地形主動出擊，武田軍越過瀧澤川朝著有海原進軍的消息傳到信長陣中，使得信長欣喜若狂地說道：「這是上天保佑啊！」

重臣的反對

在《甲陽軍鑑》的記載中，五月二十日武田勝賴決意進軍前，曾在陣中召開軍議。其中，馬場信春、內藤昌秀、山縣昌景、小山田信茂、原昌胤等老一輩家臣與新一輩家臣都向武田勝賴進言表示此戰並沒有意義。

馬場信春表示，敵方人多勢眾，武田軍現在有三條路可選：其一，可先向甲斐撤軍，一旦織田、德川軍追擊的話，就可以在信濃利用地利擊敗他們。其二，武田軍可強攻長篠城，無論能否攻下，都可展現武田軍的實力，這樣一來撤退之際聯軍就不敢追擊。其三，實在想與聯軍交戰，也可先攻陷長篠城，將其作為武田勝賴的本陣，再讓馬場信春、山縣昌景、內藤昌秀等大將與聯軍拉鋸交戰。織田軍遠道而來，只要將其兵糧耗盡，必會退兵。

（三十二）大戰前夕

　　然而，近臣長坂長閒齋、跡部勝資卻和馬場信春等人大唱反調，主張與織田、德川聯軍決戰。武田勝賴年輕氣盛，便聽從了長坂長閒齋與跡部勝資的主戰論，向武田家的「御旗」以及「楯無」起誓。

　　御旗指的是日之丸旗，「楯無」則是鎧甲的名字。在幾百年前的「前九年之役」中，河內源氏先祖源賴義前往陸奧國討伐安倍貞任時，從朝廷拜領了這副鎧甲。後來源賴義的三子源義光在此戰中甚為活躍，源賴義便將楯無賜給了源義光。源義光正是武田氏的先祖，而楯無鎧也被作為武田氏的家寶代代相傳，武田勝賴向御旗和楯無起誓，無疑就是不再允許任何家臣對進軍之事唱反調。

　　類似的記載在奧平信昌之子松平忠明（奧平松平氏之祖）所著的《當代記》中也可以看到，因為奧平信昌是長筱合戰的參與者，《當代記》創作時又曾參考過武田遺臣的回憶，因此書中的記載也是值得參考的。

　　根據《當代記》的記載，馬場信春、內藤昌秀、山縣昌景、穴山信君、武田信豐等人表示：「敵軍人數四萬，而我軍僅一萬，敵眾我寡。不如先行撤兵，等到織田信長撤兵後，秋季武田軍可再度出兵三河，在四處縱火劫掠，並收割德川領地內已成熟的農作物。這樣一來，三河國就將變為『亡國』，不出一兩年就可以消滅德川家。」

　　而武田勝賴卻一心想要進軍，在長坂釣閒齋的支持下，最終決定進軍。

　　《甲陽軍鑑》中對武田家的許多記載都有相當大的問題，例如在該書中將長坂釣閒齋和今福長閒齋混為一談，誤記為「長坂長閒齋」，並且故意將長坂釣閒齋與跡部勝資刻劃成奸臣的形象。而《當代記》的作者松平忠明是站在織田、德川聯軍的角度記錄此事，對武田軍方面軍議內容的記載也僅能作為參考。

重臣的反對

除此以外,《信長公記》中明確記載的織田信長有意隱藏軍隊人數的計畫,在上述兩本書中都沒有提到。再加上兩書記載中,武田家家臣都奇怪的知道聯軍人數與武田軍人數差距甚遠,武田家又是如何知道聯軍具體人數的呢?當時的情報工作非常落後,織田信長在桶狹間合戰時也不知道今川軍的布陣位置以及具體人數,這才會出城迎戰。

因此,《甲陽軍鑑》和《當代記》記載的軍議內容,有可能是站在後世已經熟知兩軍人數差距的「上帝視角」來創作的戲劇性故事。

需要一提的是,長坂釣閑齋與跡部勝資通與山縣昌景等人的矛盾通常在很多書裡都會被寫成是「武斷派」與「吏僚派」、「年輕派」與「老成派」或「勝賴親信(信濃派)」與「信玄老臣(甲斐派)」的矛盾,這其實是一個相當大的誤會。

武田信玄培養的「武田四名臣」的出身一個比一個低,要說到甲斐派,只怕輪不到他們。而長坂釣閑齋與跡部勝資均是武田信玄的近臣,實際上和山縣昌景等人差不多年紀,同屬武田家老臣行列,二人也並非什麼信濃派、勝賴親信。真正屬於武田勝賴派的,是武田勝賴在高遠城時的家老安倍宗貞、高遠諏方氏的舊臣小原繼忠、保科正俊父子。至於什麼「年輕世代的家臣主戰」更是貽笑大方,跡部勝資在這年已經五十多歲了,長坂釣閑齋更是六十三歲的高齡。

在武田勝賴返回甲斐國躑躅崎館成為家督繼承人以後,山縣昌景等宿老都作為城代分布在各地,例如馬場信春任牧之島城城代、內藤昌秀任箕輪城城代兼西上野郡司、秋山虎繁任大島城城代兼下伊那郡司、春日虎綱任海津城城代兼川中島郡司、原昌胤任大宮城城代兼富士大宮郡司,山縣昌景任駿河國江尻城城代⋯⋯

（三十二）大戰前夕

　　武田勝賴並非在甲府長大，相比這些不容易見到的家老們，武田信玄晚年信任的在躑躅崎館主管內政、外交的側近土屋昌續、武藤昌幸（真田昌幸）、曾禰昌世、三枝昌貞、長坂光堅（釣閒齋）、跡部勝資等人自然與武田勝賴的關係要更近一些。武田信玄每年十二月都會召集所有家老舉行商議下一年武田家動向的「談合」會議，通常只有上述的那些城代級別的宿老才可以參與。而在元龜年間，武藤昌幸等年輕的側近竟然被允許旁聽，這說明武田信玄是將他們作為下一代家老培養的，武田勝賴身為武田信玄的繼承人，自然也更親近這些武田信玄留下的親信家臣。

　　綜上所述，武田軍在戰前召開軍議是有可能的，但是軍議內容是否屬實還尚待考證，一次史料中並沒有實質性的證據證明武田氏的家臣不支持進軍。

（三十三）

長篠合戰

▎兩軍的布陣

　　武田軍在連吾川的布陣歷來也是眾說紛紜，本文是以《甲陽軍鑑》為主、參考《長篠日記》、《菅沼家譜》等書來初步還原布陣位置的。

　　首先是武田軍的右翼，由馬場信春、土屋昌續、一條信龍、真田信綱、真田昌輝、穴山信君組成；中央部隊，是由小幡信真、武田信豐、武田信綱組成；左翼布陣位置爭議最多，由內藤昌秀、原昌胤、山縣昌景、小山田信茂、跡部勝資組成，是武田軍中擁有最大戰力的一翼。

　　值得一提的是，小幡信真在《甲陽軍鑑》中被記為小幡信貞（誤記），在武田軍出陣時因為生病沒有出陣，長篠合戰時出陣的是小幡一族的小幡播磨守昌高，當時小幡信真表示自己病癒後就會立刻參陣，但是最終小幡信真有無前來參陣也並不清楚。因此《信長公記》中的「西上野小幡」指的到底是誰，實際上還需要深入探究。

　　在《甲陽軍鑑》的記載當中，馬場信春等人對陣的織田、德川聯軍的左翼是佐久間信盛、木下秀吉、明智光秀，但是明智光秀其實並未參加長篠合戰，他這時候還留在京畿，因此這是《甲陽軍鑑》的誤記。同樣，佐久間信盛是織田家與德川家的外交取次，佐久間隊多次出陣德川領支援德川家康與武田軍作戰，他也是在織田軍本隊到來之前就前往增援德川家

(三十三) 長筱合戰

康的軍勢。依照《甫庵信長記》的記載，此時佐久間隊作為援軍支援德川軍，在右翼布陣，考慮到佐久間信盛的地位，《甲陽軍鑑》中的記載應當是有誤的。

因此，織田、德川聯軍的左翼可能是以織田信忠為首的美濃、尾張軍勢，中央部分也就是織田信長的本陣前方，是前田利家、丹羽長秀、羽柴秀吉、堀直政、瀧川一益等將，聯軍右翼則是德川軍以及佐久間信盛、水野信元等織田援軍。根據《甫庵信長記》的記載，佐久間信盛的軍役達七千人，而水野信元也是三河國的統率三千兵力的豪族，因此即便此次二人沒有動員全部兵力，也是相當大的一股軍勢。

從布陣的位置可以看出，武田軍的精銳部隊大多側重於左翼，也就是聯軍的右翼，這是想採用先前織田、德川聯軍在「姊川合戰」時的戰法，以部分軍隊拖住敵軍一翼（織田軍），集中精銳部隊擊潰敵軍較為薄弱的另一翼（德川軍），再迅速迂迴包抄將敵軍擊敗的戰法。在姊川合戰時，織田軍正是以德川軍拖住了戰力較強的朝倉軍、以精銳部隊擊敗淺井軍，再配合德川軍迂迴包抄朝倉軍，最終取得勝利。只是，織田信長自己就對這種戰術運用得非常熟練，又怎麼會讓武田勝賴得逞呢？正是因此，佐久間信盛、水野信元等軍勢才會被織田信長命令支援德川軍，讓聯軍的左右兩翼都非常強大。

■ 鳶巢山的奇襲

五月二十日，武田勝賴與織田信長都認為對方中了自己的計策，在連吾川的兩岸對峙了下來。實際上，雖然武田勝賴捨棄了優勢地形，但是因

鳶巢山的奇襲

為兩軍隔河對峙，雙方都不便於發起攻擊，而長筱城下以及鳶巢山五砦的武田軍仍然包圍著長筱城，聯軍並未達到救援長筱城的目的，因此武田軍在戰場上仍然有著一定的主動權。

兩軍對峙並非長久之計，軍糧消耗暫且不說，長筱城已經危在旦夕，即將彈盡糧絕。到那個時候，哪怕武田軍沒有對長筱城發起強攻，長筱城也不得不開城投降。織田信長需要想一個能夠逼著武田勝賴不得不發起進攻的法子，最終他決定採用一個大膽的戰術 —— 奇襲鳶巢山。

長筱城二面環水，武田軍在長筱城東南面的大野川對岸的山上修築了君伏床砦、姥懷砦、鳶巢山砦、中山砦、久間山砦五砦，並任命武田勝賴的叔父武田信實作為五砦的總大將。其中，君伏床砦是由和田兵部率領的西上野眾防守、姥懷砦由三枝昌貞率領的足輕部隊防守、鳶巢山砦由總大將武田信實防守、中山砦由名和、飯尾等浪人眾防守、久間山砦由倉賀野、大戶主從率領的西上野眾以及和氣善兵衛率領的原今川家臣防守。

鳶巢山五砦與進軍有海原的武田軍本隊、包圍長筱城的武田軍一同組成了對長筱城的包圍網，並且此地地形非常優越，可以直接監視長筱城內的動向。根據《牧野文齋遺稿》中的考證，鳶巢山五砦甚至有可能是武田軍存放糧草的補給基地，因此才會被如此重視。

雖然在《三河物語》、《松平記》、《菅沼家譜》等書中奇襲鳶巢山是德川家的吉田城城代酒井忠次的建議，不過《信長公記》中卻沒有記載這件事。考慮到酒井忠次麾下都是當地的東三河眾，因此熟知地形的他們提出奇襲也不是沒有可能的。

隨後，織田信長、德川家康下發命令，命酒井忠次將德川軍中善於使用弓箭、鐵炮的士兵挑選出來，與麾下的東三河眾一同組成兩千人的德川

(三十三) 長筱合戰

奇襲部隊。織田信長也從自己的御馬廻眾中挑選了兩千人，並配發給他們五百挺鐵炮，支援酒井忠次的奇襲隊。

聯軍之所以配發給奇襲部隊這麼多的鐵炮，一來是因為鳶巢山五砦的地形不利於徒步近戰，相比之下火器、弓箭更能發揮作用。另一方面，當鳶巢山五砦響起鐵炮聲以後，有海原的武田軍自知後路被抄、腹背受敵，必將陣腳大亂。

根據《信長公記》的記載，五月二十日午後八時左右，酒井忠次率領奇襲隊出發，越過了乘本川（豐川）以後，迂迴進入豐川南部的山中，朝著鳶巢山前進。

另外根據《菅沼家譜》中的記載，此時奇襲隊的嚮導是奧平定能與菅沼定盈，在進入山中以後，因為山裡的夜路難以辨別，奇襲部隊還在吉川村徵用了當地的豐田藤助秀吉（不是豐臣秀吉）、近藤石見守等作為嚮導。為了防止後隊士兵迷路，豐田和近藤二人將繩子繫在大樹上作為路標引導他們，奇襲隊這才得以在複雜的山間穿行，並最終接近離他們最近的久間山砦、中山砦與鳶巢山砦。

五月二十一日上午八時，奇襲隊對以鳶巢山為守的武田軍陣地發起攻擊。酒井忠次率隊悄悄接近鳶巢山砦，隨後突然在砦外豎起軍旗與指物，命鐵炮部隊朝著砦中射擊。豐川以南的山地地形非常複雜，也正是因此武田軍完全沒有料到會有奇襲部從南邊的山裡出現，被打了個措手不及，鳶巢山五砦瞬間就陷入了混亂之中。

不過，武田軍仍然對奇襲隊發起了反擊，武田信實甚至三度奪回了鳶巢山砦，直至戰死為止。同時，三枝昌貞、和田兵部等其餘三砦的主將也都死於戰陣之中，鳶巢山五砦的武田軍徹底崩潰，長筱城內的松平景忠等

人也率軍出城追擊鳶巢山的敗軍。

奇襲隊攻陷鳶巢山五砦後，將五砦焚毀，而長筱城下的武田軍見到鳶巢山五砦淪陷，頓時軍心動搖，開始崩潰，春日虎綱之子春日源五郎等二百餘人遭到城中守軍的追擊戰死，僅有小山田昌成一部對追擊的奇襲隊與守軍發起反擊，討取了奇襲隊中的松平伊忠等三百餘人。

根據《松平記》的記載，長筱城包圍網的崩壞，使得武田勝賴腹背受敵，有海原的武田軍本隊陷入了被敵軍前後包抄的危局中，士氣大跌，因此戰敗。

連吾川的交戰

在有的文章裡說，鳶巢山五砦奇襲是發生在武田軍與聯軍交戰之後的事，特別是有的書裡還說道，正是因為鳶巢山五砦的奇襲才使得正在苦戰的武田軍全軍大崩。

那麼，真的是如此嗎？

根據《松平記》的記載，上午六時前後，武田軍中有三騎武士試探著出擊，在德川軍陣前騎馬來回奔馳，觀察德川軍的動向。而德川軍中的內藤甚五左衛門、內藤彌次右衛門則騎馬出陣追擊，雙方騎著馬互相朝著對方射箭。

而根據《信長公記》的記載，鳶巢山五砦的交戰時分在辰時（上午八時前後），而後織田信長為了更方便地指揮部隊，將本陣移到了德川家康所在的彈正山臺地，並嚴令禁止織田軍出柵作戰。不過《信長公記》中的後文又有提到連吾川的合戰是從天剛亮就開始，到下午二時前後才結束

(三十三) 長筱合戰

的，似乎和前文有些矛盾。另外，《信長公記》中武田軍共發起過五波攻勢，要是這麼看來的話，這五波攻勢中間的間隔未免也太長了些。

在《大須賀記》的記載中，雙方交戰的時間是在上午十一時左右到下午二時左右結束。結合上述的《松平記》、《信長公記》的記載，合戰結束的時間在下午二時左右應當是沒有問題的。

《信長公記》、《大須賀記》中武田軍發起攻勢的時間都在鳶巢山五砦失陷以後，因此交戰時間在上午十一時左右是最有可能的。《信長公記》中之所以會出現前後文矛盾的內容，估計是將《松平記》中兩軍在戰前的對峙、對射弓箭、鐵炮的這些小規模衝突都給包含在了合戰之中吧！

在得知鳶巢山五砦淪陷以後，武田勝賴陷入進退兩難的境地。此時若是撤軍，必然會遭到連吾川對岸的聯軍追擊，撤軍途中也會被背後的聯軍奇襲部隊阻擊，可能會造成很大的損失。在原地靜等的話，肯定也是不現實的，一旦奇襲隊趕到有海原，武田軍就真被聯軍前後包抄，成為砧板上的魚肉了。

因為對聯軍人數以及戰力認知得並不充分，此時的武田勝賴可能仍然不知道聯軍的具體人數，也正是因此，他才會選擇最後一個應對方案——下令朝著連吾川對岸的聯軍陣地發起進攻。

在武田勝賴看來，正面的敵軍之所以躲在柵欄後不敢出戰，很可能是因為戰力不足而畏懼武田軍。所以儘管此時後路已被奇襲隊切斷，只要武田軍擊敗正面的敵軍本隊，後方的奇襲隊自然也不戰自敗。

對武田勝賴來說，圍攻長筱城的目的本來就是吸引德川家康出城野戰，雖然此時己方已有小劣勢，但是依舊能夠靠著武田軍強悍的戰鬥力挽回局面。而對織田信長來說，武田勝賴已經完完全全落入了自己的圈套之

連吾川的交戰

中了。

根據《信長公記》的記載，雙方的交戰過程是這樣的：

信長公來到了家康布陣的名為高松山的小山，看見敵軍的動向，下令全軍絕對不可以出擊。（信長）調集了鐵炮三千挺，以佐佐藏介（佐佐成政）、前田又左衛門（前田利家）、野野村三十郎（野野村正成）、福富平左衛門（福富秀勝）、塙九郎左衛門（塙直政）作為奉行指揮。隨後，（我軍）步兵靠近敵陣發起挑釁，因為遭到前後夾擊，敵軍的軍勢也開始進軍了。

一番是山縣三郎兵衛（山縣昌景），敲著太鼓朝我軍進攻，遭到鐵炮的攻擊後退卻。

二番的正用軒（武田逍遙軒信綱）接替一番隊進軍，我軍用足輕隊引誘對方，對方一旦退卻就立刻追擊。引自陣前，一聲令下鐵炮齊發，敵軍過半倒在鐵炮下撤退。

三番的西上野小幡一黨以赤武者的姿態緊隨其後發起進攻，關東眾善於騎馬的武士在太鼓聲下朝著我軍陣地攻來。我方立即躲在遮蔽物後以鐵炮迎擊，半數以上敵軍被擊倒，幾盡全滅後退卻。

四番典廄（武田信豐）一黨的黑武者接替前隊攻來。雖然敵軍的攻勢不斷，但是我方仍然沒有任何部將率隊出擊，依舊以鐵炮部隊攻擊，將其擊退。

五番的馬場美濃守也隨著太鼓聲發起攻擊，我方防守，馬場隊也如同其他部隊一樣遭到攻擊後退卻。

五月二十一日自天亮開始至未時，我軍朝著東北方向布陣，敵軍各將不斷交替著朝我軍陣地進攻，許多將兵陣亡，隨後人數銳減。敵軍皆朝著武田勝賴的旗本聚集，認為已經難敵我軍，朝著鳳來寺的方向敗退。在這

(三十三) 長筱合戰

時，我軍正式發起追擊。

從上文可以看出，武田軍的進攻順序依次是山縣昌景（左翼）、武田信廉（中央）、小幡隊（中央）、武田信豐（左翼）、馬場信春（右翼）。武田軍發起的前四波攻勢都是以左翼和中央為主的，而在武田軍左翼與中央的正前方，正是德川家康的陣地，這充分說明了武田軍的戰法正是想迅速擊潰德川軍，再配合右翼包抄織田軍。

另外，與電視劇和電影不同，織田、德川聯軍一開始並非躲在柵欄後面迎擊，而是以足輕部隊向武田軍發起挑釁，這是因為他們要配合鳶巢山的奇襲部隊將武田軍拖住，防止敵軍撤退。不過，此時出柵的聯軍其實是德川軍而非織田軍，織田信長直到武田軍敗退以前，一直都沒有命令部隊出柵迎戰。

在《大須賀記》中交戰過程的記載如下：

信長的軍勢均在柵內防守，沒有一人出擊。另一方面，遠江眾與三河眾組成的不滿五千人的家康的軍勢，都出擊到了柵欄以外。不過因為禁止騎馬出戰，因此無論身分高低均是徒步出擊，混在一起作戰。

因為酒井忠次帶走了東三河眾的緣故，德川軍此時人數不足五千，但是他們仍然作為前鋒出戰。另外，《大須賀記》和《信長公記》都記載了聯軍的最初攻勢全是步兵，這大概是因為擔心有騎馬武士為了搶功攻入敵陣破壞陣型的緣故。若是騎馬武士與武田軍近距離交戰，兩軍必定會陷入混戰當中，這樣會導致聯軍的火器無法發揮有效的作用，即便開火，也很可能會誤傷到己方士兵。

不過，在《大須賀記》中又有這樣的記載：

大窪七郎右衛門（大久保忠世）、治右衛門（大久保忠佐）與內藤金市

（內藤家長），在得到信長與權現大人的許可後，騎著馬出柵巡視戰況，在戰場上特別顯眼。

《三河物語》的記載中也有提到此事：

十萬大軍並非全部在柵欄外，只有足輕在作戰。信長軍全都在柵欄內作戰，而家康軍中的大久保七郎右衛門尉（大久保忠世）、同治右衛門尉（大久保忠佐）兄弟則出陣。兄弟倆亂入戰場，在敵軍進攻時引軍後撤，敵軍後撤時率軍進攻，許多軍勢的人們都根據二人揮動的采配來行動。

信長看到此事，下令詢問道：「家康軍前方的金色翅膀揚羽蝶指物和淺黃色石餅指物是敵軍還是我軍？快去，看看是敵是我。」

信長的命令傳達到了家康陣中，家康回答道：「不，那不是敵人，是我的譜代家臣。金色翅膀的是大久保七郎右衛門尉、石餅指物的（武將）兄長。淺黃色石餅指物的是大久保治右衛門尉，揚羽蝶翅膀指物的（武將）弟弟。」

後來在江戶時代繪製成的〈長篠合戰屏風〉中，大久保兄弟率領的德川軍鐵炮隊在柵欄之外朝著武田軍射擊，而北部的織田軍鐵炮隊則全部都在柵欄內開火。說明此畫的作者在創作之時，也下了相當大的工夫去研究考證。

武田軍敗退

有的書裡提到，武田軍在長篠合戰時是先勝後敗，武田軍一度攻入聯軍的柵欄之內取得優勢，最終因為人數原因和後勁不足無法擴大戰果導致失敗。

(三十三) 長筱合戰

　　實際上在長筱合戰當中，有記載死於柵欄附近的武田軍武將僅有土屋昌續一人（《甲陽軍鑑》），其部下軍勢也傷亡慘重。《甲陽軍鑑》還提到，武田軍中也有攻入三重柵欄之內的人，但是因為攻入柵欄之際軍勢已經傷亡殆盡，根本無力回天。另外，根據《本多家武功聞書》的記載，武田軍中的內藤昌秀軍勢也攻入了德川軍三重柵欄中的第二重，被本多忠勝擊敗，討取了二十餘名敵人首級。

　　江戶時代馬場信春的同心眾村越藤左衛門的曾孫、米澤藩藩士村越松正也在記錄祖先武功時寫到，曾祖父村越藤左衛門曾與馬場信春、山縣昌景等人三度與織田軍交戰，一度取得優勢，但是三度都被丹羽長秀擊敗，最終因山縣昌景等人戰死而敗退。不過，按照上文所述，同山縣昌景對陣的並非是織田軍而是德川軍的大久保兄弟，馬場信春與山縣昌景的布陣位置也是一左一右，因此這份史料的可信度就得打些折扣了。

　　根據武田勝賴在戰後寫給家臣上野介和岡修理亮的書信中顯示，武田勝賴提到武田軍自先眾攻勢開始就一直處於劣勢。從內藤昌秀軍突入柵欄後戰死二十餘人來看，武田軍是有可能衝到聯軍的柵欄內的，但是這並非是什麼取得優勢的軍勢，而是在聯軍鐵炮攻擊下的漏網之魚而已。也正是因此，柵欄內寥寥無幾的武田軍根本就無力立足，更別提什麼「擴大優勢戰果」了。

　　武田勝賴不斷地發起五波攻勢的戰法，是想要趁著聯軍的鐵炮、弓箭射擊間隙之際，能有軍勢突入敵陣，但是因為誤判了聯軍人數、聯軍的遠端武器數量以及武田軍需要渡過連吾川才能攻入敵陣的因素，使得武田軍在進攻途中就傷亡過半，即便有武田軍突入聯軍的柵欄內，也已經算不上是一股軍勢了。

武田軍敗退

　　根據《松平記》的記載，武田軍諸隊在攻勢失利後朝著武田勝賴的本陣聚集，武田信豐與小山田信茂也鞏固了自軍的陣地。見到武田軍退卻的聯軍認為武田軍已經很難發起有效的攻勢了，便從柵欄內一起衝出，大喊著朝著武田軍襲來。儘管武田軍的殘存部隊奮死抵抗，卻依舊不是聯軍的對手，最終全軍崩潰。

　　在《信長公記》、《松平記》的記載之中，武田軍是在未刻（下午二時左右）崩潰的，而在天正五年記錄的高野山成慶院的《甲斐國供養帳》中，也記載著山縣昌景是在未刻戰死。《甲斐國供養帳》是同時代的史料，應該是根據長筱合戰的參戰者供詞記錄的，這說明山縣昌景是為了掩護武田勝賴的撤退才在追擊戰中戰死，而不是死在之前的攻勢之中。

　　另外，在《甲陽軍鑑》的記載中，穴山信君並未參與這場合戰，而是朝著燕峰山方向撤退。撤退之際，穴山信君本人還單騎脫離了軍勢疾馳到武田勝賴的本陣當中，質問武田勝賴是不是想要「將信玄時代以來的家老眾全都殺光？」這件事是否屬實不知，但是在《當代記》之中，穴山信君確實也是反對交戰的家臣之一。

　　不過，《甲陽軍鑑》當中反對交戰的小山田信茂卻也在此戰中掩護武田勝賴撤退，根據戰後小山田信茂寫給御宿監物的書信中提到，自己這次掩護勝賴撤退雖然成功，但是實際上是十分丟臉的。按照小山田信茂所言，武田勝賴早在午刻（中午十二時）就已經撤退了，這說明在前幾波攻勢發生以後，武田勝賴認為取勝無望便丟下部隊逃亡了。

　　武田勝賴在側近土屋昌恆、初鹿野傳右衛門尉兩人的掩護下撤退，隨後為了護衛武田勝賴，堂兄弟武田信豐也率領部分士兵追來。在《甲陽軍鑑》的記載中，武田勝賴的馬在途中因為過於疲憊跑不動了，家臣河西肥

（三十三）長筱合戰

後守便將自己的馬獻給了武田勝賴，而他則騎著武田勝賴的馬返回戰場，最終戰死。根據《信長公記》的記載，武田勝賴的坐騎在這一戰中被聯軍俘獲，因此這則逸聞很可能也是真的。

而武田軍的剩餘部隊，為了掩護主君撤離進行了兩個多小時的殿後作戰，武田軍的重臣山縣昌景、馬場信春、內藤昌秀等人均捨棄逃生的機會，在殿後中壯烈戰死。

（三十四）

信長的勝因

▋兩軍的傷亡

根據《信長公記》的記載，此戰聯軍討取的敵將有：

山縣三郎兵衛（山縣昌景）、西上野小幡、橫田備中（橫田綱松）、川窪備後（川窪詮秋）、真田源太左衛門（真田信綱）、土屋宗藏（土屋昌次）、甘利藤藏（甘利吉利）、杉原日向、名和無理介（名和重行）、仁科、高坂又八郎、奧津、岡邊、竹雲、惠光寺、根津甚平、土屋備前守、和氣善兵衛、馬場美濃守（馬場信春）

除了太田牛一記載的上述武士外，其實還有武田信實、真田昌輝等百餘名武將戰死。與常人認知不同，其實長篠合戰並不是「武田家的人才全都戰死」，即便在戰後武田家也仍然還有真田昌幸等人才，甚至跡部勝資等武田信玄時代的老臣也都尚在人世。被認為在長篠合戰中戰死的「小幡赤備」的大將小幡信真其實也未在此戰中戰死，他一直活到了文祿元年（1592年），此戰中戰死的西上野小幡指的可能是他的弟弟小幡昌定。

實際上，對武田家來說，長篠合戰最大的打擊並非許多能征善戰的武將戰死，而是大量城代級別的宿老在同一時間點戰死，這直接導致了在長篠合戰以後，武田家出現了城代不足的情況，不得已只能破例提拔一些武

（三十四）信長的勝因

將擔任城代。例如真田昌幸在長篠合戰後回歸真田家繼承家督，真田家也一人得道雞犬升天，從「信濃先方眾」這樣的外樣眾變成了武田家的家老重臣。

除此以外，武田軍大量士兵的戰死也讓武田家大受打擊。根據《信長公記》的記載，敗退的武田軍士兵遭到聯軍的追擊，大多數都逃進山裡餓死，或落入河川中淹死，戰死的「宗徒之侍、雜兵一萬餘」。而在《大須賀記》的記載當中，僅提到「川前討取二千餘」，沒有提到淹死的和逃入山中的人數。

織田信長在戰後的五月二十六日給細川藤孝的書信中提到：

「敵軍瞬間崩潰，數萬人被討殺，川中漂著許多屍體，武田勝賴的屍體說不定也在其中。」

在六月十三日給上杉謙信的書信中信長又說：

「大將都被討殺了，其餘的根本就沒法數。」

而在《兼見卿記》中則記載武田軍被「討取數千騎」，在《多聞院日記》中說聯軍只「討取甲斐眾千餘」。

在當時的人們眼中，武田軍在長篠合戰中戰死的人並不算多，結合《信長公記》的內容，很多人並非死於戰場，而是死在撤退途中。另一方面，織田信長一直堅持自己殺傷了「數萬敵軍」，這其實是一種誇耀和震懾行為，因此武田軍傷亡人數不應當參考信長的發言。相對來說，《信長公記》當中記錄的戰死、餓死、淹死的萬餘應當是最為可信的。

不過，織田信長當日合戰結束時寫了一封信給細川藤孝，感謝其派遣鐵炮隊前來參陣，順便還在信中提到：「活捉的俘虜也非常多，已經讓他們去辨認首級，一會兒就把結果送過來。」這說明武田軍除了戰死以外，

還有許多人被聯軍給俘虜，武田勝賴此次出陣的一萬五千大軍，能夠活著回到領地內的恐怕是少之又少吧！

而織田、德川聯軍的戰死者人數大部分史書都沒有提到，大概是不值一提吧！僅有江戶時代的《改正三河後風土記》中推測戰死者有六千人，不過聯軍的正面戰場當中並未出現武將戰死的情況，並且德川軍不足五千，織田軍大多都在柵欄內，難道指望殺進柵欄內的幾十名武田軍士兵無人可敵不成？因此《改正後三河風土記》的資料實在可疑，考慮到織田信長戰前就準備著盡量減少傷亡的戰術，只怕加上在長篠城戰死的奇襲部隊士兵，聯軍的總傷亡也可能出奇的少吧！因此才沒有人去刻意記載此事。

織田軍鐵炮數量之謎

現在對於長篠合戰的了解，大多數是透過參考《甫庵信長記》創作的《日本戰史·長篠役》而來的。書中說織田軍帶來了三千挺鐵炮，並以這三千挺鐵炮作為主戰力擊敗了武田軍。從上文的各種史料來看，鐵炮確實在長篠合戰中發揮著很大的作用，不過織田軍攜帶的鐵炮數量卻一直存在爭議。

早先流傳的太田牛一親筆所寫的《信長公記》有兩個版本，一本是建勳神社本《信長公記》，一本是池田文庫本《信長公記》。在建勳神社本《信長公記》中，記載織田信長調集「鐵炮千餘挺」給前田利家等五人，而在池田文庫本《信長公記》中，寫的雖然同樣是調集「鐵炮千餘挺」，但是卻在「炮」與「千」兩字的旁邊寫了個「三」。

因此有人提出，既然這兩本《信長公記》都為太田牛一親筆所寫，而

（三十四）信長的勝因

　　兩份抄本原本都是寫「鐵炮千餘挺」，那麼池田文庫本的那個「三」字會不會是後人新增的呢？若是太田牛一自己新增的，為什麼只在池田文庫本新增這個「三」字呢？隨後，長筱合戰中織田信長調集的鐵炮數量就開始變為「千挺」，加上分給酒井忠次的五百挺鐵炮，一共是一千五百挺。

　　然而，在近年發現的較為古早的尊經閣藏本《信長公記》中，長筱合戰章節中織田信長調集給五奉行的鐵炮數量寫著「鐵炮三千挺」。而且這個「三」字並非是標注，而是正文就是這麼寫的。尊經閣本《信長公記》據說是抄寫自太田牛一《信長公記》的稿本，也是池田文庫本和建勳文庫本的底本。於是乎，長筱合戰時織田信長分配給武衛奉行的鐵炮數量的通說又立刻變為了三千挺。

　　那麼，為什麼三本均出自太田牛一之手的《信長公記》會有三種不同的形態呢？

　　其實，太田牛一一開始在《信長公記》中所寫的「鐵炮千餘挺」很可能只是因為自己並不清楚到底此戰調集了多少鐵炮，因此寫了一個形容鐵炮很多的概數。例如《信長公記》卷三的「姊川合戰」章節，太田牛一就寫了「宗徒者千百餘討死」這樣含糊的數字，而在「野田・福島之戰」章節中也是寫參戰的根來眾的鐵炮數量有「三千挺」。

　　相對來說，《信長公記》中也有比較具體的數字，比如天正八年的高天神城合戰，太田牛一就寫下武田軍被討取的首級有「六百八十八人」，而在長筱合戰之前織田信長抽調馬廻眾與鐵炮之時，也寫到織田信長給酒井忠次的鐵炮有「五百挺」。這是因為高天神城合戰以後，德川家康曾送去討取首級的名單「首註文」給織田信長，因此太田牛一才會知道如此具體的數字。而抽調給酒井忠次的鐵炮是從織田信長的馬廻眾中調集的，這

些鐵炮很可能是從織田信長馬廻眾中的常備鐵炮數量中抽調的，身為織田家家臣的太田牛一知道這個具體數字也並不奇怪。

反之，織田信長抽調給五位奉行的鐵炮是戰前從各地的家臣處臨時調集來的，所以這些不屬於任何軍勢的鐵炮隊才需要臨時指派奉行作為指揮。打完合戰以後，織田信長就需要將鐵炮和鐵炮隊送回各個家臣處，因此太田牛一不清楚這些鐵炮數量也是很平常的事。

因為在建勳神社本《信長公記》中，太田牛一直接稱呼德川家康為「家康」，而在池田文庫本《信長公記》中，太田牛一對德川家康的稱呼變為「家康公」。因此池田文庫本《信長公記》的成書時間可能較建勳神社本要晚，應該是在關原合戰以後才抄寫成的。正是因此，太田牛一可能在建勳神社本後調查過鐵炮的數字，這才會在池田文庫本《信長公記》上補充了一個「三」字，並在之後的抄本中也採用了「三千挺」的紀錄。

不過，需要注意的是《信長公記》中記載酒井忠次的奇襲隊裡，除了織田信長調集的五百挺鐵炮，他還從德川軍中抽調了鐵炮和善於使用鐵炮的人，再加上和山縣昌景對陣的大久保兄弟也曾用鐵炮攻擊武田軍，這說明德川軍本身也保有一定數量的鐵炮。另外，佐久間信盛、水野信元的援軍早於織田信長本隊抵達三河，他們軍隊中的鐵炮數量也不在織田信長從各地家臣處抽調的鐵炮數量之內。

因此，織田、德川聯軍在長篠合戰中一共投入的鐵炮數量，有可能是超過四千挺的，加上武田軍使用的鐵炮，鐵炮在長篠合戰中著實是露了一臉。

(三十四) 信長的勝因

■「三段擊」的真相

說完了鐵炮數量，再來說說聞名世界的織田信長「三段擊」的真偽。

「三段擊」指的是在日本戰國時代，落後的火槍在兩次射擊之間會有裝彈的間隔時間，因此為了減少這個間隔，就讓鐵炮隊排成三排，先由第一排士兵射擊，待射擊完畢後，第一排士兵退到最後一排裝彈，而第二排士兵則前進到第一排射擊，以此類推，鐵炮就可以在短時間內持續射擊了。

「三段擊」的最早出處是戰國時代末期、江戶時代初期的儒學家小瀨甫庵所寫的《甫庵信長記》。不過平山優指出，小瀨甫庵所寫的「三段擊」可能不是指現在認知的讓三行鐵炮隊輪流射擊，而是指布置在三段柵欄後的三隊鐵炮隊。

小瀨甫庵的《甫庵信長記》是以太田牛一所寫的《信長公記》為基礎創作的，但是在《信長公記》中卻沒有提到「三段擊」之事。不過，在後來的大坂之陣中，《上杉家大坂御陣之留》中有提到上杉家將鐵炮隊分開交替射擊裝填的記載；日本侵略朝鮮的文祿慶長之役中，也有日軍在朝鮮將鐵炮隊分開輪番射擊裝填攻擊的紀錄。因此，在戰國時代末期，鐵炮隊交替射擊的戰法應該是常態，並非什麼創新技術。

不過，考慮到這種三段擊戰法需要一定時間的訓練，而長篠合戰時織田信長臨時從各地徵集來鐵炮隊，想要非常協調地運用這種戰法，難度還是比較大的。因此長篠合戰中的「三段擊」，不存在的可能性很大。

騎馬武士的比例

　　因為日本戰國時代是類似於歐洲的封建制度，因此大名家臣們的軍役都是採用混編的形式，例如永祿五年（1562 年）十月十日，大井高政的軍役就是四十五人，其中持槍二人、長柄三十人、弓五人、鐵炮一人、小旗持一人、指物持一人、甲持一人、手明四人。在十月十九日的文書中，大井高政的軍役又是四十五人，其中騎馬五人、長柄三十一人、弓五人、鐵炮一人、小旗持一人、持道具二人。

　　很多人便以這種軍役來斷定，在日本戰國時代的軍勢都是混編，不可能組成騎馬隊，畢竟騎馬隊是需要一定程度的訓練的。可是，同為封建模式，為什麼歐洲就能夠有騎馬隊呢？

　　實際上，戰國時代的封建制度雖然是戰時徵召軍役，但是在一定的領地範圍內，通常大名都會指定一座城池作為附近家臣軍役的聚集點，例如武田家的聚集點就是前文所述山縣昌景、內藤昌秀、馬場信春等人擔任城代的城池。德川家在三河的聚集點便是岡崎城、吉田城，北條家則是小田原城、巖付城等城。日本的封建制度不是指打仗的時候才召集軍隊，平時家臣也是需要向領主奉公的，因此在沒有打仗時領內城池的守軍兵力也不可能是零。

　　這些重要據點的城池之內，領主通常都會常備著一批徵召來的軍隊用於日常防守，而在戰時則按照軍役標準以及戰事的緊迫程度再召集家臣的軍勢援助，也就是說實際上戰國大名的軍隊是以這些重要據點為單位組成的，而非家臣個人。

（三十四）信長的勝因

例如北條家在巖付城奉公的巖付眾軍役總數為一千五百人，其中小旗一百二十餘（奉行三人）、槍六百餘（奉行五人）、鐵炮五十餘挺（奉行二人）、弓四十餘張（奉行二人）、步卒二百五十餘（奉行三人）、馬上五百餘騎（奉行六人）、步走二十人（奉行一人）。

與遊戲裡不同，日本關東素來多騎馬武者，在北條、武田、上杉三家當中，實際上北條家的騎兵在當時才是最有名的。

■「赤備」騎兵存在嗎？

武田家素來在各種遊戲和影視劇中以赤備騎兵聞名，特別是在遊戲《信長之野望》當中，飯富虎昌和山縣昌景的赤備戰法搭配騎馬隊簡直是無懈可擊。然而很可惜的是，以赤備騎兵聞名的並非是飯富虎昌和山縣昌景，而是西上野的小幡一黨。

赤備並非是精銳部隊的名稱，若是粗糙點直譯的話，其實是指紅色鎧甲的軍隊，也就是說，不管你是上級武士，還是剛種完田就來參陣的農民，只要你的鎧甲是紅色的，你就是赤備。

最早武田家的赤備是由飯富虎昌率領的，飯富虎昌死後「赤備」動向不明。元龜三年（1572 年）九月，武田信玄西進之際下發了使用赤備鎧甲的獨占許可給姪子武田信豐，這說明武田信玄可能並未讓山縣昌景繼承兄長的赤備。三方原合戰時，武田軍的赤備也並非是山縣昌景，而是武田信豐。

在武田信玄逝世後的天正二年（1574 年），武田勝賴將武田信豐所部軍勢的鎧甲改為黑色，這就是在長篠合戰時的黑武者。而紅色鎧甲的使用

權,被武田勝賴授予和真田氏有著同樣地位的西上野國眾小幡信真,小幡一黨便是長篠合戰時的赤備,也是唯一見於記載的赤備騎兵部隊。

另外,在長篠合戰交戰前,德川家康和織田信長均有下發命令給家臣們,命他們要對武田軍的騎馬隊嚴加防範。從信中足以得知,織田、德川聯軍對東國的騎馬武士戰力還是相當尊重的。

除此以外,還有一個備受關注的問題就是,日本戰國時代的騎馬武士需不需要下馬作戰呢?

在長篠合戰當中,根據《信長公記》的記載,武田軍第三波攻勢是由西上野小幡善於騎馬的赤備武士發起的,至少證明了在長篠合戰當中確實是有武田軍的騎馬武士衝擊聯軍陣地的。而在長篠合戰以後,武田勝賴下發的文書中多次提到騎馬武士的馬鎧不足,這也很有可能是因為武田勝賴認為當初長篠合戰騎馬隊的攻擊失利是因為馬鎧不足導致的,這才會如此重視。

根據《甲陽軍鑑》的記載,長篠合戰時武田家除了大將與奉行外,有騎馬武士下馬作戰的紀錄。即便這個記載屬實,也可能是因為地形所致,畢竟兩軍交戰地在連吾川兩岸,河畔不便騎馬突襲,再加上聯軍在岸邊修築了柵欄,戰馬又不是坦克,不可能直接碾過去,因此在兩軍交戰以後才需要下馬作戰,同樣德川軍也是如此。而大將與奉行作為軍隊的指揮,騎在馬上更有利於觀察戰局和指揮,因此即便地形不便騎馬,也不會下馬作戰。同在《甲陽軍鑑》一書之中,也有很多處明確記錄了武田軍乘馬作戰的例子,因此《甲陽軍鑑》長篠合戰章節中的紀錄不能作為「騎馬武士需要下馬步戰」的依據。

在《信長公記》的記載中,桶狹間合戰時織田信長也曾下馬持槍作

（三十四）信長的勝因

戰，但是這同樣是因為當時兩軍陷入泥沼之中，不便於騎馬作戰導致的，不能因為這幾條有條件限制的紀錄就說日本的騎馬武士都需要下馬作戰。

對比日本戰國時代東國與西國的軍役，東國軍隊普遍是由騎馬武士與步卒作為主力的，而西國在鐵炮傳來以後，鐵炮便占了戰力的很大一部分。一方面是因為西國相較於東國購買鐵炮、火藥、彈丸更為容易，另一方面也是因為關東、奧羽的馬種普遍要優於西國的馬匹，所以《雜兵物語》中，才會記錄西國武士大多會下馬作戰，而不能像東國武士那樣乘馬作戰。

長期以來，織田信長的對手都是京畿與西國的勢力，而武田軍卻只居於東國一隅，與之交戰的最西邊的勢力便是占據遠三二國的德川家康。也正是因此，深知鐵炮優勢的織田信長才會想到要以鐵炮來擊敗以騎兵、步兵為主的武田軍團。

(三十五)
安土時代的到來

朝廷的「陣宣下」

　　天正三年（1575年）七月三日，朝廷下發旨意想為織田信長加官進爵，然而織田信長卻拒絕了此事，反而向朝廷申請了替自己家臣升官以及賜姓等許可。

　　在信長的申請下，松井友閑出任宮內卿法印，武井夕庵出任二位法印，明智光秀賜姓「惟任」，出任日向守官職，簗田廣正賜姓「別喜」，任右近大夫，丹羽長秀賜姓「惟住」。另外，羽柴秀吉的築前守、村井貞勝的長門守以及塙直政的備中守等官職，據推測也應當是在這個時期受封的。

　　織田信長拒絕朝廷的任官推舉，卻一連舉薦了數個自己的家臣，其實並非是織田信長不想進入朝廷的體制內，而是他在故意演戲，塑造自己「謙虛」的人設，表示織田家的功勞都是透過家臣們的努力而得來的，和我信長沒有關係。

　　朝廷自然是領會到了織田信長的意思，在十一月四日正式下旨讓織田信長出任從三位權大納言，兼任右近衛大將，獲得開設「陣儀」的許可，此即著名的「陣宣下」。

　　在室町時代，幕府將軍獲得將軍宣下時，除了征夷大將軍的官職以外，

（三十五）安土時代的到來

還會敘任四位下的官位，出任參議並兼任左中將，同時將軍獲得升殿、使用禁色的許可。此時的織田信長，除了沒有獲得「征夷大將軍」官職以外，位階、官職均比出任征夷大將軍時的足利將軍要高。並且，朝廷還讓織田信長就任右近衛大將，賜予開設陣儀的許可。

這是什麼意思呢？實際上，雖然我們現在會以「幕府」稱呼中世紀的武家政權，但是實際上無論是源賴朝的鎌倉政權，還是足利尊氏的足利政權，其成立的時間都要早於他們就任征夷大將軍。也就是說，源賴朝和足利尊氏建立起武家政權以後，方才正式出任征夷大將軍的，在他們就任將軍以前，他們的政權嚴格來說並不能被稱為幕府。

再者，幕府的最高領袖其實沒有硬性規定，不一定非得出任「征夷大將軍」。源賴朝在就任「征夷大將軍」以前，他在公卿九條兼實面前的自稱僅僅是「大將軍（沒有字首）」而已。

建久三年（1192年），後白河法皇去世以後，源賴朝在七月分向朝廷提出自己想出任和「大將軍」有關的官職，當時朝廷給了源賴朝「總官」、「征夷大將軍」、「征東大將軍」、「上將軍」等官職以供選擇。源賴朝最終選擇的是「征夷大將軍」，因為他認為「總官」、「征東大將軍」是平宗盛、木曾義仲出任過的官職，二者都已經敗亡，所以這兩個官職都不吉利，而「上將軍」是中國的官職，在日本沒有先例，不能展現自己的權勢。

建久五年（1194年），源賴朝辭去征夷大將軍官職，推舉自己的嫡子源賴家接替，「征夷大將軍」這個官職才正式被確立為鎌倉政權的最高官職。

後來足利尊氏自認為是鎌倉幕府的繼承人，因此遵照前例出任「征夷大將軍」，「幕府」的最高官職從此開始就被默認為是「征夷大將軍」了。然而，這個約定俗成的規矩僅僅只是當時人們的固有認知，朝廷並沒有明

文規定幕府的最高官職一定得是征夷大將軍。

此時日本的「征夷大將軍」依舊是足利義昭，朝廷與織田信長都沒有解除足利義昭官職的意思（室町時代人們的認知是只有足利氏才能出任征夷大將軍），因此才折中封織田信長為和征夷大將軍同等級的右近衛大將。

因此，朝廷給織田信長的「陣宣下」（相當於建立武家政權的許可）、與征夷大將軍並駕齊驅的右近衛大將官職、遠高於足利將軍的任官與位階，使得當時的織田政權雖然沒有「征夷大將軍」與「幕府」的稱謂，但是實質上卻建立起了足以與室町幕府所匹敵的新幕府、新公儀，後來豐臣秀吉的武家關白政權、德川家康的江戶幕府，與織田政權都是一脈相承的。

平定越前一向一揆

前文有提到，天正二年（1574年）時，越前國爆發了一向一揆，朝倉家的舊臣前波吉繼、富田長繁均死於一揆的作亂之中。隨後，一揆眾又包圍了平泉寺，將此地的朝倉景鏡也一併殺害。

一向宗在越前國擴張勢力以後，本願寺顯如向以本覺寺為首的越前國諸寺派遣了若林長門守作為代官，加賀國的一向一揆也派出了下間築後（下間賴照）、杉浦一岐等坊官以及有著「加州大將」之稱的七里賴周前往越前國。

在長篠合戰以前，織田信長因為還需要對付京畿的敵人以及東方的武田勝賴，因而沒有對越前國進行大規模的征伐，而是讓越前國的織田勢力保持防守的姿態。

天正三年（1575年）八月十二日，織田信長攜長篠新勝之威，率軍出

（三十五）安土時代的到來

陣越前國，準備一舉將越前國的一揆勢力徹底剿滅。

織田信長以越前國的降軍為前鋒，派遣佐久間信盛、柴田勝家、瀧川一益、羽柴秀吉、明智光秀、丹羽長秀等重臣以及織田信雄（當時叫北畠信意）、神戶信孝、津田信澄、織田信包等一門眾組成征伐越前國的軍勢，總勢達到三萬餘。隨後，若狹國、丹後國的水軍眾也率領水軍自海上前來參陣，織田信長本人在全軍出擊以後，率領著馬廻眾、旗本共一萬餘人出陣。

織田軍先是在敦賀城集結，隨後兵分多路，趁著暴風雨天氣從木芽峠口與浜手口兵分兩路，朝著越前國的府中地區進軍。一向一揆知道織田信長不會輕易放棄越前國，早就在越前國的各處要害修築了城池，這些城池數量眾多、地勢險要，又可以互相支援、獨自防禦，即便是織田信長的大軍前來，只怕也未必能夠順利進軍。

不過，織田家的羽柴秀吉、明智光秀二人在這時候發揮了巨大的作用。在前一年一向一揆造反之際，羽柴領內的木目城毫無防備，被一揆眾奪取，所以秀吉對越前一揆抱有極大的怨念，早就盤算好要如何整整這批人了。

羽柴秀吉先是與明智光秀一同從浜手口出發，迂迴到了越前國大鹽，攻取了當地由加賀眾守備的円光寺，殺死約兩、三百名一揆眾。八月十五日夜裡，二人又率軍攻下府中的龍門寺，隨後織田軍在府中縱火。

前線的城池見到後方的府中起火，嚇得魂飛魄散，匆忙朝著府中退去。在府中的羽柴、明智軍趁勢掩殺出來，攻擊這些潰敗的一揆，共殺死兩千餘人。

八月十六日，織田信長率領本陣來到龍門寺布陣，朝倉一族的朝倉景

健得知織田信長前來以後，將一向一揆方的大將下間築後、下間和泉、專修寺三人誘殺，隨後帶著首級前來歸降。

朝倉景健是朝倉義景的女婿，在朝倉家滅亡後歸降於織田家，所領也得到了安堵，然而，在一向一揆爆發以後，朝倉景健卻加入了一揆眾與織田家敵對。眼見一向一揆大勢已去，朝倉景健便想再度歸降信長，取了一向宗大將的首級，可是織田信長卻不原諒朝倉景健的叛變，命令朝倉家的舊臣向駿河守將其處決。

八月十八日，柴田勝家、丹羽長秀、津田信澄等人攻陷鳥羽城，斬殺約五、六百名守城的一揆眾，隨後金森長近等也率軍攻入越前國大野郡，連破數城。在這樣的情況下，越前的一向一揆再也沒有抵抗織田家的勇氣，紛紛攜家帶口逃進山裡躲避。

一向一揆雖然不是織田信長最大的對手，卻造成了織田信長非常大的麻煩，也帶給織田家極大的損失。大概因為長島一向宗害死了許多織田一族，織田信長對一向一揆的手段非常殘忍，他下令搜捕這些逃入山中的一揆眾，無論男女老幼通通處死。

十五日至十九日期間，織田軍諸將捕獲的越前國一揆眾共有一萬兩千二百五十餘人，織田信長下令將他們全部斬殺。其餘的一些前來參陣的他國軍勢也俘獲了無數俘虜，攜帶回國。根據太田牛一的記載，被掠為奴隸以及被殺害的人約有三、四萬人左右。

八月二十三日，織田信長率軍抵達一乘谷。此時戰報傳來，羽柴秀吉、明智光秀、稻葉一鐵、細川藤孝、簗田廣正等人已經一路追擊一向宗的敗軍進入了加賀國，平定了能美郡與江沼郡。

（三十五）安土時代的到來

▌越前國分

在織田軍的攻勢下，控制越前國長達一年半有餘的一揆眾在十餘日間便土崩瓦解。除了織田軍的戰力強悍、羽柴秀吉、明智光秀二人的奇兵以外，與一揆眾內部的結構也有著極大的關係。

越前國的一向一揆主力為在地的國人與百姓，他們與從加賀國前來的一向宗坊官們共同採用合議制的形式管理領地。然而，本願寺直接派出的坊官以及本願寺顯如的側近下間築後來到越前以後，卻將自己的地位凌駕於諸多國人之上，成為實質上的越前國國主。國人們本就不想受上級控制才締結一揆，結果本願寺還空降了一個「國主」過來壓榨，自然就對本願寺有所不滿，關係惡化。在織田軍征伐越前國以前，二者甚至發生過私鬥的事件。

除了一向一揆內部對立外，織田信長雖然對一向宗（淨土真宗）採取非常鐵腕的鎮壓手段，但是對象僅限於對織田家造成極大麻煩的淨土真宗裡的「本願寺派」。在討伐越前一向一揆前，織田信長特意邀請了淨土真宗中與「本願寺派」對立的「真宗高田派」、「三門徒派」以及與淨土真宗有著血海深仇的法華宗支援織田軍。

內憂外患下，越前國一向一揆完全不是織田信長的對手，這才造成了一揆眾的悲慘結局。

九月二日，織田信長下令在越前國北莊進行普請，修築起了北莊城，隨後對越前國進行國分（分配領地）。信長封柴田勝家為越前國主，將越前國的八個郡封給了他，並為柴田配置了「騎寄家臣」：大野郡的三分之二被封給了金森長近，三分之一封給了原長賴；府中地區的二郡則賜給不破

光治、佐佐成政、前田利家三人；敦賀郡的武藤舜秀則是安堵本領。

不知道為什麼，現在的一些文章經常會提到「織田家的軍團在信長統治後期尾大不掉，即便織田信長統一了全日本，這些軍團長也會變成新的戰國大名」。實際上這種說法並沒有依據，織田信長向各個軍團長派遣的騎寄均是自己的家臣，與「國主」僅有上下級關係而沒有主從關係，這些騎寄除了協助軍團長以外，還發揮著監視軍團長的作用。

例如，被稱為「府中三人眾」的不破光治、佐佐成政、前田利家三人，織田信長在給三人的下知狀中提到：「越前委任於柴田勝家，命你三人身為柴田的目付，下賜二郡。爾等的善惡之事也會由柴田上報，務必用心互相監督。若有怠慢，必將處罰你們。」

柴田勝家身邊的「目付」即是用來監視他這個國主的，若是柴田勝家有逆心的話，府中三人眾可以隨時向織田信長報告。

進行國分以後，織田信長又在越前國頒布〈越前國掟〉，教導家臣們該如何經營越前國，要求家臣們需要絕對地忠於織田家。

在織田信長統治前期，尾張國、美濃國的家臣們許多都是被織田信長傑出的才能與人格魅力吸引，然而此時隨著領國的不斷擴大，織田家的新家臣越來越多，信長與新家臣們的關係也沒有先前那麼牢固。在這樣的情況下，織田信長便著手制定了〈越前國掟〉，以成文法的形式將信長與家臣們的主從關係確認下來。

（三十五）安土時代的到來

▌巖村城開城

　　織田軍進攻越前國之時，織田信長並未帶織田信忠一同出陣，而是命他單獨率領一支軍勢包圍被武田家奪取的東美濃巖村城。

　　十一月十日，武田勝賴再度徵召了甲斐國、信濃國的軍勢出陣東美濃，支援在巖村城守城的秋山虎繁。武田家雖然在長篠合戰中戰敗，元氣大傷，但是還沒有到將要滅亡的程度。長篠合戰時，武田軍中最善戰的川中島眾因為要防備上杉謙信南下，並沒有參加合戰，保住了這支精銳。川中島眾長年在北信濃與上杉軍作戰，久經戰陣的士兵們作戰經驗非常豐富，所以此時的武田家依舊保有相當大的軍事力量。

　　這天夜裡，武田軍對織田軍布陣的水晶山發起夜襲，此地由河尻秀隆、毛利長秀防守。織田信忠得知武田軍的動向以後率軍馳援，很快就擊敗了武田軍，討取了千餘人的首級。

　　援軍戰敗以後，絕望的巖村城開城投降，秋山虎繁等武田家家臣被送往岐阜城，之後在長良川被處以磔刑。遠山一族拚死抵抗織田軍，紛紛被殺，通說中成為秋山虎繁妻子的信長姑母（即遠山景前之妻），雖然時年近七十歲了，但是因為她內通武田家導致巖村城淪陷而被織田信長下令殺死。

　　織田信忠擊退武田軍、奪取巖村城以後，織田信長便在朝廷運作，讓織田信忠出任「秋田城介」的官職，同時在十一月二十八日將家督之位讓給織田信忠，賜予他尾張國、美濃國二國。

　　值得一提的是，當時織田信忠的弟弟織田信雄因為繼承了公家北畠家的緣故，出任的官職為權右中將，官位在織田信忠之上。

安土城築城

　　織田信長讓出家督之後便從岐阜城遷出，僅僅帶著茶具搬到了佐久間信盛的家中居住。

　　天正四年（1576年）正月，織田信長下令讓丹羽長秀在近江國安土山進行築城普請，修築安土城。一個月後，安土城的基本構造初具雛形，織田信長便搬到了安土城居住，安土時代正式到來。因為丹羽長秀築城用心的緣故，織田信長特意將著名的茶碗「珠光」賞給了他。

　　在織田信長入住安土城之際，這座城僅僅只有個雛形而已。不知道此時的織田信長是不是又想過過工頭的癮，四月一日，安土城開始修築天守以及本丸的石垣。石垣的材料從附近的觀音寺山等地採取，為了修築巨城，織田信長召集了領內十餘國以及京都、奈良、堺的工匠與民夫，同時還找來了一個叫「一觀」的從中國福建省來的製瓦匠燒製大量的中國風青瓦。

　　另外，當時津田信澄搬運石頭到安土山下時，有一塊非常巨大的被稱為「蛇石」的巨石，無論如何也無法搬上山。織田信長命羽柴秀吉、瀧川一益、丹羽長秀為奉行，用了一萬人左右不分晝夜地搬運，三日之後方才完工。有趣的是，織田信長在修築二條御所時，也曾指揮過民夫搬運巨石，這次他又像先前那樣親自赤膊上陣，命人敲著太鼓吹著笛子，然後信長和工頭一樣舞著采配，指揮著民夫們搬運巨石。

　　在安土城築城的同時，織田信長命令織田信忠上洛，與京都所司代村井貞勝一同修築自己在京的新住所。

　　織田信長選中的位置是被稱為「小池御所」的原攝關家二條家的舊

（三十五）安土時代的到來

址。小池御所內擁有庭院與池塘，此地在應仁之亂中被燒毀，於是被二條家棄置，但是池塘與庭院卻保存了下來。

織田信長自上洛以來，在京都一直都沒有固定的住所，通常都是借宿寺院或家臣的宅邸。然而，室町幕府滅亡以後，織田信長身為掌控天下的新主人，自然就需要在京都修築一座屬於自己的宅邸了。

這座御所建成以後，被稱為「二條御新造」。根據弗洛伊斯的記載，二條御所的許多建築材料都是從松永久秀的多聞山城上拆下來的。

(三十六)
本願寺之戰

本願寺二次舉兵

在越前國爆發一向一揆時，本願寺派去了非常多的代官，因而在一向一揆被平定後，本願寺顯如擔心會遭到信長的報復，便委託松井友閑和三好康長負責交涉和解之事。在這期間，本願寺顯如送去了三件著名的茶具給織田信長，最後才被赦免。

天正四年（1576年）二月，足利義昭離開了紀伊國，前往毛利家的領地備後國的「鞆」地區居住，並下令讓毛利家協助自己歸洛。

毛利家自毛利元就時期就與織田信長保持著友好的關係，然而隨著幕府將軍的到來，毛利家只剩下了兩個選擇：要麼站在幕府的立場上，協助將軍討伐織田信長，要麼就只能接受昔日盟友織田信長如今已成為自己上位者的事實。

說實話，毛利家一開始並不想和織田家交惡。不過，在前一年毛利家平定了備中國以後，開啟了上洛的通路，再加上足利義昭的極力撮合，使得毛利家與本願寺結成同盟，組成了自元龜爭亂以來的第二次「信長包圍網」。這一次的足利義昭不再是被包圍的人了，而是組織者。

（三十六）本願寺之戰

　　四月，本願寺宣布舉兵反抗織田信長，在大坂的樓岸與木津修築了城砦，同時毛利家也與織田家斷交，織田信長迎來了敵人的新一波攻勢。

■ 木津合戰

　　四月十四日，織田信長命荒木村重、細川藤孝、明智光秀、原田直政（即塙直政）四人為大將攻打本願寺。

　　明智光秀與細川藤孝在大坂東北方向的守口與東南的森河內修築了包圍本願寺的城砦，荒木村重則從尼崎出海，從海上將位於大坂北部野田一地的本願寺方城砦封鎖，原田直政則率軍在天王寺布陣。此時，除了原田直政這邊，本願寺的剩下三面已經被織田軍完全包圍，織田軍的總數達到三萬人。

　　木津砦位於大坂本願寺西部的木津川的入海口，荒木村重將澱川封鎖以後，木津川成了本願寺與外界的唯一通道。因此，織田信長下令，命在天王寺布陣的原田直政率軍攻取木津砦，切斷本願寺與外界的聯繫，將本願寺完全包圍起來。

　　織田信長攻打本願寺的戰法，與先前攻打長島一向一揆相同，都是圍而不攻，將守軍餓死。為了完成這個作戰計畫，信長命明智光秀、佐久間信榮接替原田直政進駐天王寺，同時派遣了豬子高就、大津長昌作為目付。

　　五月三日早晨，織田軍對木津發起攻擊，攻打木津砦的織田軍主要由京畿的軍勢組成，前鋒為三好康長與紀伊國的根來眾、和泉國的和泉眾，第二陣為原田直政率領的大和國、山城國的國眾。

天王寺合戰

　　當時在木津砦與樓岸砦之間還有一個三津寺砦，位於兩地之間。若是占領了此地，就能切斷木津砦與樓岸砦之間的聯繫。然而，本願寺方發覺了織田軍的動向，在織田軍對三津寺砦發起攻擊之際，木津砦與樓岸砦中的一揆眾突然全軍出砦，自兩面夾擊織田軍。

　　本願寺裡的一揆眾中有很大一部分是由紀伊國的雜賀眾組成，雜賀眾擁有非常多的鐵炮數量，根據《信長公記》的記載，此戰一揆眾動用了數千挺鐵炮，射殺了無數的織田軍士兵。織田軍先陣率先崩潰，大將原田直政率領一族堅持抵抗，最終也被敵軍鐵炮擊中戰死。原田直政一族中的塙喜三郎、塙小七郎、蓑浦無右衛門、丹羽小四郎等戰死。

　　攻打木津的織田軍潰敗後，本願寺乘勝追擊，對明智光秀、佐久間信榮防守的天王寺砦發起了攻擊。

▍天王寺合戰

　　在京都的織田信長得知織田軍戰敗、原田直政戰死以後，於五月五日匆匆從京都出陣，同日進入了河內國的若江城。

　　這次織田信長的出陣甚至比桶狹間合戰時還要匆忙，織田信長連鎧甲都沒有穿上，僅僅著著單衣，身邊的馬廻眾也不過百餘人而已。在若江城留守兩日之後，各地的織田軍主力依舊沒有及時趕到，只有一些家臣們帶著自己的近侍部隊先行一步前來參陣。

　　此時，天王寺砦的明智光秀派來使者，表示敵軍人數眾多，恐怕天王寺砦堅持不了太久。織田信長雖然不再是當年那個輕浮的傾奇者，但是行事作風卻依然和年輕時一樣。信長當即決定出陣迎敵，支援明智光秀。

（三十六）本願寺之戰

　　七日上午，織田軍自天王寺砦南部的住吉朝著天王寺進軍，此時織田信長麾下聚集的軍勢不過三千人而已，而本願寺一方的一揆眾人數則有一萬五千人。

　　信長將織田軍分為三陣，第一陣由佐久間信盛、松永久秀、細川藤孝以及若江城的守軍組成。織田信長原本想將荒木村重也安排進第一陣裡，但是荒木村重卻向信長提出建議，表示自己將率軍在木津口防備，這樣對戰局更為有利。事後證明荒木村重的策略眼光的確不錯，織田信長非但沒有生氣，反而還帶著稱讚的語氣表示幸虧當初沒有堅持讓荒木村重加入前鋒之中。

　　織田軍的第二陣由瀧川一益、蜂屋賴隆、羽柴秀吉、丹羽長秀、稻葉一鐵、氏家直通、安藤守就組成，最後一陣則是織田信長本人率領的馬廻眾。

　　安排好陣型以後，織田家的馬廻眾們料想此戰以寡擊眾，定然會有場血戰，所以一定要保護好主君。可是，當他們朝信長的馬標望去之時，發現信長已經不見了蹤影。順著前線的鐵炮聲望去，馬廻眾們這才發現前鋒的足輕眾裡竟然冒出了個熟悉的身影，頓時亂成了一團。

　　只見在交戰的前線，織田信長舉著刀站在低賤的足輕部隊之中，完全沒有顧及到自己的權大納言與右近衛大將身分，親自指揮著前鋒部隊與一揆眾交戰。激烈的交火之中，織田信長在前線部隊中來回奔馳，四處指揮戰鬥，在雜賀眾的槍林彈雨下，信長的腳被鐵炮擊傷，幸而傷勢並不嚴重。

　　此戰中織田軍的主力由許多獨當一面的大將組成，參戰的也都是大將們的側近及馬廻眾，織田軍的戰鬥力十分強悍，硬生生地將數倍於己的一

揆眾擊潰。敵軍潰敗以後，朝著天王寺砦後撤，織田信長也趁機率軍進軍，與天王寺內的守軍會合。

在這時候，一揆眾整頓了陣型，再度對天王寺砦發起攻擊。織田信長命令織田軍主動出擊迎戰，有人建議信長最好暫時避免交戰，畢竟己方人數過少，還是等候援軍為上。

織田信長卻對避戰言論駁斥道：「兩軍在這樣狹小的地方近戰，是天賜良機。」隨後將軍勢分為兩陣，展開攻勢。

一揆眾沒有料到織田軍竟然敢主動進攻，再加上不知道織田信長有沒有後援，遭到織田軍的攻擊之後一觸即潰，朝著本願寺潰敗。織田軍一路追到了本願寺正門的城戶口，討取了兩千七百餘的一揆眾首級。

織田軍取勝之後，織田信長將京畿七國的軍勢全部編入了佐久間信盛的麾下，命其以天王寺砦為本陣，在本願寺的四周修築起十餘座城砦，將本願寺包圍起來。同時，織田信長還命令和泉國的海賊首領真鍋七五三兵衛率領水軍從海上封鎖本願寺。

安排完包圍本願寺的事項以後，剩下的只要等本願寺兵糧耗盡即可。織田信長於六月五日率本陣返回若江城，隨後上洛，在妙覺寺留宿一夜以後返回了安土城。

在天王寺合戰期間，安土城的築城進度一直在繼續，雖然負責築城的奉行們離開工地參戰去了，但是城池卻日益成型。織田信長欣喜之餘，賞賜了黃金寶物給工匠頭子們，又招來了丹羽長秀、羽柴秀吉二人，每人各賞賜一幅著名的繪卷。

(三十六)本願寺之戰

▎第一次木津川海戰

　　本願寺在織田軍的包圍之下，出現了與長島一揆同樣的問題——他們並沒有做好長期守城的打算，城內的兵糧儲備並不算多。戰前雜賀眾的參陣，更是使得本願寺的糧食儲備捉襟見肘。

　　早在天王寺合戰以前，織田信長就在給參加包圍本願寺的攝津眾的軍令書中提到：「本願寺今年必然會開城投降，大家不需要作戰，只要安心防禦，小心不要被一揆眾的鐵炮擊傷即可。」

　　織田信長的預測非常準確，實際上根本不需要等待多久，到七月分時本願寺的糧倉就幾乎見底了。此時本願寺以東再也沒有像樣的盟友能夠牽制信長，本願寺只能期盼著在西國的足利義昭能夠說服毛利家來援。

　　足利義昭畢竟是幕府將軍，在他三番五次的催促下，毛利軍終於出陣。七月十三日，毛利家的水軍大將能島元吉、來島通總、乃美宗勝等人，率領著七、八百艘搭載著兵糧的船隻，出現在了大坂灣的海上。

　　毛利軍的水軍由毛利家直轄的川內水軍眾、村上水軍眾（能島、因島、來島）、小早川水軍眾、宇喜多水軍、雜賀水軍眾組成，無論是戰船數量、品質還是武器的裝備上，都遠遠高過織田家的水軍眾。

　　織田水軍為了阻止毛利水軍將兵糧送入大坂城，率三百艘戰船在木津川口的海灣上與毛利水軍交戰。這場海戰是織田家與毛利家的初戰，戰鬥從十三日一直持續到了十四日上午，毛利家的戰船要比織田家的高大許多，他們將織田軍的戰船分割包圍，隨後投擲名為「焙烙玉」的武器將織田軍的戰船燒毀。包括真鍋七五三兵衛在內的許多織田家的水軍將領均戰死在這場海戰之中。

在海上交戰的同時，樓岸等地的一揆眾也率軍出擊，攻打住吉的浜手城，佐久間信盛隨即出兵迎戰。然而，隨著海戰的戰敗，陸地上的織田軍只能眼睜睜地看著毛利水軍沿著木津川將兵糧送進大坂本願寺之中，再當著織田軍的面揚長而去，歸陣西國。

雜賀一揆

因為本願寺得到了毛利家送來的糧食，織田信長年內讓本願寺開城的計畫泡湯，織田軍只得繼續包圍著本願寺，開始了長達四年的既漫長又無聊的圍城戰爭。

天正五年（1577年）二月二日，織田信長出陣紀伊國，攻打在紀伊國盤踞的雜賀眾。雜賀眾在天王寺合戰時參加了本願寺一方，對織田軍造成了極大的麻煩，因此織田信長決定攻打雜賀眾的老巢，打擊雜賀眾的軍事力量。

路易斯‧弗洛伊斯在《耶穌會日本年報》裡寫到，紀伊國約四分之一的居民都住在一個叫雜賀的地方，這些居民與歐洲的富農相似，在軍事力量上不輸給根來寺，非常驍勇。弗洛伊斯還提到，一向宗信徒在大坂與織田信長作戰，經過長達六年的圍城後投降，歸降的一向宗裡最大的「坊主（本願寺顯如）」所依靠的軍隊，便是雜賀來的六、七千名士兵。這些雜賀士兵並非是本願寺、根來寺那樣的僧人，而是單純地因為宗教信仰自費參加戰爭。

不過，弗洛伊斯身為一個天主教國家來的外國人，對日本的形勢以及佛教的宗派並不太清楚。當時的雜賀以地域劃分為五支勢力，分別為雜賀

（三十六）本願寺之戰

莊、十鄉、宮鄉（社家鄉）、中鄉（中川鄉）、南鄉（三上鄉）。雜賀的居民並非全部都是一向宗的信徒，在織田家與本願寺的戰爭中，也沒有全都站在本願寺的一方。

日本學者武內善信表示，當時雜賀眾的內部構成各不相同，一向宗的門徒以道場為單位集結，由大道場統領小道場。而非一向宗的信徒則以「惣莊」、「惣鄉」為單位，構築起獨自的地域權力。在雜賀的居民之中，信仰一向宗的人最多不超過總數的三分之一，剩餘的大多數人都是淨土宗與真言宗的信徒。

在前年的天王寺合戰時，加入本願寺方的為雜賀眾裡的雜賀莊與十鄉。雜賀莊中的有力富豪鈴木氏是一向宗的信徒，而十鄉里的有力富豪土橋氏則是淨土宗西山派的信徒。淨土宗與淨土真宗（一向宗）只有一字之差，但是卻是兩個派系。儘管如此，土橋氏依然站在了本願寺的一方。

此次雜賀征伐，雜賀眾裡剩下的三支勢力（三搦眾）與根來寺都加入了織田信長一方，三搦眾大多數都是淨土宗鎮西派與真言宗的信徒，和織田家並沒有什麼血海深仇。

▍雜賀之陣

二月九日，織田信長上洛之後，在妙覺寺留宿。此次出陣，信長召集了包括兒子織田信忠、織田信雄、織田信孝、弟弟織田信包在內的一門眾，以及京畿、尾張國、美濃國、近江國、伊勢國、越前國、若狹國、丹後國、丹波國、播磨國等地的豪族與家臣。

織田軍自二月十三日從京都出陣，隨後經過河內國的若江城，朝著紀

伊國出發。此時和泉國的貝塚在雜賀眾的手中，見織田軍來襲以後，守軍便在夜裡退去。

　　進攻雜賀之前，織田信長將全軍分成兩路，一路為山手軍，從和泉國與紀伊國交界的和泉山脈進軍，由根來眾與三搦眾作為嚮導，配有佐久間信盛、羽柴秀吉、荒木村重、別所長治、堀秀政等將領；另一路是浜手軍，由織田信忠、織田信雄、織田信孝兄弟三人為首，加上織田信包、瀧川一益、明智光秀、丹羽長秀、細川藤孝、筒井順慶等人組成，從和泉國的淡輪朝著紀伊國進攻。

　　根據《兼見卿記》的記載，織田軍的總數達到了十萬餘，《多聞院日記》裡則更誇張地說有十五萬餘，而在《甫庵信長記》裡人數稍少，只有六萬餘（每路三萬人）。具體的人數無法獲知，但是從上述的記載中推測應該不會太少。

　　山手軍進入紀伊國以後，朝著三搦眾與雜賀莊之間的小雜賀川挺近。雜賀莊在川邊豎起了馬防柵防禦，織田軍中的堀秀政率軍渡河攻擊，但是正如同連吾川畔的武田軍那樣，織田軍遭到了馬防柵背後的鐵炮攻擊，死傷眾多。好在這時候的織田軍不像武田勝賴那樣被前後包抄，兩軍便在小雜賀川的兩岸對峙了起來。

　　浜手軍沿著海岸進軍，在進入紀伊國以後又兵分三路進軍。雜賀莊派出軍隊迎戰，被織田信忠、織田信雄、織田信孝、明智光秀、細川藤孝五人的軍勢擊敗，隨後織田軍包圍了鈴木孫一麾下的中野城。

　　二月二十八日，織田信長抵達淡輪，中野城隨後開城降服。三月一日，浜手軍繼續進軍，包圍了鈴木孫一的居城。諸軍不分晝夜地對城池發起攻擊，為了抵禦城內守軍的鐵炮，織田軍的士兵們舉著竹束攻城。

（三十六）本願寺之戰

　　雜賀莊、十鄉的一揆眾們無法抵禦織田軍的攻擊。三月十五日，鈴木孫一為首的當地有力豪族投降，向織田家獻上了誓書，表示會效忠於織田信長，不再支援本願寺。織田信長也發去了赦免的朱印狀給他們。

　　三月二十一日，平定了雜賀的織田信長率軍凱旋。在次日路過和泉國佐野時，織田信長下令在此地修築城池，命根來眾的杉之坊與津田太郎左衛門（即織田信張，清洲三奉行之一的織田藤左衛門後裔）駐守此地。二十五日，織田信長返回京都，兩日之後回到了安土城。

　　值得一提的是，在織田信長出陣期間，因為正親町天皇的命令，朝廷不斷地舉行為織田信長祈禱勝利的儀式。與小說裡不同，此時織田信長已經是朝廷的後盾以及堅定的支持者，兩方結成了一個牢固的利益共同體。朝廷想要復興昔日的一些權力與職能，只能仰仗織田信長，除此以外別無他人。

（三十七）

湊川合戰

▌丹波攻略

　　自從長筱合戰結束後，織田信長解除了東邊的威脅，開始著力於攻打西邊的反信長勢力。經過雜賀之陣等戰事，織田家暫時緩解了一向一揆帶來的壓力。

　　是時，京畿一帶僅僅剩下丹波國沒有附屬織田信長，為了平定丹波國的反信長勢力，織田信長命令明智光秀為總大將攻略丹波。

　　丹波國的國眾在天正三年時名義上仍然從屬織田家，在和本願寺的合戰當中，織田信長命細川藤孝率領的軍勢便是丹波國的武士。不過，在合戰當中完全沒有丹波國眾參戰的紀錄，想必他們沒有響應號召前來參陣，因此織田信長才會想用武力來平定此地。

　　當時丹波國的兩大勢力分別為守護代內藤氏以及國人宇津氏。內藤氏是親近室町幕府一方的勢力，在織田信長與足利義昭敵對期間，內藤氏還率軍上洛支援足利義昭。宇津氏在前文有提到過，就是那個侵占皇室莊園的丹波國眾，還被織田信長責罵過一頓。

　　六月十七日，織田信長在給丹波國國眾的書信中提到，自己將會派遣明智光秀前往丹波國討伐內藤氏與宇津氏。然而，因為要先討伐越前一向

（三十七）湊川合戰

　　一揆的緣故，明智光秀在這年八月參加了平定越前國的合戰，在戰鬥中他的表現非常亮眼，與羽柴秀吉共同立下了大功。越前國的戰事結束以後，明智光秀率先離開了越前國，返回居城坂本城準備出陣丹波國的事宜。

　　十月一日，織田信長又寫信給丹波國的國眾片岡藤五郎，表示近期會派遣明智光秀出陣丹波國討伐赤井直正，希望片岡藤五郎能夠協助織田家。平定丹波國以後，織田家會保障片岡家的領地。

　　丹波國的守護原本是室町幕府「四職家」之一的一色家，進入戰國時代以後，丹波國守護代內藤氏的勢力凌駕於主家之上，將一色家驅逐，之後一色家便只能退到了另一個自己出任守護的分國丹後國居住。此時信長的討伐對象從幾個月前的內藤氏、宇津氏轉變為了赤井氏，是因為守護代內藤氏在這段時間也走向了衰弱，被丹波國內新崛起的波多野氏、赤井氏兩個家族給下克上了。

　　明智光秀侵入丹波國以後，內藤氏、宇津氏、波多野氏立即表示降服，僅僅只有赤井氏堅持抵抗織田家。

　　赤井氏的家督赤井忠家的叔父赤井直正是赤井氏的核心重臣，被《甲陽軍鑑》介紹為是和德川家康、長宗我部元親一樣的名將。赤井直正在明智光秀進入丹波國時正出陣但馬國，攻打但馬山名氏的竹田城，得知織田軍來襲之後，赤井直正立即率軍回國，返回了居城黑井城。隨後，明智光秀也在丹波國國眾的支援下包圍了黑井城。

　　天正四年（1576年）正月，從屬明智光秀的波多野氏突然背叛了織田家，對侵入丹波國的明智光秀發起攻擊。明智光秀在敗退之後暫時返回了坂本城整頓，於二月十八日再度率軍出陣丹波國，但是此次並未發生什麼大的戰事，明智光秀僅在當地布置了防禦，隨後便撤軍回國了。四月，明

智光秀參加了織田軍對本願寺的包圍作戰，於原田直政戰死以後死守天王寺砦，在織田信長到來之後一同擊敗了一向一揆。

天正五年（1577年）二月，丹波國不可避免地陷入了長期化的戰爭中，此時的織田信長依舊沒有讓明智光秀前往丹波國，而是命他參加了雜賀之陣。平定雜賀眾以後，織田信長在和泉國的佐野修築了城砦，留下明智光秀駐守，監視雜賀眾的動向。

同年十月，松永久秀二次舉兵反叛，明智光秀再度被信長抽調至大和國攻打松永家。從明智光秀的動向來看，當時的織田信長似乎是將明智光秀作為一個救火隊長來看待，明智光秀雖然人品不怎麼樣，但是出眾的軍事才能卻在各地開花，為織田軍做出了極大的貢獻，這也是不能否認的。

侵入加賀國

天正五年（1577年）七月十日，織田信長在二條御新造替前關白近衛前久的兒子明丸舉行了元服禮，織田信長親自為其加冠，兩人締結了烏帽子親。同時信長還下賜名字裡的一字給明丸，取名為近衛信基。

近衛前久曾經與足利義昭不和離開京都，在這年二月末方才在信長的邀請下歸洛。另外，身為攝關家家格公卿中的第一家族，近衛家在之前只從足利將軍處拜領過名字，織田信長的這次賜字，說明了此時的織田家已經與足利家擁有了同等的地位。

八月，織田信長命令越前國國主柴田勝家統率北陸的織田軍出陣，信長還派遣了瀧川一益、羽柴秀吉、丹羽長秀、齋藤利治、氏家直通、安藤守就、稻葉一鐵、不破光治等人支援越前勢，總兵力達到了四萬八千人。

（三十七）湊川合戰

織田軍越過越前國國境，渡過手取川後在加賀國的小松村等地縱火。

織田軍的這次出陣，主要是為了對抗在前一年十月侵入能登國的上杉謙信。

■ 上杉謙信的北陸侵攻

上杉謙信與織田信長長年以來一直保持著友好的關係。然而，從織田信長在長筱合戰擊敗武田勝賴、在越前國平定一向一揆以後，織田家的實力越來越強，上杉家這個盟友逐漸也變得名存實亡了。

天正四年（1576 年）四月，本願寺向上杉謙信提出和解的申請。本願寺與上杉謙信原是死敵，多次在越中國煽動一向一揆反抗上杉家，然而此時的本願寺為了對抗織田信長，不得不拉攏在北陸擁有強大實力的上杉謙信支援加賀國的一向一揆。雙方在五月締結了和約，再加上上杉家前一年與武田勝賴議和，上杉謙信一下子消除了兩個舊敵，便開始放開手腳攻略北陸了。

上杉謙信與本願寺和談的同月，西國的毛利輝元送來書信請求上杉謙信上洛。上杉謙信則回覆毛利家的家臣小早川隆景，表示自己將在次年秋季率軍西進，與織田信長對決。

為了實現西進的計畫，八月，上杉謙信從春日山城出陣，朝著越中國進軍。上杉軍在次月攻陷了越中國的栂尾城、增山城，又在通往飛驒國的飛驒口新築了兩座城池，徹底平定了越中國。此後，上杉謙信繼續對能登國發起攻擊，在十二月平定了大部分領地，並於十九日包圍了能登國的七尾城。

上杉謙信的北陸侵攻

　　七尾城是能登國守護畠山家的主城，在室町時代中期由當時的守護畠山滿慶修築。能登畠山家是幕府管領「金吾畠山家」的支流，不過，室町幕府時期的守護家族進入戰國時代後大多衰弱，能登畠山家雖然堅持了幾十年，到了這時候也已經是氣數已盡了。天正二年（1574年）時，能登畠山家的家督畠山義慶被家臣長續連毒殺，隨後畠山義慶兩歲的兒子春王丸繼承了家督（一說為畠山義慶死於天正四年，繼承家督的為弟弟畠山義隆）。

　　進入天正五年（1577年）以後，上杉謙信開始對能登國北部發起攻擊，接連攻陷了數座城池。此時能登畠山家的家臣團出現分裂，長續連、長綱連父子、三宅長盛等家臣支持織田家，而遊佐續光、溫井景隆、平堯知等家臣則想要投奔上杉謙信。正月十八日，上杉軍對七尾城發起攻擊，但被守軍擊敗。上杉謙信決定在次月對七尾城再次發起總攻，最終卻因為北條家對關東發起攻擊不得不撤軍返回春日山城。

　　三月，能登畠山家的家臣長續連對被上杉家占領的領地發起反擊，接連奪回了熊木城、富木城等地。閏七月，上杉謙信擁戴畠山義春（畠山義慶的叔叔）為能登國守護，再次出兵七尾城，想要徹底平定這股反上杉勢力。

　　雖然七尾城的畠山軍對上杉軍進行了頑強的抵抗，但是這個月城內卻爆發了大規模的瘟疫，包括長續連等人擁戴的家督春王丸在內，許多守城的兵將都染病去世。眼看著七尾城將要陷落，守軍連忙派出長綱連的弟弟長連龍前往安土城，向織田信長請求援軍。

(三十七) 湊川合戰

湊川合戰

　　織田信長原本想透過伊達輝宗煽動本莊繁長在越後國造反，襲擾上杉謙信的大後方，然而這次本莊繁長卻沒有做出回應，因此織田信長才會派出柴田勝家侵入加賀國。

　　在入侵加賀國期間，羽柴秀吉因與柴田勝家發生了爭執，擅自率領軍勢從北陸返回。織田信長得知此事後對秀吉的行為感到非常憤怒，但是卻沒有對他進行處罰，反而在不久之後又任命秀吉為大將出陣西國。

　　羽柴秀吉離開後，織田軍繼續朝著加賀國的松任進軍。然而此時的織田軍對前方的局勢一無所知，再加上面對的敵人乃是北陸的豪傑上杉謙信，柴田勝家不敢大意冒進。九月十日，織田軍諸將連署寫了一封書信給織田信長的側近堀秀政，在信中提到似乎加賀國、能登國已經都加入了上杉謙信的一方了。

　　九月十五日，經過長期的對抗戰，七尾城再也堅持不住了。原本就與長續連不和的遊佐續光、溫井景隆等人內通上杉謙信，在這一天殺死了七尾城內親織田的長氏一族，包括長續連、長綱連以下共百餘人都被殺死，七尾城落入了上杉謙信的手中。

　　上杉謙信攻陷七尾城後，陸續又奪取了位於能登國、加賀國邊境的末森城，上杉軍進入加賀國後繼續南下，直逼織田軍而來。

　　此時的柴田勝家正在疑惑七尾城怎麼還沒有派出使者聯繫自己，結果探路的斥候來報，表示上杉軍已經殺到加賀國，這時柴田勝家才知道七尾城應該已經落入了上杉謙信的手中。因為織田軍沒有料到七尾城會這麼快就被攻陷，再加上不知道上杉軍的實力究竟如何，柴田勝家最終決定撤軍。

九月二十三日夜裡，上杉謙信追上了正在手取川渡河的織田軍，擊敗了織田軍的殿後部隊。儘管後世將這場合戰稱為「手取川合戰」，但是實際上當時織田軍正在撤軍，雙方並沒有正面交戰。被上杉謙信追上的殿後部隊，應該就是織田軍侵入加賀國的前鋒部隊，這些前鋒按照慣例都是由當地加入的豪族與國人組成，俗稱炮灰，暫時還不屬於織田軍的編制內。所以嚴格來說，上杉謙信並沒有打敗織田軍。

　另外，雖然大多數書籍都稱呼這場戰鬥為「手取川合戰」，但是在《歷代古案》裡的書信之中，上杉謙信聲稱與織田家的交戰地點在「湊川」，因而實際上這場合戰被稱為「湊川合戰」更為合適。

▋湊川合戰的疑點

　湊川合戰是一場非常奇怪的合戰，雖然這場合戰在江戶時代的軍記物語中時常出現，但是在可信度較高的《信長公記》中，太田牛一卻完全沒有提到湊川合戰之事，只說織田軍到加賀國燒殺劫掠後就歸陣越前國了。

　唯一對這場合戰有所記錄的比較可信的資料，為《歷代古案》中收錄的上杉謙信寫給家臣長尾和泉守的書信，書信的大致內容如下：

　「織田信長並不知道七尾城、末森城陷落，在十八日率軍渡過湊川而來，人數約有數萬騎。（我）派遣兩越、能（越後、越中、能登）的諸軍勢作為前鋒，謙信也作為後陣進軍。信長得知謙信親自出陣前來，於二十三日夜裡倉惶撤軍，我軍隨後發起攻擊，共討取千餘人，還有許多人都落入了湊川之中。當時正好發生洪水，難以渡河，許多人馬都被激流捲走。」

　從信中可知，上杉謙信認為與自己對陣的乃是織田信長，並且聲稱上

（三十七）湊川合戰

杉軍討取了千餘織田軍的士兵，這可能是為了激勵鬥志而進行的一種宣傳。否則，織田家對這場死傷慘重的合戰不聞不問，實在有些匪夷所思。

其實，這封上杉謙信的書信本身也是有一定的疑點的。例如該書信末尾標注的日期為九月十九日，但是書信的內容裡卻提到了二十三日、二十六日的內容。並且上杉謙信平時的自稱都是「愚老」，極少有自稱「謙信」，再加上該文書的行文有些不自然，所以也有人認為這封書信可能是偽作。

當然，也有不同的觀點，比如學者谷口克廣就認為這封書信應該是九月二十九日時寫的，日期錯誤是抄寫時的筆誤。考慮到其他的疑點的話，即便這封書信的確是上杉謙信所寫，很有可能《歷代古案》中收錄的並非是書信的原稿，而是後人的抄本，這才會出現這麼多的錯誤。

除了上杉謙信的書信以外，加賀國一向一揆的坊官下間賴廉在給一揆眾的感狀中也有提到一揆眾與敵軍發生了夜戰，不過書信的日期卻是五月，比湊川合戰早了四個多月。而織田軍大規模侵入加賀國的時間為八月，所以谷口克廣認為這封書信的日期和《歷代古案》裡上杉謙信的書信一樣，應當也是抄寫時的筆誤。

不過，谷口克廣的觀點有些牽強，因為下間賴廉的書信中只提到夜戰，並沒有提到是哪場合戰，所以不排除是指湊川合戰以外的戰鬥的可能性。

除了沒有可靠的依據證明「湊川合戰」曾經發生過以外，柴田勝家在撤軍以後，也有條不紊地在加賀國南部的御幸塚城、大聖寺城進行了普請，將兩城作為織田家在加賀國的橋頭堡，並沒有出現大敗的跡象。因而即便湊川合戰真的存在，織田軍損失的可能只是加賀國當地的參陣國眾，傷亡人數也遠沒有上杉謙信宣傳的那麼多，因此織田家一方才沒有在己方

的紀錄中提到這場小敗。

　　上杉謙信取得湊川合戰的勝利後，雖然在書信裡表示織田軍戰鬥力很弱，上杉軍上洛指日可待。但是吹牛畢竟是吹牛，從這以後上杉謙信再也沒有向西邁進一步，而是專心地消化新奪取的能登國、越中國的地盤，並在十二月率軍返回了春日山城。

　　能登國、越中國都是新占不久的土地，當地支持上杉家的一向一揆前幾年與上杉謙信還是死敵關係，所以上杉家對這些新地盤的統治並不算穩定。在返回春日山城前，上杉謙信以內通織田家的罪名處死了家中老臣、以猛將聞名的柿崎景家（一說柿崎景家在前一年就病逝了），也可以算是上杉家內部不穩的佐證吧！

▌松永久秀再謀反

　　前文提到，幾乎在上杉謙信來襲的同時，松永久秀再度背叛了織田信長。松永久秀在武田信玄西進之時就曾加入反信長勢力的一方，後來足利義昭舉兵時又與將軍站在同一陣線上與信長敵對，直到室町幕府滅亡後方才降服。

　　松永久秀歸降織田家後被委派於原田直政麾下效力，原田直政戰死以後又支援佐久間信盛包圍大坂本願寺。然而，當織田信長調集大量軍勢前往越前國以後，松永久秀、松永久通父子突然燒毀在大坂的城砦，率軍返回居城信貴山城據城造反。

　　松永久秀二次謀反的原因不明，但是應該與上杉謙信、本願寺的動向有所關聯。在軍記物語《北越太平記》裡也有記載上杉謙信攻打七尾城是

147

(三十七) 湊川合戰

為了支援松永久秀。

另外一方面，此時的織田家一邊包圍著本願寺，一邊又防備著西國的毛利家，同時信長還抽調了大部分兵力前往越前國，京畿正好處於真空時期，兵力薄弱。織田信長並不想在這時與松永久秀徹底撕破臉，於是派遣了松井友閑為使者前往信貴山城勸降，可松永父子非常果斷地拒絕了和談。

織田信長素來都是先禮後兵，見松永父子反意已決，便下令讓矢部家定、福富秀勝為奉行，處死松永家送來的人質。松永家的人質是松永久通之子，不過是兩個十二、三歲的孩子，二人素來溫良，在織田家的口碑很好，此時正居住在近江國的佐久間家勝的家中。因為織田信長的命令，兩個孩子被村井貞勝帶往京都。

天下所司代村井貞勝憐憫兩個孩子，表示自己第二天會前往皇宮，請求天皇說情赦免他們，但是兩個孩子死意已決，不願讓村井貞勝冒著激怒信長的風險進宮，便婉拒了好意。

村井貞勝又拿來筆墨紙硯，說道：「那至少也得和父母兄弟說些什麼吧（遺言）。」

兩個孩子搖了搖頭，他們料定了家人早已有犧牲自己的覺悟了：「事已至此，向父母送去書信也沒有什麼意義了。」

最後二人僅在紙上寫下「長久以來承蒙關照，不勝感激」寥寥數言，託村井貞勝送給照顧自己許久的佐久間家勝處。

據說二人在六條河原被斬首前，還雙手合十誦念佛經，不少圍觀的群眾都感到可憐，留下了眼淚。

松永家滅亡

　　九月二十七日，織田信長命織田信忠為大將，從岐阜城出陣，率軍數萬人殺入大和國。二十九日，織田軍以細川藤孝、明智光秀、筒井順慶等人為前鋒，包圍了信貴山城的支城片岡城。夜裡，西方出現了彗星，當時的人們對此議論紛紛，認為是有「大凶事」要發生。

　　十月一日，織田軍填埋了片岡城外的壕溝，對片岡城發起攻擊。在攻城戰中，細川藤孝十五歲的長子細川與一郎與十三歲的次子細川頓五郎在織田軍的前鋒戰死之後，一馬當先率軍攻入城中，頃刻之間便攻破城池。守軍退入天守作戰，彈盡糧絕之後與織田軍拚死一戰，最終以城主為首的共一百五十餘守軍被織田軍討取。織田軍一方的細川軍也戰死三十餘人，明智軍則戰死二十餘人。

　　細川與一郎與頓五郎當時都還未元服，因為與一郎在此戰中立功，後來元服之時信長讓家督織田信忠下賜一字給他，取名為細川忠興，成為織田信長的馬迴眾。

　　十月三日，織田軍馬不停蹄地對信貴山城發起攻擊，此時出陣越前國的軍勢已經返回了京畿，織田信長並沒讓他們返回領地，而是直接派往大和國攻打松永家。因為上杉謙信的撤軍，使得松永久秀不得不單獨面對織田家的鐵拳。

　　九日傍晚，織田軍對信貴山城發起猛攻，信貴山城的火光照亮了天空，甚至連身在興福寺的多聞院英俊都能看到。松永久秀自從崛起於大和國之後，經常欺凌大和國的國眾與寺社勢力，甚至一度燒毀了東大寺的大佛。此次松永久秀被織田軍攻打，在大和國的國眾與寺社看來簡直是和過

149

（三十七）湊川合戰

新年一樣的大喜事。

　　被織田軍強攻的信貴山城雖然陷入大火中，但是本丸依舊在守軍的手上，不過，此時的松永久秀已經沒有了戰意。次日夜裡，松永久秀在天守四處縱火，隨後與兒子松永久通一同切腹自盡，與齋藤道三、宇喜多直家齊名為「戰國三大惡人」的松永久秀就這樣消逝在了大火之中。

　　江戶時代的故事集《老人雜話》中提到，松永久秀死前將最心愛的茶具「茄子」與煮茶的「平蜘蛛釜」砸毀，之後才自盡。而松永久通則是在突圍逃往本願寺的途中被織田軍的雜兵殺死。《老人雜話》中提到的「茄子」指的應當是「九十九髮茄子」，但是實際上這個茶具並不在松永久秀手中，所以這則逸聞雖然有名，但終究只是故事。

　　太田牛一在《信長公記》中提到，松永久秀自殺的時間為十月十日，這正是他十年前燒毀東大寺時的日期。另外，多聞院英俊也在日記中提到，東大寺在被燒毀後的次日曾下起大雨，而松永久秀自盡後的次日居然也下起了雨，大家都認為松永家的滅亡是因為十年前燒毀東大寺招致的報應。

(三十八)

播磨侵攻

信長、信忠父子任官

　　天正五年（1577年）十月十五日，因為討伐松永久秀的功勞，織田信忠出任從三位左近衛中將的官位。按照日本的標準，織田信忠已經步入公卿階層了。此時的織田信忠身為織田家的現任家督，其官位超過了繼承了伊勢北畠氏的弟弟織田信雄。

　　織田信長在這年的十一月十三日上洛，並於十六日敘任從二位的位階，四日之後官職晉升為右大臣。在此期間，織田信長想要舉行「鷹狩」的活動，出動之前還帶著馬廻眾穿著華麗的衣服覲見天皇。天皇在欣賞過信長一行人的服飾與獵鷹之後，再次下賜了御盃給織田信長。

　　與天皇辭別以後，織田信長帶著一行人前往狩獵，然而因為下起了大雪的緣故，信長最喜歡的一隻鷹憑本能向南方飛去。儘管後來織田信長派遣了許多人前往南邊搜尋，卻都沒能找到牠，直到大和國的國人越智玄蕃發現了這隻鷹，捕獲後獻給了信長。因此，織田信長感到十分開心，不但賞賜了衣服與駿馬給越智玄蕃，還下令安堵了越智家的領地。

（三十八）播磨侵攻

■ 播磨出陣

在織田信長、信忠父子上洛任官時，先前擅自返回領地的羽柴秀吉被織田信長任命為侵攻西國的大將，於十月二十三日出陣播磨國。羽柴秀吉一直以來都是負責織田家與毛利家外交的取次，所以對吉川元春、小早川隆景等毛利家的重臣很熟悉，這才能擔此重任。

毛利家自從信長上洛以來一直都和織田家關係良好，即便是室町幕府滅亡以後，雙方依舊保持著友好關係。直到身在紀伊國由良的足利義昭前往毛利家領地之後，毛利家才在足利義昭的撮合下與本願寺締結了同盟，轉而與織田信長敵對。

當時織田家的領地與毛利家還不算接壤，在山陰方面隔著但馬國、出雲國，山陽方面則隔著播磨國、備前國。

備前國是當地大名浦上家與宇喜多家互相爭奪的地盤，浦上家原本是赤松家的守護代，進入戰國時代以後凌駕於主家之上。天正元年（1573年）時，浦上家的家督浦上宗景因為臣服於織田信長，獲得了備前國、美作國、播磨國三國的領地安堵。然而，浦上家的家臣宇喜多直家在這期間從主家獨立，依靠著毛利家的支持，在天正五年（1577年）八月放逐了浦上宗景，奪取了備前國。

浦上宗景流亡後，前往播磨國依附御著城城主小寺政職。受到織田家安堵領地的大名被國眾驅逐，使得織田信長面上無光，再加上宇喜多家有了毛利家的支持以後，在浦上家的舊領地建立起了霸主地位，連播磨國的小寺一族都對此深感不安，擔心會被宇喜多家攻擊。

小寺政職早在天正三年七月時就派遣家老小寺孝高（即黑田官兵衛，

下文統稱黑田官兵衛）前往織田家通好。同年九月織田家家臣荒木村重進入播磨國時，小寺政職又向荒木村重遞交了人質，表示臣服於織田家。所以，羽柴秀吉這次出陣播磨國，並不是織田信長的臨時起意，而是想要支援浦上家、小寺家等家族，防止宇喜多家進一步侵略播磨國。

值得一提的是，黑田官兵衛與秀吉的關係，正是在這次出陣播磨國時建立起來的。在出陣以前，羽柴秀吉多次寫信給黑田官兵衛，表示今後在播磨國，無論大小事務官兵衛都可以與自己商量，自己也將官兵衛視為和弟弟木下小一郎（秀長）一樣親近的人。

西國毛利家

毛利家原本只是安藝國的一個小領主，其先祖乃是鎌倉幕府的創業功臣大江廣元，要是論血緣的話，大江氏乃是同源氏、平氏相同的天皇後裔。

進入戰國時代以後，毛利家作為一介小國，不停地擺盪在西國快速更迭的霸主之間。直到永正十三年（1516年）毛利家的家督毛利興元病逝以後，中興之祖毛利元就才身為姪子幸松丸的輔政人登上了歷史舞臺。

大永三年（1523年），九歲的幸松丸夭折，毛利元就在一族與家臣的請求下登上了家督之位。然而此時的毛利家並不穩定，一部分家臣支持毛利元就的異母弟弟相合元綱，投靠了當時的西國霸主尼子氏，好在毛利元就也有家臣志道廣良、福原廣俊、井上元兼支持，這才逐漸統合了毛利家。

井上元兼並非毛利家的譜代家臣，而是在毛利元就的父親毛利弘元時代才進入毛利家政權中樞的，但是井上家卻在毛利家內有著非常強大的實

（三十八）播磨侵攻

力，井上元兼也因為擁戴之功權勢直逼主家。天文十九年（1550年），毛利元就討伐了井上元兼一族後，才建立起了對家內的絕對控制權。

毛利元就得以在安藝國立足，靠的是西國的另一個霸主大內家的支持。毛利元就的長子毛利隆元曾在大內家充當人質，元服之後從大內家的家督大內義隆處拜領了一字，取名為「隆元」。天文十六年（1547年），毛利元就將家督讓給了二十五歲的毛利隆元，自己則以「大殿下」自居。

弘治元年（1555年），毛利元就與弒主的陶晴賢在嚴島交戰（陶晴賢於天文二十年殺害了主君大內義隆，控制了大內家的實權），毛利軍大破陶晴賢，並在兩年之後攻陷大內家的根據地山口館。消滅了大內家之後的毛利家成長為占據安藝國、備後國、周防國、長門國以及石見國部分的戰國大名。

毛利家崛起後不斷地與九州的大友家、出雲的尼子家交戰。在毛利元就、毛利隆元死後，元就的兩個兒子吉川元春、小早川隆景出任姪子毛利輝元的輔政人，毛利家在「兩川」的帶領下，逐漸成長為一個盤踞西國的超級大名。

▎宇喜多直家

宇喜多家在日本戰國登場的時間，與毛利家差不了多少。宇喜多家本也是備前國的一個國人，自應仁之亂以後，曾經的備前國守護赤松家的家臣浦上家崛起，取代了赤松家的地位，當時宇喜多家正是浦上家麾下的一名家臣。

不過，天文三年（1534年）時，宇喜多家的家督宇喜多能家被浦上家

的家臣島村貫阿彌害死，能家之子興家是個無能之輩，在父親死後只能四處逃亡，宇喜多家眼看就要敗亡在興家的手上。

幸而，宇喜多興家雖然無能，但是興家的兒子宇喜多直家卻是個十分聰明的孩子，在《備前軍記》中記錄著這麼一件事：

父親興家死後，宇喜多直家被母親家一方的舅母收養，但是宇喜多直家在生活中顯得十分愚笨，舅母最後嘆氣地說：「宇喜多家再也沒有復興的希望了。」

聽到舅母嘆氣的宇喜多直家卻對舅母這麼說道：「害死祖父的仇人島村貫阿彌現在權勢熏天，若他知道我的器量的話，一定會想法子殺害我的。我現在故意裝作愚笨凡庸，就是為了等待將來復仇的時機。我的母親是天神山城城主浦上宗景的侍女，我可以藉這個關係出仕浦上家，一旦仕官成功，島村氏再想殺害我就不是那麼容易的一件事了。」

天文十二年（1543 年）八月，成年後的宇喜多直家出仕浦上宗景，並在次年被登用為乙子城城主。到了天文二十年（1551 年）時，浦上宗景命令宇喜多直家迎娶浦上家家臣中山備中守信正的女兒為妻。

中山氏是公卿山科家的領地居都莊的代官，以沼城為自己的根據地。在這之後，因為中山信正越來越專橫，甚至與島村貫阿彌勾結想要與浦上宗景敵對，於是浦上宗景便下令討伐中山氏，接受這項命令的正是新崛起的宇喜多直家。

宇喜多直家收到命令以後，在永祿二年（1559 年）將岳父中山信正暗殺。根據《備前軍記》的記載，宇喜多直家趁中山信正醉酒在別莊留宿之際，派出了殺手將其殺死。

宇喜多直家早已與浦上宗景約定以狼煙為號，中山信正死後直家命人

（三十八）播磨侵攻

燃起了狼煙，浦上宗景見狀便對島村家發去了立即前往沼城的命令。島村貫阿彌不知是計，僅僅率領著七八名近侍就前往了沼城，直到進城以後島村貫阿彌才發現沼城已經易主，隨後他也遭到了暗殺。

島村貫阿彌與中山信正死後，浦上宗景將二人的大半領地都賜給了宇喜多直家，宇喜多家逐漸成為稱霸一方的領主。

復興家族後的宇喜多直家在接下去的時間裡繼續擴張地盤，直家於永祿三年、四年（1560年、1561年）左右，命令弟弟忠家攻擊龍之口城城主穩所元常，但是卻遲遲沒有攻下龍之口城。

宇喜多直家在與重臣岡氏、長船氏討論過之後，決定利用穩所元常喜好男色的弱點，讓長相俊美的小姓岡清三郎潛入穩所家，伺機暗殺穩所元常。岡清三郎出仕穩所元常以後，很快就透過男色關係獲得了主君的信任。

永祿四年（1561年）六月，在一次穩所元常醉酒歸宅以後，岡清三郎趁機將刀刺入穩所元常的胸口將其殺害，並砍下其首級返回了沼城。主將穩所元常被暗殺以後，龍之口城的守軍再也沒有了抵抗宇喜多家的鬥志，最後開城投降。

宇喜多直家在備前國的崛起引起了浦上宗景的警惕，二者最終走向了對立。天正三年（1575年），浦上宗景在合戰中落敗，逃出了天神山城，兩年後浦上宗景甚至被宇喜多直家逼得出逃他國，備前國徹底淪為了宇喜多家的地盤。

上月城合戰

話說回來,羽柴秀吉進入播磨國以後,以織田家的名義在當地徵收人質。在完成播磨國的處置後,羽柴秀吉繼續侵入播磨國北部的但馬國,奪取了巖津城、竹田城等城池,並任命弟弟木下秀長為竹田城的城代。

但馬國的守護是山名祐豐,他在戰國時代的存在感並不算很高,因為現代的歷史愛好者們通常都喜歡把目光聚集在東日本。不過,山名祐豐有個非常有名的祖先,他爺爺的爺爺正是應仁之亂時西軍的主帥山名宗全,只是到了山名祐豐這一代,曾經的霸主山名家已經不復往日榮光了。此時的山名祐豐正因為信長拒絕替自己安堵但馬國、因幡國的領地而與織田家敵對,但是日薄西山的山名家又怎麼會是如日中天的織田信長的對手呢?

天正五年(1577年)十一月二十七日,竹中半兵衛與黑田官兵衛二人作為織田軍的前鋒攻打播磨國的福原城,很快就攻下了福原城,討取守軍二百五十餘人。此時擋在織田軍面前的是播磨國、美作國邊境的上月城,此地乃是從屬毛利家的赤松七條家的領地,而福原城距離上月城只有四公里左右,織田軍隨後便對上月城發起了攻擊。

得知織田軍西進的宇喜多直家率軍出陣,想要支援上月城,卻被織田軍給打得大敗,戰死六百一十九人,宇喜多直家也在這次合戰中倉惶逃走。宇喜多軍與羽柴秀吉的交戰讓直家留下了深刻的印象,也使他對織田軍有了真正的了解——這是一支自己無法擊敗的軍隊。

援軍戰敗以後,上月城如風中殘燭,便向羽柴秀吉提出投降申請。

羽柴秀吉卻對使者表示:「此時才想到投降?晚了。」

秀吉不但拒絕了守軍的請求,還學習織田信長的攻城方式,在上月城外

(三十八) 播磨侵攻

修築了三重鹿角，防止城內有人逃亡，隨後又命人切斷了上月城的水源。

十二月三日，上月城被織田軍攻陷，所有守軍均被殺死。在城中的女子、孩童被秀吉送到播磨國、備前國、美作國三國的國境上，女子被處以磔刑，孩童更是被殘忍地處以「串刺」之刑。所謂串刺之刑，便是在地上立一根細木，再將人像串肉串那樣刺死。

縱觀羽柴秀吉一生經歷過的合戰中，很少有像這樣殘忍地殺害平民的例子。此次秀吉之所以一反常態，恐怕是想向西國武士示威，警告當地的國眾不要與織田家敵對吧！

值得一提的是，上月城合戰以後，織田信長下發了感狀給黑田官兵衛，說明此時的黑田官兵衛並非像小說裡那樣是秀吉的家臣，而是織田信長安排在秀吉身邊的一個與力家臣罷了。

■ 天正六年的新年

天正六年（1578年）正月一日，織田信長麾下的諸多大名均前往安土城覲見織田信長，恭賀新年。

同一天，朝廷也舉行了元旦節會。自室町幕府衰弱後，朝廷就停辦了元旦節會，這次是近二十年以來首次恢復節會，讓吉田兼見等公卿都感到非常激動。若不是織田信長敬重天皇，命令各地將王家、公家的領地歸還原籍，朝廷哪有那麼多錢舉辦這種節會。京都內外的百姓也進入了少有的和平年代，紛紛為生在太平盛世感到幸福。

正月十九日，安土城的城下町發生了火災，起火的火源是弓眾之一的福田與一的屋子。織田信長將福田與一找來臭罵了一頓，福田與一則解釋

說自己單身搬到安土城下居住，妻子孩子都不在身邊，外出時家裡沒人，這才發生了火災。

藉著這個機會，織田信長正好可以徹底完成家臣們在安土城下集住的目標。於是信長假意因為火災生氣，下令讓居住在安土城下的旗本以及馬迴眾們全都必須把妻兒從尾張國接到安土城居住，否則就按照奉公不力處置。隨後，織田信長還命令織田信忠前往尾張國燒毀家臣們在尾張國的私宅，逼迫他們的妻兒來到安土城居住。

城下集住是日本戰國時代「兵農分離」的姊妹政策，兩個政策相輔相成，可以有效防止家臣在地方上割據，也是一個大名是否完成戰國大名化的體現。不過正是因為這個政策會削弱家臣的獨立性，城下集住經常會遭到家臣的反抗，例如武田信虎當年為了讓家臣們搬到躑躅崎館居住，就與今井氏、大井氏等國眾打了幾仗。

從這一年織田信長完成家臣集住至安土城這件事來看，織田家此前的「兵農分離」與「城下集住」政策非常不完善，最早從這一年開始才真正將其落實。

別所長治舉兵

二月二十三日，播磨國勢力最大的國人別所長治突然對織田家舉起了反旗。別所家是舊守護大名赤松家麾下僅次於浦上家的家臣，號稱「播磨東八郡守護」，擁有非常強的實力（僅限於播磨國）。

此時別所家的家督別所長治年僅二十四歲，家中實權在他的兩個叔叔別所吉親、別所重棟的手上。別所重棟早早就與羽柴秀吉有往來，比較親

（三十八）播磨侵攻

近織田家，而別所吉親則對羽柴秀吉、織田信長沒有好感，反而勸說別所長治與毛利家、本願寺結盟，一同對抗織田信長。

別所家的居城三木城地勢險要，擁有四、五千名守城的士兵，三木城的周圍還有淡河城、神吉城、志方城、高砂城、野口城等支城，組成了一道強大的防禦網。隨著別所長治的反叛，播磨國的許多臣服於織田家的國人都再度掀起了反旗，羽柴秀吉陷入了被毛利家、別所家兩面夾擊的境地。

不過，北陸方面發生的一件大事倒是讓織田家緩和了些東邊的壓力——霸主上杉謙信在三月十三日於春日山城腦中風去世。上杉謙信雖然不近女色，但是卻長年沉溺於酗酒，逝世之時年僅四十九歲，就這樣倒在了和織田家對決的路上。上杉謙信去世以後，上杉謙信的養子上杉景勝、上杉景虎之間爆發了御館之亂，越後上杉家陷入內亂之中，為柴田勝家攻取加賀國、能登國提供了機會。

另外一方面，毛利家在四月中旬對羽柴秀吉發起了反攻，吉川元春率軍一萬五千人、小早川隆景率軍兩萬人、宇喜多直家率軍一萬四千人侵入了播磨國，將上月城包圍。

上月城的守軍是臣屬於織田信長的尼子勝久、山中幸盛等尼子家舊臣共兩千三百餘人，完全不是毛利家的對手。尼子家曾經在尼子經久、尼子晴久時期稱霸西國，但是在尼子晴久死後逐漸被毛利家侵略，最終連老家月山富田城都丟了。好在家臣山中幸盛對尼子家不離不棄，一心想要復興家族，擁戴著尼子一族的尼子勝久為家督，投靠了織田信長。

為了支援陷入包圍的上月城，織田信長在五月一日表示自己將會出陣播磨國，同時發去了出陣命令給家中諸將。四月二十九日，瀧川一益、明智光秀、丹羽長秀率先進軍播磨國，五月一日，織田信忠、織田信雄、織

田信孝、佐久間信盛、細川藤孝等人也率軍出陣，於五月六日抵達三木城附近。

織田信長原本計劃五月十三日親自出陣，然而從五月十一日開始京畿下起了大雨，暴雨持續了兩日，各地都爆發了洪水。按照織田信長曾經的性格來看，別說是洪水，就算是火星人入侵地球也不能改變他定下的計畫，所以安土城附近的國眾仍然準備了非常多用於出陣的船隻。

然而，這一次織田信長卻表示雨下得這麼大，暫時就不出陣了。

神吉城之戰

上月城被毛利家包圍以後，羽柴秀吉、荒木村重為了救援上月城，前往上月城附近的高倉山布陣。然而此時的織田信長卻認為救援上月城已經無望，不如聚集兵力攻打背後的三木城，因而他在六月十六日命羽柴、荒木兩軍撤軍，轉而攻打別所家麾下的神吉城、志方城。

七月三日，被織田家拋棄的上月城開城投降，山中幸盛乞求毛利家放過尼子勝久一命，然而毛利家卻想澆滅宿敵尼子家復興的最後希望，斷絕尼子家的血脈，拒絕了山中幸盛的要求。尼子勝久自盡以後，山中幸盛與守軍退出了上月城，在被押送回毛利家的途中，尼子家的最後一個忠臣山中幸盛被毛利家殺害。

織田信長決定放棄上月城，是不得已而為之。如果織田軍繼續與毛利軍對峙，上月城不保不說，羽柴秀吉、荒木村重二人都有可能陷入被毛利、別所兩家包圍的險境之中。織田信長隨後命令織田軍以織田信忠為大將，包圍了別所家的支城神吉城。

(三十八）播磨侵攻

　　神吉城並不是什麼大城，僅僅只有三個曲輪而已，但是守軍因為有毛利家作為後盾，士氣非常高漲，揚言要與織田軍決一死戰。

　　六月二十七日織田軍諸勢發起總攻，不多時就攻到了城牆邊，但是因為守軍頑強抵抗，織田軍最終還是敗下陣來。值得一提的是，織田信孝在這一戰中竟然加入了足輕眾作戰，一度陷入危險之中。織田信孝加入足輕眾的行為與前兩年在天王寺合戰時的織田信長簡直一模一樣，正是因此，織田信孝也被人認為是織田信長諸子裡最像信長的兒子。

　　次日，神吉城的守軍發現織田軍在城外修築起了井樓，這在當時是非常常見的戰法，攻城方修築井樓之後，便會派遣弓箭手與鐵炮手登上井樓，居高臨下地騷擾守軍。別所軍的士兵們隨後扛出了木盾與竹束，這兩樣東西都是抵禦弓箭與鐵炮的好手。

　　然而，出乎別所軍意料的是，織田軍的士兵們扛著幾個又大又黑又粗的東西上了井樓，正在守軍疑惑之時，井樓之上響起了如打雷一般的巨大響聲。

　　織田軍扛出來的正是大炮，戰國時代傳入日本的第一門大炮是九州的「切支丹大名（基督教大名）」大友宗麟從耶穌會那裡半騙半買來的。大友家仿造大炮成功以後，又送了幾門給織田信長做見面禮。大炮在當時的日本十分罕見，所以別所軍沒有見過也不是什麼奇怪的事情。

　　神吉城的箭櫓、城牆立即被大炮摧毀，整座城池都被織田軍的大炮給轟得坑坑洞洞的。織田軍沒有立即對神吉城發起攻擊，而是夜以繼日地命人在井樓上發射大炮、石火矢與鐵炮，這麼奢侈的攻城戰，在當時的日本也就只有織田家有錢這麼做了。

神吉城之戰

　　七月十五日，經過近二十天的炮擊，早就被大炮給轟得神經衰弱的守軍已經毫無抵抗意志了。這天夜裡，瀧川一益、丹羽長秀二人的軍勢攻入神吉城中，於次日占領神吉城。

(三十八）播磨侵攻

（三十九）

有岡城之戰

▍荒木村重謀反

　　天正六年（1578年）十月十四日，足利義昭的側近小林家孝寫信給毛利家的家臣小早川隆景等人，表示織田家在攝津國的代官荒木村重已被自己說服，將會加入己方。

　　根據太田牛一的描述，荒木村重原本只是個打雜的下人，在元龜四年（1573年）足利義昭與織田信長敵對時加入了織田方，為此織田信長將攝津國賞賜給了荒木村重。實際上，從戰國時代攝津國的往來文書裡來看，荒木村重曾經以「池田信濃守村重」自居，說明荒木村重並非是一個下人，而是攝津國守護池田氏的重要家臣，同時還獲得了「池田」苗字使用許可以及享受池田氏一門的待遇。

　　足利義昭與織田信長敵對以後，荒木村重背叛了主家與足利義昭，站到了織田信長的一方，最終獲得了攝津一國的賞賜。

　　根據《陰德太平記》的記載，荒木村重的家臣在包圍本願寺之時，偷偷向本願寺販賣糧食獲利。此事被織田信長獲知以後，荒木村重擔心受到處罰，這才慌忙起兵。不過，這則逸聞雖然有名，但是卻並不屬實，荒木村重的謀反絕非是臨時起意，而是與足利義昭、本願寺顯如勾結之後，經

（三十九）有岡城之戰

過詳細的計畫方才舉兵的。

十月十七日，本願寺顯如向荒木村重送去了起請文，表示在大家共同消滅織田信長以後，本願寺也不會拋棄荒木村重這個盟友，將會尊重荒木村重對領地的統治，也絕對不會原諒與荒木村重敵對的人。若是荒木村重想獲得攝津國以外的領地的話，本願寺將會協助他向足利義昭、毛利輝元遞交申請。

十月二十一日，織田信長聽說荒木村重想要謀反，派遣松井友閑、明智光秀、萬見重元為使者前往攝津國有岡城質問荒木村重。

面對織田信長的使者，荒木村重表示自己一點野心也沒有。松井友閑等人回報以後，織田信長欣喜地下令：「只要將你的母親送到安土城做人質，之後像先前那樣出仕我即可。」

荒木村重原本想要按照織田信長的要求降服，但是在前往安土城途中路過麾下的與力大名中川清秀的居城茨木城時，中川清秀卻這麼說道：「萬萬不可前往安土城，要是在安土城被信長下令切腹的話，攝津國也會被織田家占領。在安土城像狗一樣地死去，這也太愚蠢了。」

在中川清秀的慫恿下，荒木村重思慮了許久，決定返回有岡城，舉兵反抗織田信長。

另外，在《黑田家譜》的記載之中，前往勸說荒木村重不要謀反的並非是織田信長的家臣，而是播磨國小寺家的家老黑田官兵衛。官兵衛聽說小寺政職也被毛利家策反，便前往御著城請求主君不要背叛織田家，小寺政職卻提出「若是荒木村重不謀反，小寺家也不會謀反。」這樣的條件。

無奈之下，黑田官兵衛只得前往有岡城勸說荒木村重。然而此時小寺政職已經決定對抗織田家，偷偷派遣使者前往有岡城，希望荒木村重能殺

死官兵衛這個叛徒。荒木村重雖然沒有殺死黑田官兵衛，但是卻將他給關進了地牢裡。

在足利義昭的策動下，毛利輝元、本願寺顯如、赤井忠家、波多野秀治、別所長治、小寺政職、荒木村重締結了一揆，共同起兵對抗織田信長。

荒木村重的謀反讓織田信長十分慌張，此時羽柴秀吉等人正在播磨國作戰，要是背後遭到攻擊，將會陷入險境。信長在十一月三日匆忙上洛，於次日向朝廷發出請求，希望天皇能夠調解織田家與本願寺的關係，這樣自己也能抽出手對付叛徒荒木村重。

此時的朝廷難得過上幾天太平日子，自然不想坐視京畿陷入動亂，工作效率異常迅速。天皇在兩天後派出了負責與武家聯繫的「武家傳奏」庭田重保、勸修寺晴豐二人作為敕使前往本願寺。

本願寺顯如得知織田信長求和以後，當場嚴厲回絕了朝廷的提議，堅決不同意與織田信長和談。天皇在本願寺碰了釘子，便想要向本願寺背後的真正支持者毛利家派去敕使，就在這個時候，織田信長卻向朝廷表示已經不需要調解了。

這又是怎麼一回事呢？

鐵甲船

本願寺在天正四年時才算是真正與織田家全面開戰，織田軍也在同年包圍了大坂。然而，因為毛利家的來援，織田軍水軍在木津川慘敗，糧食透過水路送入了本願寺內，補充了守軍的糧草。

（三十九）有岡城之戰

　　到了這一年時，經過兩年多的包圍戰，本願寺內的糧草眼看著又要見底了，便向毛利家派去使者，希望毛利輝元能再送點糧食過來。

　　十一月六日，毛利家的水軍共六百餘艘船隻再次出現在了大坂灣之上，前來迎戰的織田水軍船隻數量根本比不上毛利水軍。正當毛利水軍想要像前一回那樣一鼓作氣將織田水軍擊敗之時，只見織田水軍的船陣之中駛來六艘外觀奇怪的大船。

　　這六艘大船由織田信長的重臣瀧川一益麾下的與力家臣九鬼嘉隆率領，後世替這幾艘船隻取了一個聽起來很威風的名字，叫「鐵甲船」。

　　自從第一次木津川海戰失利以後，織田信長痛定思痛，最後認為織田水軍無論是船隻數量還是作戰人員戰力都比不上毛利水軍。水軍和陸軍不一樣，想要新建水軍，開銷巨大不說，短時期內也難以訓練完畢，上不了戰場。織田信長想來想去，最終決定從船隻的品質下手，命令九鬼嘉隆、瀧川一益建造六艘大船。

　　根據《多聞院日記》的記載，這些船隻是「鐵船」，長度在十二到十三間（約 21.6 公尺～23.4 公尺），寬度為七間（約 12.6 公尺），每艘船可以容納五千人。實際上，這些船隻被稱為「鐵甲船」的來源正是多聞院英俊的日記，在《信長公記》以及耶穌會的紀錄中，都沒有提到船隻有包裹鐵甲。多聞院英俊一直都待在興福寺，日記裡記錄的只是從別人口中聽到的傳聞，例如多聞院英俊記錄每艘船隻可以容納五千人，著實有些誇張，有人認為五千人是六艘船上的水軍總數，但是人數仍舊還是過多了。所以現在也有學者提出「鐵甲船」可能是多聞院英俊的臆想，並不存在。

　　不過，由於在第一次木津川海戰中，織田水軍因為毛利家的焙烙玉攻擊陷入火海，所以這一次針對毛利家的火攻戰法造出「鐵船」也並非什麼奇怪的事情。鐵甲船不是現代熟悉的鋼鐵製成的船隻，主要材料依舊是木

材，只是織田家在木頭的外面加上了鐵皮，用來防止遭到焙烙玉的攻擊後起火。

在《信長公記》的異本《安土日記》中，九鬼嘉隆建造的船隻長度為十八間（約32.4公尺），寬六間（10.8公尺），同時裝備著許多鐵炮與大鐵炮。

當時耶穌會的傳教士也前去堺港圍觀織田家的新戰船，回來之後嘖嘖稱奇，寫報告時提到戰船上除了鐵炮以外，每艘船都還裝備了三門大炮。傳教士並不知曉這些大炮的來源，表示這是除了在「豐後王（即豐後國大名大友宗麟）」的地盤外頭一回在日本見到大炮。

傳教士們不知道的是，當初大友宗麟騙來了一門佛郎機炮以後，就開始在豐後國大肆仿造，織田信長的這些大炮自然也是從和織田家關係一直交好的大友家那裡來的。這些國產大炮雖然品質和威力都不如進口貨，但是在當時的日本也算是一件大殺器。

第二次木津川海戰

織田信長的祕密武器在這一年的六月就已經下水。六月二十六日，信長推測本願寺的糧草差不多也該消耗完了，便命令九鬼嘉隆的水軍前往堺港。在路過和泉國淡衝之時，雜賀眾的一些頑固勢力派出水軍攻擊了九鬼嘉隆的船隊，結果還沒接近船隊就被大炮給轟得七零八碎。

得知毛利水軍又來送糧食以後，織田信長立即下令讓九鬼嘉隆率領鐵甲船從堺港出陣，迎戰毛利水軍。兩軍在十一月六日上午八時開始交戰，九鬼嘉隆先是命鐵甲船與敵軍拉鋸，故意勾引毛利水軍的戰船靠近。

毛利水軍不知是計，便想採用前一回的戰法，將織田水軍的戰船分割

（三十九）有岡城之戰

包圍，再用焙烙玉等火器將織田水軍的戰船燒毀。然而，當毛利水軍靠近以後，九鬼嘉隆突然下令鐵甲船上的大炮與鐵炮同時開火，一陣炮擊過後，木製的毛利水軍戰船輕易地就被大炮與大鐵炮摧毀，水軍中的幾艘將船也被大炮擊沉。

中午十二時，毛利水軍從大坂灣潰敗，織田水軍成功阻止了毛利水軍將糧食送入本願寺的企圖，奪得了大坂灣的制海權。同時，這場海戰的勝利，最終也決定了石山合戰的走向。

■ 包圍有岡城

十一月九日，趁著第二次木津川海戰的勝利，織田信長率軍出陣進入攝津國，親征荒木村重的主城有岡城。

擋在織田信長面前的，是高槻城的高山重友與茨木城的中川清秀，高山重友是當時有名的天主教大名，非常虔誠。織田信長派出了耶穌會的傳教士前去高槻城賣慘，傳教士在高山重友面前痛哭流涕，表示信長下了死令，要是不能勸降高槻城，就將禁止天主教在織田領內傳播。反之，織田家將保護教會在領內傳教的權益。面對信長的威脅，高山重友最終決定開城投降，高槻城降服後，中川清秀也在十一月二十四日開城歸降。

茨木城、高槻城開城以後，荒木村重的據點僅剩下主城有岡城與嫡子荒木村次防守的尼崎城、堂兄弟荒木元清防守的花隈城。尼崎城、花隈城都位於大坂灣沿岸，此時毛利水軍雖然在第二次木津川海戰中戰敗，但是瘦死的駱駝比馬大，他們在瀨戶內海還保有一定的勢力，仍然有支援京畿反信長勢力的可能，因此織田信長決定先攻打離海岸較遠的有岡城。

十二月八日，織田軍對有岡城發起攻擊，在先用大鐵炮與石火矢攻擊破壞城牆之後，織田軍迅速登入城中。然而，有岡城修築得十分堅固，城內守軍也異常驍勇，織田軍的攻擊很快就被守軍擊退。

織田信長並不喜歡長期出陣在外，當織田軍的攻擊受挫後，他便決定採用對付本願寺那樣的戰法來對付有岡城——織田軍在有岡城附近修築了無數座城砦，將有岡城團團包圍起來，隨後織田信長率領馬迴眾返回。除了有岡城以外，別所長治的三木城、波多野秀治的八上城也都被織田軍以這種戰法包圍。

平定丹波國

與有岡城合戰同時展開的，是明智光秀對丹波國的進攻。前文有提到，明智光秀早在天正三年（1575 年）就已經開始攻略丹波國了，不過因為各地的戰事以及波多野家的背叛，第一次丹波攻略最終失敗。

織田家的第二次丹波國攻略開始於天正五年（1577 年），織田信長依舊任命明智光秀為大將。織田軍侵入丹波國以後，明智光秀先是攻取了多紀郡的籾井城、桑田郡的龜山城，隨後，明智光秀將龜山城作為自己在丹波國的根據地。明智光秀的快速攻勢使得許多在波多野家叛變以後倒戈的國人又重新回到了織田家的麾下，讓他在丹波國站穩陣腳。

天正六年（1578 年）三月，丹波國赤井氏的重臣赤井直正病逝，赤井家失去一大支柱，士氣低弱。明智光秀、細川藤孝等人在同月率軍侵入丹波國，將波多野家的根據地八上城包圍。四月，丹羽長秀、瀧川一益奉織田信長之命率軍來援，攻取了波多野家麾下的細工所城，同時明智光秀也

（三十九）有岡城之戰

將八上城的支城冰上城包圍，進一步孤立波多野秀治。

在進攻丹波國期間，播磨國的別所長治、攝津國的荒木村重均對織田信長舉起了反旗，明智光秀一邊在丹波國部署軍勢，一邊率領剩餘的軍勢奔赴各地的戰場進行支援。

天正七年（1579年）二月，明智光秀再度回到了丹波國。四月四日，明智光秀送去書信給鄰國丹後國支持織田家的國眾，表示經過一年的包圍，八上城已經彈盡糧絕，近期有四、五百名守軍餓死，大概在十天左右就將開城投降。

織田軍最擅長的攻城法便是被稱為「兵糧攻」的圍城戰，這個戰法從織田信長在尾張國攻打巖倉織田家時就被運用，等到織田軍在全國各地作戰時，又被織田家的家臣們推廣到了各地。兵糧攻的戰法有個好處，就是能夠避免強攻城池，減少士兵的傷亡，降低攻城的失敗率。當然，這個戰法並不是沒有缺點，最為關鍵的就是兵糧攻戰法需要消耗大量的人力與財力，好在這兩樣東西對織田信長來說都不算什麼。

在江戶時代故事集《常山紀談》之中，明智光秀在攻打八上城期間，為了促使波多野秀治、波多野秀尚兄弟投降，將自己的母親送進城中做人質，表示只要波多野兄弟前往安土城覲見信長歸降，就將保障守軍的性命以及波多野家的領地。然而，波多野秀治、波多野秀尚兄弟前往安土城參降之後，織田信長卻下令將二人殺死，導致明智光秀在八上城內的母親也被守軍殺害，這最終成為了促使明智光秀發起本能寺之變的原因之一。

《常山紀談》一書的可信度非常低，幾乎等同於《三國演義》。同時代的史料並沒有提到這件事，尤其是連太田牛一這樣的八卦達人都沒有記錄這件事，因此這個逸聞應當是江戶時代的創作。

五月五日，氷上城被織田軍攻陷。六月一日，因為出現大量士兵餓死的情況，波多野家的家臣們被明智光秀策反，舉兵謀反。守軍將城主波多野秀治、秀尚兄弟二人抓捕，隨後開城投降。波多野兄弟隨後被送往了京都，再之後又被送到了安土城，被織田信長下令處以磔刑。

　　七月，明智光秀開始對丹波國殘餘的反織田勢力赤井家發起總攻，細川藤孝、丹後國的一色家也派遣了援軍前來參陣。丹後一色家在織田信長平定越前一向一揆時曾參加了織田軍一方作戰，被信長安堵了丹後國的領地。但是，一色家之後又加入了反信長陣營，在丹波國被平定前夕才重新歸降。

　　八月九日，明智光秀擊破了出城迎戰的赤井軍，奪取了黑井城，城主赤井忠家棄城逃亡，丹波國徹底被織田家平定。十月二十四日，明智光秀凱旋歸來，前往安土城覲見織田信長，彙報了丹波國、丹後國都已經降服的消息。織田信長非常高興，在第二年正式將丹波國賜給了明智光秀，丹後國則被賜給了在這一次作戰中非常活躍的細川藤孝。

信康事件

　　天正七年（1579 年），在織田信長著手平定叛亂之時，信長多年以來的盟友德川家發生了一件重大事件。

　　八月三日，德川家康率領著濱松城的軍勢進入了岡崎城，會見了嫡長子、時任岡崎城城主的德川信康。父子倆不知道說了什麼，次日，德川信康被驅逐，之後被送到遠江國的二俁城幽禁。德川家康占領岡崎城以後，將岡崎城原來的守軍全部撤掉，換上了自己從濱松城帶來的軍勢駐守。九

（三十九）有岡城之戰

月十五日，德川信康在二俣城切腹自盡。

這件事被稱為「信康事件」，在通說之中，德川信康身為德川家的繼承人，才能出眾，織田信長有些擔心將來信康會超越自己的孩子，對織田家不利。恰好此時德川信康與妻子五德不和，五德寫信回家給父親信長抱怨信康的不端行為，織田信長便趁著這個機會，下令讓德川家康處死長子。

德川信康與織田五德的關係在歷史上確實不好，織田信長對這件事也是知曉的，但是這件事並不足以讓信長下令處死信康。而德川信康比信長的孩子要強的說法，更是無稽之談，此時織田信長的兒子織田信忠、織田信雄、織田信孝都在各地的戰場作戰（信雄可能差一點），沒有任何證據能夠證明德川信康比信長的兒子們要強。

實際上，記錄織田信長下令處死德川信康的史料，全都是江戶時代站在德川家的立場上創作的。在《信長公記》的最古本《安土日記》中，太田牛一記載德川信康之所以被流放，是因為其懷有「逆心」，也就是謀反。此事在江戶時代早期成書的德川家創業史《當代記》中也有記載，說德川信康不但經常違背家康的命令，還輕視織田家，最後遭到流放。

德川信康的「謀反」，只怕還是如長筱合戰章節中所述的，德川信康捲入了新晉家臣濱松眾與松平時代的譜代家臣安祥眾之間的爭鬥中。這也是為什麼德川家康在放逐了德川信康以後，堅持將岡崎城的守軍從安祥眾替換為濱松眾的原因，涉嫌謀反的並非只有德川信康一人。

從德川家康一開始對信康的處置來看，家康應當是想饒過兒子一命的，然而家中的對立日益嚴重，最終使得德川家康不得不殺死德川信康，維護德川家的安定。不過，德川信康畢竟是織田信長的女婿，要是不經過織田信長的許可就隨意處死德川信康，只怕會招致信長的不悅。

根據《當代記》的記載，德川家康派出使者向織田信長彙報了信康之事，織田信長則回覆道：「沒有辦法，讓家康自己處置吧！」可以看出，早期成書的史料裡，織田信長並非是下令殺死德川信康的人，而是收到通知的一方，並且織田信長也沒有插手德川家的內政，而是任憑德川家康自行處置。

另外，在稍晚出現的《信長公記》的其他抄本中，例如在池田家收藏的《安土記》（和《安土日記》不是同一本）、《原本信長記》裡，德川信康之所以被處置是因為精神出現了異常。這些抄本大多數出現在慶長年間，德川家康篡奪了豐臣家的政權成為天下人，因而才會故意將事件淡化成是德川信康的個人問題，而不是謀反。

進入江戶時代以後，德川家的許多不光彩事件都被抹去或者竄改，例如早年松平廣忠向織田家遞交嫡子（德川家康）作為人質後又背叛織田，差點害死德川家康之事，以及這一次的信康事件。

這個時候的武田家依然是織田家的大敵，織田信長需要德川家康這個盟友的存在，為自己穩住東方的戰線，又如何會輕易地下令去處死德川家的繼承人，引起德川家的不滿呢？所以，通說裡的信康事件實際上是江戶時代為了塑造德川家康的完美形象而創作的，這才讓織田信長充當了一回惡人。

忍者之國

天正七年（1579 年），當織田信長動員了大批軍勢包圍有岡城與三木城時，織田信雄卻沒有響應信長的命令前來參陣。織田信雄時年二十二歲，僅僅比織田信忠小一歲。九月，織田信雄突然宣布停止出陣攝津國的

(三十九)有岡城之戰

計畫,反而發兵攻往了伊勢國的鄰國伊賀國,掀起了「天正伊賀之亂」。

伊賀國原本是室町幕府的將軍足利家的庶流仁木氏的領國,永祿十二年(1569年),織田信長侵攻伊勢國的北畠家時,伊賀國的守護仁木氏的家督仁木政長便透過瀧川一益歸降了織田信長,獲得了本領安堵。但是,在戰國亂世,區區一個幕府的守護職又能算什麼呢?

早在永祿初年時,伊賀國就結成了「總國一揆」自治團體,這個團體在伊賀國的勢力遠遠強於守護仁木家,根據《勢州軍記》的記載:「伊賀國四郡諸侍六十六人一心同體守護各城。」

織田信雄對伊賀國的侵攻,很有可能是想將這個被織田家領國包圍的自治之國占領,消滅這個自治的一揆團體並將伊賀國給領國化。

九月十七日,織田信雄率軍一萬餘人從南邊的名張口與北邊的場尾口侵入伊賀國,結果遭到總國一揆的反擊,織田軍被打得落荒而逃,連信雄的家老柘植三郎左衛門都戰死在戰鬥之中。

在安土城的織田信長得知此事後大怒不已,將織田信雄給罵了一頓。信長生氣的原因不僅僅是因為信雄打了敗仗,主要還是因為信雄不服從調遣,擅自攻打伊賀國。

織田信長在寫給信雄的書信中提到,要他分清各種事情的重要性,告誡到:「第一是天下,第二是向父親奉公,第三是率軍支援在有岡城的兄長織田信忠,最後才能輪到信雄自己的私事。否則,即便是織田家的一門眾,也不會被原諒。」

有岡城陷落

　　話說回來，在有岡城這邊，自從第二次木津川海戰之後，本願寺已經無力出戰，丹波國方面的反信長勢力也被織田軍逐個擊破，等荒木村重緩過神來時，才發現自己已經是孤家寡人了。

　　毛利家雖然向攝津國派遣了援軍，但是從海路前來的毛利軍最多也只進入了尼崎城防守，並不敢對包圍有岡城的織田軍發起攻擊。

　　天正七年（1579年）五月二十八日，荒木村重送去了書信給毛利輝元，表示甲斐的武田勝賴已經出陣，北國的上杉景勝也侵入了越前國，希望毛利輝元也能夠親自率軍前來攝津國支援。

　　荒木村重書信中的內容當然並不是事實，他只是想欺騙盟友出陣罷了。此時武田勝賴根本沒有餘力侵攻他國，上杉景勝也在處理御館之亂後的餘波，不可能會出兵攻打織田家的。再者，對毛利輝元來說，他也不是不想出陣東進，而是實在沒有辦法動身。此時九州島的霸主大友宗麟與織田家結盟，對毛利家的領地虎視眈眈，一旦毛利輝元率軍東進，大友軍就有可能就會侵入周防、長門二國，從背後攻擊毛利家。

　　九月二日，荒木村重帶著五、六個家臣從有岡城逃出，進入了尼崎城，希望與當地的毛利軍談判，卻遲遲沒有結果。十月十五日，織田軍部將瀧川一益策反了有岡城內的四名足輕大將，以他們的軍勢作為前鋒攻入城中，相繼攻陷各個曲輪，直逼本丸而來。

　　荒木村重的家老們以開城為條件和織田家和談，織田信長則提出要荒木村重交出尼崎城、花隈城，再前來安土城自首，方可放過有岡城守軍的性命。十一月十九日，有岡城開城投降，荒木村重一族的荒木久左衛門前

（三十九）有岡城之戰

往尼崎城，勸說荒木村重答應織田信長的條件，換取有岡城守軍與荒木族人的性命。

然而，面對織田信長的強硬姿態，荒木村重卻害怕了，他拒絕了荒木久左衛門的要求，拒絕前往安土城向織田信長認罪。要知道，八上城的波多野兄弟就是在被送往安土城以後被處以磔刑的，荒木村重要是真前往安土城，多半也是這個下場。

荒木村重的貪生怕死，害死了追隨他叛亂的荒木一族與家臣。十二月，以荒木村重的妻子為首的十六名近親，在京都六條河原被斬首，荒木家重臣及其妻兒共一百二十二人被送到尼崎城外處以磔刑，餘下的下級家臣與他們的妻兒也被織田軍關進他們的屋子裡活活燒死。織田信長只留下了貪生怕死的荒木村重一人在尼崎城苟且偷生。

另外，雖然織田信長處死荒木一族被視為是殘暴之舉，但是根據近年來的研究，荒木村重的妻子以及身邊的家臣很多都是淨土真宗的信仰者，這些人在織田信長與本願寺的戰爭中傾向於本願寺。而織田信長對一向一揆的態度素來都是斬盡殺絕，無論是伊勢國的長島還是越前國國府的一揆，所以對荒木一族的處刑，某種程度來說也是在處死反信長的一向宗信徒。

(四十)

統一政權建立

▍安土宗論

天正七年（1579 年）五月二十七日，在安土城下的淨嚴院之中，發生了一場淨土宗與法華宗的辯論，是為「安土宗論」。

因為前一年近江國發生了洪水的緣故，安土城天守倒塌，死者眾多，因此這一年織田家邀請了各地的僧人前來安土城召開一週年祭的法會。

不過，當從關東前來的淨土宗長老靈譽玉念在安土城下講法之時，法華宗的信徒建部紹智與大脅傳介對淨土宗的理論發出質疑，最終二者發生爭吵，靈譽玉念提出要與法華宗的長老進行宗論。

法華宗素來將自己視為日本佛教界一哥，非常看不起其他宗派，得知淨土宗來砸場子以後立即表示自己會派出僧人參加宗論。

織田信長生怕法華宗會在安土城下鬧出亂子，連忙派人前去勸說，淨土宗當即答應不進行宗論，而法華宗卻不給信長面子，堅決要求進行宗論。織田信長無奈，只得許可和尚們進行辯論，但是有個條件，宗論必須在織田家的監視下進行。

最終，法華宗在與淨土宗的辯論下敗北，為了打擊驕橫的法華宗，信長將引起騷動的建部紹智、大脅傳介二人斬首，再命令法華宗向自己保證

（四十）統一政權建立

今後不再為難其他宗派。法華宗在京畿有著非常強大的勢力，然而在織田信長的安土政權下，最終也不得不屈服於織田家。信長藉著安土宗論的機會，確立了織田家在日本宗教界的上位地位。

▎誠仁親王遷居二條御所

十一月四日，織田信長從安土城上洛，於次日向朝廷提出申請，將自己在京都修築的宅邸二條御新造讓予皇儲誠仁親王。這年正親町天皇已經六十三歲了，他只有誠仁親王一個皇子，因而下一任天皇人選必然就是誠仁親王了。

誠仁親王在遷居二條御所以前，居住在清涼殿附近的黑戶御所。與父親不同，誠仁親王在這年已經有了五個兒子三個女兒，黑戶御所房如其名，如木炭被燻得黑不溜秋，又小又破，作為一國儲君的住所顯得非常擁擠與寒酸。

織田信長將二條御所讓給了誠仁親王，表示織田家將會建立起一個與室町時代完全不同的尊王政權，織田家將會以王家的保護者形象君臨日本。

▎干殺三木

話說回來，與有岡城合戰同時進行的，是羽柴秀吉與別所長治的三木城合戰。羽柴秀吉採取的戰法依舊是織田信長慣用的兵糧攻，在三木城附近修築付城、包圍城池。

干殺三木

　　九月十日，毛利軍以及從屬毛利家的播磨國人們為了救援三木城，聯合攻擊了織田家的大村砦，試圖將糧食送入三木城。根據《信長公記》的記載，織田軍在大村砦之戰討取了別所軍數十人，而羽柴秀吉則在文書裡自稱殺死了敵軍四百零八人。

　　不過，毛利家的紀錄則截然相反，他們也在書信中自稱擊敗了織田軍，討取了數百人，同時還向三木城運送了糧草，解除了別所長治的危機。然而，從最後的三木城開城的結局來看，毛利家應當是沒有順利將糧食送進城內的。

　　十月，別所長治向織田家派出使者，想要降服，但是被織田信長給拒絕了。十一月開始，羽柴秀吉陸續將播磨國的地侍、百姓們召回原籍，命他們安心耕作，無需擔心戰事。從這一點來看，當時的三木城已經陷入重重包圍，根本無法出城與織田軍作戰，所以羽柴秀吉才會縮小包圍圈，命住民們返回。

　　在織田家的包圍下，三木城內的糧食用盡，成百上千的守軍餓死。守軍們在吃完了糧食之後，便開始吃戰馬的飼料，在飼料吃完以後，便開始將城內的牛、馬、雞、犬全都充作了兵糧，仍舊解決不了危機。

　　到了最後，三木城的守軍甚至開始自相殘殺，殺死虛弱的士兵，吃起了人肉。織田家的「干殺三木」戰法，不僅讓三木城陷入絕境，還讓當時所有的人都意識到了背叛織田信長的下場有多麼可怕。

　　天正八年（1580年）正月六日，羽柴秀吉軍攻入了三木城的宮山構以及南構，守衛宮山構的別所友之（別所長治的弟弟）在戰敗後逃往本丸。與此同時，別所友之、別所吉親的鷹尾城、新城也相繼落入了羽柴秀吉的手中，別所家進入了死亡倒數計時。

(四十) 統一政權建立

此時,加入織田家一方的別所長治的叔叔別所重棟不忍看三木城的慘狀,便向秀吉提議,以別所長治、別所友之、別所吉親三人切腹為條件,換取城兵的性命,秀吉隨後答應了他。

為了拯救城兵的性命,別所長治親自殺死了三歲的兒子,隨後又殺死了妻子等等,方才切腹自盡。據說別所長治切腹的方式是罕見的十文字切腹法,連內臟都流了一地。別所長治的弟弟別所友之與他的妻子、別所吉親的妻兒也都自盡而死。

在大村由己創作的《播州御征伐之事》的記載中,別所吉親不願自盡,最後被城兵殺死。不過在可信度更高的史料之中,別所吉親其實是自殺而死的。大村由己站在了秀吉的角度進行創作,自然會將別所吉親塑造成一個貪生怕死的卑鄙小人。

由於在宇喜多直家、本願寺顯如的書信之中,都有提到三木城的守軍全部被斬殺,羽柴秀吉對外的宣稱也是殺死了全部士兵,因此歷來都認為三木城裡的士兵均被殺害。不過近年來根據歷史學者堀新的觀點,三木城合戰時開城的條件很可能是主將自盡,守城的別所家士兵因為背叛織田家悉數遭到斬殺,而從毛利家前來增援的士兵則被饒過性命,逃出生天。

花隈城陷落

七月二日,荒木村重的最後據點花隈城在池田恆興、池田元助、池田輝政父子的攻擊下陷落。花隈城陷落以後,守將乃美宗勝、荒木元清乘船離開,前往毛利家的領地。

尼崎城在花隈城陷落前後也相繼失守,荒木村重去向不明,有說他與

荒木元清一同離開了尼崎城，也有說他早就獨自逃亡了。

荒木村重的舉兵實際上也暴露了織田信長對家臣統御的一些缺點。例如荒木村重在足利義昭舉兵之時加入織田家，為織田信長在各地奔波作戰，但是信長卻忽視了他的戰功，而是派遣自己更信賴的羽柴秀吉前往播磨國，負責原本該由荒木村重負責的西國攻略，這最終使得荒木村重心生不滿，決定加入足利義昭一方。

不過，不管怎麼說，與織田信長對抗一年八個月有餘的荒木村重自此被徹底剿滅，織田家在攝津國的敵人，僅剩下大坂本願寺了。

本願寺開城

三木城、有岡城、八上城相繼被織田家奪取，毛利家的援軍被阻斷在西國，本願寺已經山窮水盡。從元龜元年（1570年）九月本願寺舉兵以來，本願寺與織田家之間斷斷續續持續了十一年的戰爭，造成了織田信長很大的麻煩。

織田信長本人無疑是非常厭惡本願寺的，因為本願寺顯如的煽動，織田一族在與一向一揆的作戰中傷亡慘重。織田一門的凋零，使得後來本能寺之變中織田信長、信忠父子死後，織田家再也沒有一人能夠獨挑大梁了。

本願寺在戰國時代多次插手京畿的政治鬥爭，從中撈取好處，例如三好長慶的父親三好元長正是遭到了一向一揆的襲擊才被迫自盡的。元龜初年的本願寺起兵也是因為加入了三好三人眾一方，與織田信長、足利義昭對抗。在足利義昭被流放以後，本願寺又與足利義昭、毛利輝元結成同盟，對抗織田信長。

（四十）統一政權建立

然而，織田政權遠遠比先前的細川、三好政權要強大太多。京畿的反信長勢力相繼滅亡，本願寺再無援軍，面臨著團滅的危機。不過，考慮到本願寺在日本各地有著眾多門徒，仍舊有一定的影響力，織田信長還是決定先以懷柔手段為主，招安本願寺。

天正七年（1579年）十二月，正親町天皇派遣勸修寺晴豐、庭田重保前往本願寺，命本願寺顯如與織田信長和談。次年正月十八日，從本願寺返回的勸修寺晴豐前往安土城，向織田信長報告了本願寺顯如願意投降的消息。

三月一日，朝廷再度派遣了近衛前久、庭田重保、勸修寺晴豐為敕使前往大坂本願寺，織田信長也派出了松井友閑、佐久間信盛為使者一同前往，正式商談開城事宜。十七日，朝廷和信長都下發了對本願寺進行赦免的文書，織田信長表示，只要本願寺在七月以前開城，自己將會保障本願寺顯如等人的性命。

四月九日，本願寺顯如離開本願寺，前往紀伊國的雜賀居住。然而，顯如離開以後，新任的本願寺門主本願寺教如卻不願意讓出本願寺，想要與織田信長決一死戰，還向各地的信徒發去了檄文，命令他們來本願寺參陣，對抗織田信長。

紀伊國的雜賀眾之中，有不少人支持本願寺教如，試圖抵抗織田信長，襲擊了前往大坂的朝廷敕使。本願寺顯如得知此事之後大怒不已，現在已經是教門的生死存亡時刻，教如竟然不聽自己的命令仍要與織田信長敵對，本願寺顯如隨後宣布，將加入教如一方的坊官、信徒逐出寺門，自己也與教如斷絕父子關係。

本願寺教如的眼光明顯要比顯如稚嫩許多，此時的他還做著毛利家與武田家會東西夾擊織田信長，本願寺在中心開花的美夢。然而他的討賊檄

文下發以後，響應本願寺的人寥寥無幾，大多數頑固派在這幾年織田信長的斬盡殺絕政策之下，已經化為風中枯骨，活下來的人也不再想與將要統一天下的織田信長敵對。

八月二日，本願寺教如再也抵抗不下去了，宣布開城投降。雜賀與淡路兩地派來了許多船隻，接走在本願寺守城的守軍與信徒。同一天，本願寺的伽藍發生大火，火災持續了三日，雖然《信長公記》裡說是意外火災，但是也不排除是離開的教徒放的火。

佐久間信盛改易

八月十二日，本願寺合戰結束的十天之後，織田信長突然公布了攻打本願寺的軍團長佐久間信盛、信榮父子的罪狀，將佐久間家改易。

織田信長羅列的佐久間信盛的罪狀非常之多，從元龜爭亂開始，一直到本願寺合戰，總之什麼陳穀子爛芝麻都一股腦兒地抖了出來。例如滅亡朝倉家時，織田家的家臣們延誤戰機，所有人都向信長認錯，只有佐久間信盛仗著自己是老臣妖言惑眾，擾亂軍心；再比如三方原合戰時，對同僚平手汎秀見死不救；以及自天王寺合戰以來，佐久間信盛在大坂毫無建樹，最後本願寺的開城還是靠自己的政治手段才成功的⋯⋯

最終，被流放的佐久間父子出家為僧，在高野山蟄居。次年，佐久間信盛在失意中病逝，其子佐久間信榮雖然獲得赦免重新出仕織田家，但是佐久間家的權勢卻已經大不如前了。

雖然織田信長找了很多藉口，但是流放織田家自尾張時代以來的筆頭家老，主要還是因為隨著織田家領國的擴大，織田信長需要對屬下家臣進

(四十) 統一政權建立

行再編。當時佐久間信盛擁有三河水野、尾張、近江、大和、河內、和泉、紀伊根來眾等遍布七個領國的與力，在織田家內權勢滔天，甚至有可能威脅到織田家的地位。織田信長將佐久間信盛放逐，就可以重新規劃家臣的勢力，建立新的軍團，順便將織田一門以及親信家臣安插在京畿一帶，拱衛安土城。

的確，在佐久間信盛被流放以後，明智光秀立刻就取代了佐久間信盛的地位。與佐久間等一同被處置的，還有林秀貞等尾張時代的家老。

織田政權的變化

自永祿十一年（1568年）織田信長上洛以來，織田家逐漸成為了京畿的統治者，在本願寺投降以後徹底實現了對京畿的穩定支配。

根據日本學者朝尾直弘的觀點，在信長上洛的這十多年間，織田家的權力一共經過了三個發展階段。

第一個時期，是永祿十一年（1568年）至天正元年（1573年），此時的織田政權屬於與足利義昭共同統治京畿的聯合政權時期。

第二個時期，是天正元年（1573年）至天正八年（1580年），織田信長與一向一揆等反信長勢力之間不斷地進行拉鋸、合戰，此時的織田政權，屬於一個軍事政權。

第三個時期，是天正八年（1580年）至天正十年（1582年），本願寺降服以後，各地的大名均派出使者前來覲見織田信長，信長也以天下人的姿態君臨日本，此時的織田政權，進入了統一政權時期。

織田政權的變化

　　此時，東國的伊達輝宗、北條氏政，西國的大友宗麟、島津義久，均與織田家交好，將織田信長奉為上位。織田信長也以天下人的身分命令大友家、島津家和解，不要再進行戰爭。可以看出，織田信長統一日本，其實並非是想真正討滅所有的戰國大名，在織田信長想要建構的政權之中，有相當多一部分的戰國大名是可以存留的。

　　再者，織田信長上洛以來的敵人，除了淺井、朝倉、阿波三好這樣的戰國大名以外，還有諸如本願寺、願證寺、雜賀一揆、法華宗這樣的保有一定獨立性的地方勢力。織田信長想要建立一個統一政權，就必須要收服這些勢力，好在隨著本願寺的降服，織田信長終於完成了對京畿的統一，至少沒有勢力會再在京畿公然與織田家對抗了。

（四十）統一政權建立

(四十一)

鳥取城攻防戰

策反宇喜多直家

在織田信長原先的構想之中,織田家的西國擴張,將會重用備前浦上家以對抗毛利家。然而,浦上宗景在天正五年(1577年)被放逐,取代浦上家的宇喜多家站在了毛利家的一方,參加播磨國眾與織田軍的合戰。

宇喜多直家在前文有介紹過,並非是一個碌碌無為之人。為了保障宇喜多家的利益,宇喜多直家接受了毛利家的庇護,成為從屬毛利家的勢力,站在了抵抗織田家的最前線。

可是,天正六年、天正七年期間,九州島的大友宗麟響應織田信長的號召,在毛利家領內慫恿國眾叛亂。毛利家崛起的過程非常迅速,領內有不少國眾都是舊大內、尼子的家臣,同情舊主的他們不願真正降服於毛利家。因此,當大友、織田兩家一同包圍毛利家以後,這些國眾便都出現了不穩定的動向,毛利家內部也因此陷入了混亂。

宇喜多直家原本想借助毛利家之手侵入播磨國擴張勢力,但是毛利輝元卻因為內部的不穩遲遲沒有出陣。反觀播磨國的羽柴秀吉,其傑出的能力在侵攻西國時展露無遺,在這樣的背景下,宇喜多直家認清了毛利家終究不是織田家對手的事實。

(四十一) 鳥取城攻防戰

　　直家不是蠢人，秀吉也不是，他看出了宇喜多家似乎有些不滿毛利家，便開始策反宇喜多直家。宇喜多直家也就借坡下驢，在天正七年（1579年）六月左右背叛了毛利家，投入織田家的麾下。

　　然而，羽柴秀吉對宇喜多直家的策反並沒有經過織田信長的許可，織田信長也不太相信宇喜多直家。再加上此時信長正在著手與毛利家和談，羽柴秀吉的策反使得毛利家對織田信長充滿了不信任，導致和談中止。為此，織田信長還將羽柴秀吉大罵了一頓，拒絕承認宇喜多直家加入織田家之事。

▍合戰的背景

　　前文提到，天正五年（1577年），羽柴秀吉進入播磨國，以姬路城作為自己的根據地，收編播磨國的國眾，同時還侵入了播磨國北部的但馬國，攻取了山名家麾下的竹田城等城池。

　　次年，播磨國的一大國眾別所家對織田家舉起反旗，隨後播磨國的國眾們也紛紛舉兵，加入了毛利家一方對抗織田信長，織田家在最前線的據點上月城陷落，城主尼子勝久自盡而死，羽柴秀吉在播磨國陷入了苦戰。

　　好在此時的織田家實力非常強大，織田信長採用爆兵、圍城、斷糧的兵糧攻戰法，相繼消滅了與播磨國聯動的反信長勢力。當宇喜多直家投入織田家麾下後，以伯耆國羽衣石城為據點的山陰地方有力豪強南條元續也背叛了毛利家。

　　宇喜多家、南條家的背叛，孤立了在播磨國防守的別所家，也使得毛利家與織田家之間失去了緩衝勢力，毛利輝元的領國直接暴露在了織田軍

的鐵蹄之下。在這樣的情況下，毛利家不得不採用逐個擊破的戰法，將有限的兵力調集到了山陽作戰。可是這樣一來，山陰方面的毛利家勢力就大為減弱，羽柴秀吉正是看準了這一點，才在這個時間點對山陰地區發起了攻擊。

第一次鳥取城合戰

天正八年（1580年）正月，三木城開城投降，羽柴秀吉一邊管理播磨國，免除當地賦稅，力求早日復興領國，一邊開始著手對山陰方面的毛利家城池發起攻擊。

五月，羽柴秀吉率軍侵入因幡國，同時東邊但馬國的羽柴秀長、西邊伯耆國的南條元續也率軍侵入因幡國，準備一舉平定該地。羽柴秀吉的攻勢異常凶猛，僅僅一個月不到，織田軍就相繼攻陷了因幡國的七座城池，但馬國與因幡國連接的交通要衝鬼城、因幡國領主向毛利家交納人質的安置點鹿野城均落入了織田家的手中。

六月，羽柴秀吉開始對鳥取城發起攻擊，鳥取城原是山名家的領地，在羽柴秀吉對因幡國發起攻擊時，城主乃是但馬山名一族的山名豐國。羽柴秀吉將在因幡國的戰況報告給了安土城的織田信長，信長則回覆說：「即便是小敵，也萬萬不可粗心大意。」

羽柴秀吉對鳥取城沒有採用強攻的戰法，而是將鳥取城的城下町燒毀，隨後像織田家包圍三木城、有岡城那樣，在鳥取城周圍修築起無數座付城，再修築堀、柵欄與鹿角，封死鳥取城與外界的聯繫。

城主山名豐國早就聽說過織田軍兵糧攻戰法的厲害，而且一旦堅持抵

(四十一) 鳥取城攻防戰

抗，在城池陷落之後，守軍多半沒有好下場，便早早派出使者與羽柴秀吉洽談，隨後便帶著麾下的領主前往織田軍陣中參降。

羽柴秀吉對此非常滿意，表示織田家將會安堵山名豐國與因幡國國眾的領地，隨後便率軍返回了播磨國。

▎吉川經家入城

在羽柴秀吉撤軍以後，毛利家開始對背叛自己的國眾發起反擊。

八月，吉川元春率軍攻打伯耆國的南條元續，將南條家的根據地羽衣石城包圍，隨後因幡國內也爆發了大規模的反信長一揆。九月二十一日，山名豐國被鳥取城內親毛利家的家臣放逐，鳥取城再度落入了毛利家的手中。

次年天正九年（1581年）三月十八日，毛利家派遣吉川元春的同族吉川經家前往因幡國鳥取城，作為毛利家在此地的總代官，統率因幡國的國眾與織田家對抗。

織田家雖然在天正八年的年末與鹿野城的龜井茲矩、羽衣石城的南條元續約定，將會在次年春天出陣救援他們，但是因為這年的積雪以及梅雨天氣，羽柴秀吉直到六月分下旬的夏季方才出陣。

此時織田信長也想親自出陣山陰攻打鳥取城，羽柴秀吉甚至寫信給龜井茲矩表示只要織田信長的本陣一到，織田家就將對毛利家發起總攻。

值得注意的是，毛利家在這期間並沒有對織田家麾下的城池發起攻擊，此時的毛利家正在試圖與織田家和談，不想刺激織田信長，毛利家的

作戰也都是打著平叛的旗號進行的，攻擊的對象都是背叛自己的國眾。這一系列的合戰，是毛利家為了將來與織田家和談時能夠增加一些籌碼而進行的。

第二次鳥取城合戰

毛利家與織田家最終也沒有達成和談，天正九年六月下旬，羽柴秀吉侵入但馬國，平定在此地作亂的反信長勢力，隨後又在七月中旬進軍至鳥取城下，在鳥取城周圍築起十五座付城將鳥取城包圍。

說實話，織田家在後期的戰爭著實沒有什麼特別精采的地方，大多數都是採用兵糧攻的戰法攻城。八月下旬，鳥取城內出現餓死者，此時吉川元春的軍勢被南條家拖在了羽衣石城城下，無法對鳥取城進行救援。

九月下旬，鳥取城再也抵抗不住飢餓的襲擊。根據《信長公記》的記載，當時城內有許多餓極了的人出城想要投降，但是卻被織田軍射殺。沒想到，織田軍殺死一部分人以後，剩餘的倖存者竟然向惡鬼一樣撲向屍體，拔出刀來分食屍體，甚至還有幾人爭搶死者的頭顱。在這樣的情況下，吉川經家表示願意以自己的性命換取城兵的倖存，十月二十五日上午，經過一個月的交涉，吉川經家切腹自盡，鳥取城開城投降。

不過，鳥取城開城以後，羽柴秀吉堅決要求反織田家的因幡國領主切腹，使得這些領主逃入了鳥取城北部的支城丸山城守城。因幡國的國眾中有不少都是有一定獨立性質的海賊，這些人反覆無常，他們的存在將會影響織田家對因幡國支配的穩定性，因此羽柴秀吉才會如此強硬，要求他們自盡。

（四十一）鳥取城攻防戰

在織田軍的威脅之下，丸山城的國人領主們大多也都自盡而死。羽柴秀吉派遣家臣宮部繼潤出任鳥取城的城代，開始對因幡國進行後續處置。

▌秀吉的戰法

早在天正九年正月，吉川元春就對吉川經家表示，要在鳥取城準備足夠守城到第二年的糧食，這樣自己便可安心攻略羽衣石城，等消滅南條家後，毛利軍就將繼續東進支援鳥取城。因幡國土地肥沃，又屬於種植稻米的區域，相對於其他貧窮的分國來說，籌集兵糧還是比較容易的。

然而直至羽柴秀吉包圍鳥取城為止，鳥取城都處於兵糧不足的狀態，這才會兩個月不到就消耗盡了糧食，最終不得不開城投降，打亂了吉川元春的計畫。

那麼，為什麼吉川元春早早就想到了兵糧這個問題，鳥取城卻遲遲沒有籌集齊糧食呢？

實際上，當時不光是鳥取城，甚至連鬼城、鹿野城等織田方的城池也都出現了糧食不足的情況。這是因為在第一次鳥取城合戰時，羽柴秀吉下令在因幡國徵調了四千俵的糧食，同時又強行割取了當地還未成熟的稻子，使得因幡國出現了糧食不足的情況。

除了秀吉的防範於未然以外，在當時的日本，有許多米商都會在兩軍陣地中活躍，向出陣在外的軍勢出售兵糧賺取錢財。當時毛利家也向美作國、伯耆國等地的毛利方城池送去了金銀貨幣，以便於他們在當地購買糧食。

然而，當鳥取城的守軍開始籌備糧食時，幾乎所有的米商都表示糧食

已經賣完了，大肆購買兵糧的買主也都指向了同一個人，也就是羽柴秀吉。秀吉無法區分因幡國內有哪些勢力會在毛利家來襲時保持忠心或背叛織田家，只能採用這種絕食計策，讓敵我雙方都陷入斷糧的危機中。

不過，織田家的諸城相對來說會好受一些，羽柴秀吉在天正八年九月時向龜井茲矩的鹿野城輸送了一千石糧食。次年五月，秀吉又命但馬國的織田軍向因幡國運送囤積的糧食，解除了當地守城的織田方國眾的危機。

毛利家沒有料到長期的戰亂早就讓因幡國疲敝不堪，加上羽柴秀吉非常具有先見之明的策略，使得鳥取城無法準備充足的兵糧守城。在被織田軍包圍以後，鳥取城立刻就斷了糧，迅速落入了織田家的手中。

羽柴秀吉平定因幡國以後，下令宮部繼潤拿出織田家儲備的糧食與稻種，借貸給因幡國的百姓們，讓他們著手復興因幡國的經濟與民生。

左義長祭

鳥取城合戰期間，京畿這邊也是非常熱鬧，尤其是天正九年（1581年）正月在安土城舉行的左義長祭與次月在京都舉辦的御馬揃活動。

正月一日，織田信長下令在他國作戰的家臣可以不用前來安土城拜年，隨後又命令菅屋長賴、堀秀政、長谷川秀一等人作為奉行，在安土城北部修築馬場。

八日，織田信長下令讓馬廻眾以及近江眾準備爆竹與服飾，命他們在十五日參加慶祝新年的左義長祭典。左義長在前文已經有過介紹，在這裡就不多贅述了。

(四十一）鳥取城攻防戰

　　十五日，左義長祭開始，織田信長頭戴南蠻傳來的帽子、描了眉毛、穿著赤色的禮服，與近衛前久、織田信雄、織田信孝、織田信包等人一同騎馬前進。信長命麾下的家臣們以十騎、二十騎為一組，先在馬場點燃爆竹，信長伴隨著爆竹聲騎馬從馬場出行，在安土城的城下町遊行一圈以後再返回馬場，許多安土城下的住民都出來圍觀，為織田信長喝采。

　　左義長祭以後，近衛前久返回了京都，在朝廷上大肆宣傳安土城的左義長祭有多壯觀多豪華，讓正親町天皇聽了都心裡癢癢的。於是，在天皇的請求下，正月二十三日織田信長命明智光秀送去朱印狀給各國，要求家臣們準備好華麗的裝扮，前來京都參加御馬揃。

　　織田信長本人在二月二十日上洛，居住在本能寺內。在此期間，耶穌會送來了一個非洲黑奴，年紀大約在二十六、二十七歲左右，據太田牛一的記載，此人身體健壯高大、渾身像牛一樣黑。

　　這是有史以來第一個出現在日本的黑人，織田信長一開始不相信還有黑色皮膚的人，下令讓側近將黑人帶下，想將皮膚上的黑色染料洗盡。結果側近們不管怎麼刷洗，都洗不掉黑人身上的顏色，信長這才相信了這是真的黑人，將他留在身邊，取了一個名字叫「彌助」。

洛中御馬揃

　　二月二十八日，織田家將內裡東邊的一條通至近衛通的道路用柵欄圍起，天皇、皇族、公卿們也都前來觀賞閱馬。

　　馬隊的第一隊是丹羽長秀以及攝津眾、若狹眾、山城國西岡的國眾；第二隊則是蜂屋賴隆以及河內眾、和泉眾、佐野眾等等；第三隊是明智光

秀以及大和眾、山城眾；第四隊是村井貞勝以及根來眾、山城眾。

緊跟著家臣們組成的四隊馬隊之後的，是織田家的一門眾。走在佇列前邊的是織田信忠與麾下八十騎武士，隨後是織田信雄攜帶的三十騎武士與伊勢眾，再之後是織田信包與十騎武士，再往下便是織田信孝、津田信澄各十騎。一門眾的末尾，走著織田長益、織田長利等地位較低的一門眾。

從佇列可以看出，在織田家的一門眾之中，地位最高的乃是家督織田信忠，其後是織田信雄與織田信包，而織田信孝的地位則意外地在上述三人之後，與津田信澄同列。

織田一門眾走過以後，便是被稱為「陣參公家眾」的公家們以及前室町幕府的幕臣們，柴田勝家等人的越前眾走在馬隊的最後邊。

在馬隊之後的是弓眾百餘人，他們以平井久右衛門與中野一安為領隊分成兩隊，為走在後面的織田信長的隊伍開道。

走在信長方陣最前頭的是各地大名進獻上來的名馬，而後是武井夕庵、松井友閑等已經出家的家臣。織田信長騎著一隻名叫大黑的馬，左右跟隨著持著武器的小姓，信長穿著金紗禮服、頭戴唐冠，冠後還插著一枝花，腰間挎著金銀裝飾的太刀與脅差，非常華美。

根據太田牛一的記載，織田信長的裝扮與陣勢猶如住吉明神降臨一般，讓所有人都瞠目結舌、讚嘆不已。

洛中御馬揃的舉行，舊說都說這是織田信長在向朝廷展示軍事實力，然而現在一般都認為這次御馬揃是響應了朝廷的號召才進行的。另外還有一種說法則是，誠仁親王的生母在前一年年末去世，織田信長在新的一年裡為了激勵誠仁親王，這才舉辦了盛大的御馬揃活動。

(四十一）鳥取城攻防戰

（四十二）

北陸的戰事

▋東國大名的歸降

　　在織田家統一日本的過程中，日本各地的大名先後都與控制著京畿的織田家維持著友好的關係，其中就包括了許多東國的大名。

　　早在天正元年（1573 年）時，奧羽的大名伊達輝宗就越過將軍足利義昭，直接與織田信長往來。伊達輝宗便是「奧州獨眼龍」伊達政宗的父親，自從繼承伊達家的家督以來，他與鄰近的會津蘆名氏締結了同盟關係，又從出羽的最上家迎娶了正室，將伊達家的精力全部投入到與相馬家的戰爭之中。

　　當時的織田信長仍然處於「信長包圍網」之中，可以說很多人都不怎麼看好信長。不過，伊達輝宗的家臣遠藤基信卻看出了織田信長的潛力，建議主公與織田信長通好，再加上越後上杉家、甲斐武田家的領地內都有織田家蒸蒸日上的傳聞，伊達輝宗最終決定與織田家交好，向織田信長獻上了一隻獵鷹。

　　值得一提的是，織田信長在同年十二月寫給伊達輝宗的回信中提到武田信玄、朝倉義景都已經不在人世，從側面來看，當時武田家的祕不發喪實在是沒有發揮什麼作用。隨後，織田信長還向伊達輝宗表示，自己的目

（四十二）北陸的戰事

光不僅僅是「天下（京畿）」，還包括了「中國（山陰、山陽地區）」、「關東」等地，當織田軍攻打武田勝賴進軍關東時，希望伊達輝宗能夠率軍前來參陣。

然而，此時的織田信長還在與一向一揆作戰，並且次年德川家的高天神城還被武田家奪取，織田信長的豪言壯語在短時間內還是難以實現的。

除了南奧羽的大名伊達輝宗以外，北奧羽的大名安東愛季也在天正三年（1575年）送去了獵鷹等土產給織田信長。這兩家與織田家搭上線後，每年都向織田信長進獻物品，博取織田信長的好感，以便日後能夠加入織田家麾下獲得更高的地位。

等到了織田軍陸續攻陷各地的時候，奧羽的田村清顯、大寶寺義氏、遠野孫次郎、前田薩摩守、最上義光等大名都開始向織田信長進獻獵鷹與馬匹。關東的佐竹義重、太田道譽、梶原景政、多賀谷重經、水谷勝俊、宇都宮貞林等人為了讓織田家協助自己對抗北條家，也在天正八年（1580年）時派出使者前往安土城與織田家交好。

在當時的武士之間，一方向另一方贈送獵鷹與戰馬即是表示臣服的意思。足利義昭在上洛之後曾下令讓各國大名進獻馬匹，正是想炫耀自己武家棟梁的身分，與各地大名締結主從關係。德川家之所以在信長晚年被算入織田家家臣中，是因為在天正九年的御馬揃時，德川家也向織田信長進獻了一匹名馬。

奧羽、關東的大名們向織田信長進獻馬匹的行為，實際上是將織田信長看作取代室町幕府的新公儀，他們承認織田家建立起的秩序，同時也表明了自己想要從屬於織田家的意願。

御館之亂

東國大名紛紛臣服之際，織田家對武田、上杉兩家發起的攻勢非常凌厲，德川家康不斷地攻打被武田家占領的城池，柴田勝家也在北陸一路高歌猛進。

與武田家不同的是，上杉家實際上並沒有在織田家那裡吃什麼大虧，上杉家在北陸的迅速衰弱，主要原因是因為在上杉謙信死後發生的家族內訌「御館之亂」。

前文提到，天正六年（1578 年）三月十三日時，越後國的大名上杉謙信突然腦中風病逝。據說上杉謙信一生不近女色，沒有娶妻也沒有子嗣，只從別家收養了幾個養子，在這幾個養子之中，又以「上田長尾氏」出身的上杉景勝與關東北條家出身的上杉景虎二人最受上杉謙信的喜愛，二人也最有可能成為上杉家的繼承人。

在上杉謙信病逝以後，上杉景勝聲稱謙信臨死前指定自己為繼承人，迅速率軍占領了春日山城的本丸。在當時的上杉家中，一些支持上杉景虎的家臣們並不認可上杉景勝，在這些家臣們的擁戴之下，上杉景虎在五月十三日進入了前山內上杉家家督、前關東管領、上杉謙信的養父上杉憲政的居館之中，聲稱自己才是上杉家的正統繼承人，上杉家就此分裂。因為上杉景虎是在上杉憲政的居館舉兵的，因而這次內亂也被稱為「御館之亂」。

得知御館之亂爆發，關東的大名北條氏政表示會站在弟弟上杉景虎的一方，可是此時的北條家正在與常陸國佐竹氏為首的北關東眾交戰，無法派遣援軍支援御館。為此，北條氏政特意邀請了與北條家有著姻親關係的甲斐武田家前往越後支援上杉景虎。

（四十二）北陸的戰事

對武田勝賴來說，此次上杉家的內亂正是介入宿敵上杉家內政的好機會，再加上長篠合戰戰敗後，武田家在西線轉攻為守，東線的北條家便成為了自己非常重要的盟友。武田勝賴沒有遲疑，在收到邀請後於五月二十三日派出了堂弟武田信豐為先陣出陣越後國。

上杉景勝雖然占據了上杉家的本城春日山城的本丸，但是若武田家、北條家都支持上杉景虎的話，自己根本無力對抗這兩家與上杉景虎的聯軍。於是，上杉景勝派出了使者前往武田信豐的陣中，向武田勝賴表達了和談的意願。六月七日，武田勝賴的近臣跡部勝資向上杉景勝做出了答覆，表示可以和談，但是需要上杉景勝遞交起請文。

順便一說，在武田勝賴與上杉景勝和談期間的六月十四日，武田信玄時代的「武田四名臣」裡的最後一人、海津城城代春日虎綱（即通說中《甲陽軍鑑》作者高坂昌信）病逝，其子春日信達繼任海津城城代的職位。

武田勝賴提出的和解條件如下：

1、割讓奧信濃地區（武田、上杉家領地交界）。

2、上杉景勝向武田家獻上黃金。

3、兩家締結姻親關係。

很多人看到這裡都會感到不解，武田勝賴不是答應了北條氏政支援上杉景虎了，為何又私自接受上杉景勝的和談請求，這不是明擺著背叛盟友？的確，後來北條家加入織田家麾下對付武田勝賴，有一定的因素就是因為武田勝賴在御館之亂時與上杉景勝和談。

但是在當時的武田勝賴看來，自己居中調解御館之亂，並非是背叛北條家，畢竟與上杉景勝議和，不代表就一定要背叛上杉景虎。同時，因為上杉家並未遵照和約割讓東上野的領地，只讓出了信濃國最北部的飯田

御館之亂

城,因此武田勝賴也藉著接收領地的名義,率軍直指春日山城而來。六月二十九日,武田軍在攻略了諸多越後國的城池後,來到了春日山城下的越府,這是武田軍距離宿敵上杉家根據地最近的一次。

武田勝賴到達以後,派武田信豐與上杉景勝聯繫,表示自己無意攻打春日山城,只是想調解上杉景勝與上杉景虎的關係,讓兩兄弟重歸於好,防止上杉家分裂。對武田勝賴來說,武田家想要對抗織田信長、德川家康,是需要上杉景虎的兄長北條氏政的支持的,所以他履行了出兵的承諾,阻止了景勝對景虎的攻擊。

另一方面,在針對織田信長的包圍網中,上杉家、武田家、北條家都是東日本最強大的大名之一,若是上杉家分裂陷入長期戰亂的話,信長包圍網的東線就會解體。而武田軍要是長期滯留越後支援上杉景虎,也等於是將後方暴露給了織田家,隨時都有可能遭到織田、德川聯軍的攻擊。

因此,武田勝賴想出了一個自以為兩全其美的辦法,只要成功調解景勝與景虎兄弟倆的關係,上杉家就不會分裂,保障了東部戰線的完整。同時,武田家也算是支援過上杉景虎,對北條家有個交代,說不定可以像父親武田信玄當年從中斡旋今川家、北條家,最後讓三家締結「甲相駿三國同盟」那樣,締結一個「甲相越三國同盟」。這是從公的角度出發。

於私的角度來看,武田家正好可以趁著這個機會,大肆侵攻上杉家麾下的信濃、越後、上野等地。上杉景勝和談心切,不得不割地求和,武田家擴張了版圖,又解決了上杉家內訌的問題,何樂而不為呢?

然而,年輕的武田勝賴把計畫想得太美好了,他光想著吃肉,根本沒想到這肉是誰的肉?能不能吃?吃了以後會不會挨打?這件事的關鍵,就是武田勝賴構想的「三國同盟」的另一方北條氏政對武田家與上杉家的和

(四十二) 北陸的戰事

談一無所知。

　　站在北條氏政的立場來看，他並不想讓景虎與景勝和談，和談是只有雙方勢均力敵時才需要的一種外交手段，此時上杉景虎有北條、武田以及部分上杉家家臣的支持，占盡了優勢，憑什麼要與上杉景勝和談？再說了，一旦親弟弟繼承了上杉家，關東就會與北陸結盟，北條家與上杉家將會因為血緣關係交好，關東反北條勢力的背後也會少掉一個有力支持者。

　　大概武田勝賴也知道自己這件事做得不太厚道，他吩咐武田信豐與上杉景勝聯繫時用的書信也是以密信的形式往來，為了迷惑上杉景虎與北條氏政，他還向御館派遣了援軍。與此同時，武田家的巖櫃城城代真田昌幸也對景勝麾下的沼田城發起了攻擊，搶在北條家之前攻略東上野。

　　北條家早就對東上野的領地垂涎欲滴，但是苦於上杉謙信的威勢久攻不下，這次正好有個奪取東上野的大好時機，卻因為北條軍主力出陣下野國而錯失良機。真田昌幸進攻沼田城以後，北條家立即向武田家提出了抗議，武田勝賴並不想得罪北條氏政，下令讓真田昌幸撤軍，但還是對真田昌幸的功績表示了肯定。

甲相同盟破裂

　　八月十九日，武田家與上杉景勝締結了盟約。盟約裡提到，要是北條家想攻打上杉家，武田家將不會借道信濃給北條家，並且武田勝賴會將妹妹嫁給上杉景勝為妻，結成秦晉之好，上杉景勝也與景虎達成和議。

　　然而，政治目光稚嫩的武田勝賴還是低估了這次事件的影響。景勝與景虎的爭鬥，雖然表面上看起來是爭奪家督之位，但是本質上來說，根源

還是在於上杉謙信時期就存在的反上田長尾派（上杉景勝實家）家臣與支持上杉景勝派家臣的對立。若不從根源解決此事，想要和談並不容易，眼下的和平局面僅僅只是迫於武田軍威脅的緩兵之計罷了。

八月二十二日，武田家的西線領地遭到了德川家康的攻擊，在後院起火的情況下，武田勝賴已經無法繼續留在越後了。八月二十八日，武田勝賴率軍返回了甲斐，隨後景勝、景虎戰端再開，幾天前的和談成為了一紙空文。

不過，此時的局面對上杉景勝來說並不樂觀，武田軍雖然撤軍，但是北條軍卻接替武田軍朝著越後國而來，還包圍了上杉景勝出身的上田長尾氏的根據地坂戶城。為了鼓舞己方士氣，上杉景勝向武田勝賴發去了援軍請求，武田勝賴也履行盟約派出了援軍，不過因為武田家也有援軍在上杉景虎處，所以武田勝賴此時應該還是想以中立的姿態示人。

為了徹底得到武田勝賴的「芳心」，上杉景勝許諾，只要武田家支援自己對抗北條家，除了原本被武田家占領的奧信濃地區，上杉家還將把越後國的妻有城、赤澤城、不動山城等城池都割讓給武田家。

武田勝賴與上杉景勝的眉來眼去，逐漸引起了北條氏政的注意。時間繼續推進到了天正七年（1579 年）的正月，「御館之亂」已經持續了大半年。兩邊站隊的武田勝賴仍然與北條家表面兄弟，防止在與德川家作戰時被北條氏政從後方襲擊。

正是在這一年，織田家麾下的荒木村重叛變，武田勝賴與毛利家約定共同對織田信長發起攻擊。四月五日，武田勝賴寫信給吉川元春表示自己會出陣尾張與美濃，策應毛利家東進，可是武田軍前進的步伐卻在遠江國就被德川家康給攔下了。八月，丹波國被明智光秀平定，西國的戰局開始

（四十二）北陸的戰事

朝著對織田家有利的方向傾斜。

織田家的好事對武田家來說就是壞事，讓武田勝賴著實鬱悶了好幾天。禍不單行的是，原本還算牢固的甲相同盟，也因為武田勝賴在御館之亂時的支援不力開始產生裂痕。

從天正七年的二月至三月期間，北條家領內不斷地有謠言說武田軍將會撕毀盟約侵入伊豆國。對此，北條氏政命令伊豆國各處的家臣做好防禦準備，囑咐萬一受到武田軍的攻擊，只要守好據點韭山城即可。

四月二十四日，御館之亂以上杉景勝的獲勝宣告結束，上杉景虎在重圍之中自盡而亡。弟弟的死，讓北條氏政徹底恨上了武田勝賴，認為武田家背叛了甲相同盟。

八月，不知好歹的武田勝賴竟然讓箕輪城代內藤昌月策反了原上杉景虎派的上杉家臣北條高廣。上杉景虎敗亡後，許多景虎派的家臣都投靠了北條家，北條高廣就是其中之一，武田勝賴策反盟友家臣的舉動實際上與背盟無異。北條、武田兩家紛紛開始在領地的國境上修築工事，防止遭到對方的攻擊。

九月，北條氏政毀棄了與武田勝賴的同盟，武田勝賴也徹底站到了上杉景勝的一方，還與佐竹家組建起了針對北條家的包圍網。因為佐竹家並未統一常陸國的緣故，因此這個同盟被稱為「甲佐同盟」。

為了對付武田家，北條氏政與德川家康締結了同盟，「御館之亂」除了讓上杉家衰弱外，還讓武田、北條兩家以戰爭的形式破盟，改變了東國的局勢。

月岡野合戰

　　話說回織田家這邊，自從上杉謙信死後，織田家便開始著眼攻取加賀國的鄰國越中國。越中國的守護本來是由能登畠山家的同族尾州畠山家出任的，但是因為尾州畠山家的衰弱，最後落入了守護代神保家與國眾椎名家的手中。直到上杉謙信來襲後，椎名家為首的越中國國眾加入了上杉家的麾下。

　　當時守護代神保家的嫡子神保長住因為與父親神保長職不和遭到流放，一直在京都過著流浪生活。神保長職死後，神保長住便向織田信長提出想要返回越中國繼承神保家的想法，給了織田家介入越中國的藉口。

　　天正六年（1578 年）四月七日，織田信長下賜了許多錢財給神保長住作為軍資，讓他在飛驒國親織田勢力的協助下返回越中國，神保長住隨後誘降了許多神保家的舊臣。

　　不過，此時上杉家在越中國的勢力依舊很強大，靠著誘惑幾個國眾作亂，還是難以將上杉家驅逐出去的。為此，織田信長開始起用織田信忠麾下的美濃國眾、也就是自己的小舅子齋藤利治。

　　齋藤利治是齋藤道三的末子，在稻葉山城陷落以前就加入了織田家的麾下，受封美濃國武儀郡、加茂郡，以加治田城作為居城。當然，齋藤利治也不是個只靠裙帶關係混跡在織田家的人，早在柴田勝家攻打加賀國時，他就多次從軍，立下了很多戰功。

　　收到織田信長的命令以後，齋藤利治率軍從美濃國出陣，途徑飛驒國北上進入越中國，與神保長住會合。十月三日，齋藤利治開始對上杉家領地發起攻擊，在這天夜裡包圍了越中國的今和泉城，在城下的村落裡放火。

(四十二) 北陸的戰事

凌晨時分，齋藤利治率軍退卻，城內的守軍趁機追擊，齋藤利治不慌不忙地指揮軍隊後撤，來到了一個叫月岡野的地方。月岡野是一塊擁有許多小山包、地形複雜的山地，齋藤利治撤軍至此並非偶然，因為月岡野是他精挑細選的伏擊地點。

上杉軍來到月岡野後，見到的是已經布好軍陣的織田軍，齋藤利治隨即下令反擊，靈活地利用當地的地形將上杉軍擊敗，討取了三百六十名敵軍的首級。上杉軍戰敗以後，今和泉城也在織田家的攻勢下開城投降。

平定加賀國

齋藤利治在越中國取得勝利之時，織田家的北陸方面軍卻沒有及時對其作出支援。這並不是因為柴田勝家不知道織田軍已經侵入了越中國，而是因為他們被一向一揆擋在了加賀國。

天正七年（1579 年）八月九日，柴田勝家率領織田軍侵入加賀國的能美郡，在此地縱火。能美郡位於加賀國的南部，可以看出，自越前一向一揆被平定以後，織田軍的北陸戰線一直滯留不前，到這一年時依舊只能在加賀國南部活動。

天正八年（1580 年）閏三月，織田家與本願寺開始和談，柴田勝家的北陸軍團也終於取得了一定的戰果。閏三月九日，柴田勝家率軍攻陷了野市砦，隨後摧毀了加賀國一向一揆的根據地金澤御堂。

此時本願寺顯如與織田信長締結和約，約定會讓各地的一向一揆停止反抗織田家，一直被一向一揆占據的加賀國也會讓渡給織田信長。然而，

因為顯如之子教如與雜賀眾的態度強硬，再加上仍舊有一些坊官不願與織田家和談，實際上織田軍仍舊在加賀國與一向一揆交戰。

十一月，柴田勝家徹底攻滅加賀國的一向一揆勢力，本願寺顯如的側近、北陸一向宗的實際領導人若林長門守、鈴木義明以及他們的一族都被織田軍殺死，首級被送往安土城示眾。自此，從守護富樫政親被一向一揆殺害以後，由淨土真宗控制了長達九十二年的加賀國被織田家徹底平定。

侵入能登、越中

平定了加賀國的柴田勝家開始著手進攻能登國、越中國二國。越中國方面的親織田勢力是神保長住為首的神保家，而能登國的親織田勢力則是能登畠山家的家臣長氏一族裡倖存的長連龍。

長連龍在上杉謙信死後就返回了能登國，與父兄的家臣一同奪取了能登國的穴水城。不過因為當時織田家的勢力尚不及能登，被四面包圍的長連龍在三個月的守城之後不得不放棄此地，開始了游擊作戰，直至柴田勝家的北陸軍團攻入能登國為止。

得到柴田勝家支援的長連龍開始了在能登國的復仇作戰，他先是在飯山、菱脅等地與上杉軍交戰，將害死自己一族的上杉軍擊破，隨後率軍平定了能登國的羽咋郡、鹿島郡，直逼七尾城而來。七尾城的上杉軍不是織田軍的對手，在七月開城投降，織田信長得知長連龍的活躍後，下令將鹿島郡半郡以及福光城賜給長連龍作為領地。此時的上杉家因為御館之亂元氣大傷，根本無法有效支援能登國。

（四十二）北陸的戰事

而在越中國方面，自從月岡野合戰以後，許多國眾都認為上杉家不再是織田家的對手，紛紛背離上杉家投入了織田家麾下。而上杉家卻因為御館之亂的緣故，沒能及時派出軍勢平定叛亂，支援越中國的上杉軍，使得織田軍到來之時，越中國已經有相當多的勢力站在了織田家的一方。率先進入越中國的是柴田勝家麾下的與力佐佐成政，織田信長命他脫離北陸軍團，單獨進入越中國支援神保長住。

天正九年（1581年）二月，織田信長下令將還未徹底平定的越中國賜給佐佐成政，命他一邊繼續攻略越中，一邊對越中國的國人進行重組再編。三月，織田信長派遣側近菅屋長賴前往七尾城出任城代，三個月之後，菅屋長賴奉命在能登國清除反織田的潛在威脅，尤其是曾經從屬上杉家的遊佐、溫井、三宅等家族都遭到了肅清。

溫井景隆在織田家的搜尋下從能登國出逃，前往越後國依附上杉景勝。遊佐續光則比較慘，他與家人一同在七尾城下隱居，被仇敵長連龍發覺，最終遊佐續光一族都被長連龍斬殺，長連龍經過四年的時間，終於報了滅門之仇。

將能登國的威脅掃盡後，織田信長在十月二日正式下發朱印狀，將能登國賞賜給了前田利家。

越中國的肅清行動也是與能登國一同進行的。同年五月，願海寺城城主寺崎盛永被菅屋長賴誘騙至能登國殺死，寺崎盛永之子寺崎喜六郎隨後在願海寺城據城以守，與織田軍敵對，最終城破被俘，寺崎喜六郎在被送往佐和山城後被勒令切腹。七月，織田信長命令越中國的木舟城城主石黑成綱前來安土城，石黑成綱及其一族、家臣在途徑長濱城時被織田信長下令殺死。

越中國在很長的一段時間裡都屬於境目地區，這裡的國人們像牆頭草一般，風吹兩邊倒，在上杉家攻來時投入上杉家麾下，在織田家攻來時又投入織田家麾下，因此織田信長對他們感到非常地不放心，這才會做出這樣的舉動。

在加賀一向一揆被平定以後，織田家的北陸軍團以摧枯拉朽之勢，將上杉謙信耗費數年方才攻下的能登國、越中國大部都收入了囊中。

(四十二）北陸的戰事

(四十三)

甲州征伐

▎北條家的臣服

　　天正八年（1580年）三月九日，關東的大名北條氏政派遣使者上洛，向在本能寺留宿的織田信長獻上了十三隻鷹與五匹馬。次日，北條家的使者又向信長獻上了許多關東的土特產，關東霸主北條家正式臣服於織田信長。

　　是時，接見北條家來使的乃是織田信長的親信瀧川一益，太田牛一在《信長公記》裡稱呼他為「公儀御執奏」，身為北條家的外交取次，帶領來使在京都遊玩。正是因為這個緣故，後來織田信長才會將瀧川一益安置在關東的上野國，讓他全權負責與關東大名之間的外交。

　　另外，和瀧川一益一同接待北條家來使的副官乃是吉田兼見的叔父吉田牧庵，吉田牧庵在當時是個小有名氣的醫生，曾經受到大友宗麟的邀請前往豐後國客居，又在永祿十一年（1568年）受到邀請前往關東的小田原城居住，成為北條家一門的專屬私人醫生，在當地長期滯留。

　　天正五年（1577年）時，吉田牧庵再度前往小田原城，返回時帶回了北條氏政給吉田兼見的書信以及太刀等禮物，吉田兼見也從叔父的口中打探了許多關於關東局勢的消息。三月十三日，織田信長命令村井貞勝帶領

213

(四十三) 甲州征伐

　　使者前往二條御所參觀，村井貞勝隨後讓吉田兼見作為嚮導，帶領使者前往二條御所。

　　此時北條氏政與織田信長約定，讓北條氏直迎娶織田信長的女兒，雙方結成兒女親家。北條氏政希望織田家能夠讓北條氏直以信長女婿的身分統領關東八州之地，北條家將會和平地編入織田家的麾下。八月十九日，為了表示北條家將迎來新的時代成為織田家的家臣，北條氏政將家督之位讓給了北條氏直。

　　北條家的及時服軟，讓織田信長省下了不少功夫，即便信長不會讓北條家完全領有關東八州，只怕僅憑北條氏直身為信長的女婿以及北條家不戰而降這兩點，領地也不會太小。當然，北條氏政的打算最終因為本能寺之變化成為了泡影。

■ 平定伊賀國

　　伊賀國作為近國內唯一一個不在織田家版圖內的分國，在天正七年（1579年）九月時一度利用伊賀國的複雜地形擊敗了入侵的織田信雄，讓織田軍大吃苦頭。

　　前文有提到，織田信長對信雄不前往有岡城參陣卻擅自攻打伊賀國非常不滿，甚至還嚴厲地責備了他。不過，不管怎麼說織田信雄都是信長疼愛的孩子，讓織田家丟盡臉面的伊賀國自然也逃不過織田信長的報復。

　　天正九年（1581年）九月，織田信長召集了超過四萬人的軍勢，任命織田信雄為大將，再度侵入了伊賀國。

　　伊勢方面由織田信雄與家老瀧川雄利、叔叔織田信包率軍一萬人侵入

伊賀國；柘植口由瀧川一益、丹羽長秀率軍一萬兩千人侵入；玉瀧口是蒲生氏鄉等近江軍七千人；大和口為筒井順慶與大和國國眾三千人；信樂口方面是堀秀政率領的軍勢兩千人。

伊賀國遭到織田軍的多面夾擊，許多國眾在織田軍到來時都放棄抵抗開城投降，一部分不願意投降的國眾則想再次依靠地形擊敗織田軍。九月十日，伊賀國中主戰派的佐那具城守軍出城野戰，被瀧川一益、丹羽長秀、堀秀政擊敗，次日佐那具城陷落。九月二十九日，比自山城被織田軍攻破，守軍兩千六百人無一倖存。隨後，伊賀國眾的最後的據點柏原城被織田軍攻下，國眾們只得逃進伊賀國與大和國國境間的春日山之中。

織田信長下令將逃入山中躲藏的人們一一搜出，無論男女老幼、僧人商人，通通都處以斬首，以報兩年前與織田家敵對之仇。

十月十日，織田信長前往伊賀國南部的國見山遊覽，登上山頂之後，織田信長終於在山上將這個近國裡最後一個落入自己手中的國家一覽無遺。之後，織田信長將伊賀四郡中的三郡賜給織田信雄，一郡賜給了織田信包。

甲江和與

繼續說回東國這邊，甲斐的武田家在與北條家破盟以後，與上杉家、佐竹家締結了同盟、組成北條包圍網。但是，與另外兩家不同的是，武田家自身也陷入了織田、德川、北條三家組成的包圍網之中，尤其是織田家的實力非常強大。

好在織田家暫時還有毛利家等對手，不會全力對付武田家，只有德川

(四十三) 甲州征伐

家在與北條家同盟以後，與北條家一同兩面夾擊武田勝賴。

為了解除領國的危機，武田勝賴在天正七年（1579年）時想委託甲斐惠林寺的住持快川紹喜的弟子南化玄興，調解武田與織田家的矛盾。另外，在與佐竹家締結同盟以後，武田勝賴還拜託了與織田家關係不錯的佐竹義重替自己向織田信長說情，希望織田、武田、上杉三家能夠和談，締結盟約。

為了讓織田信長放心，武田勝賴將在武田軍西進時從巖村城俘虜的織田信長之子御坊丸送回織田家（御坊丸當時是巖村遠山氏的養子）。御坊丸在武田家當俘虜期間受到了武田勝賴的優待，其元服禮也是在武田家舉行的，受賜武田家的通字「信」字，取名為織田信房。

不過，記性稍微好一些的人應該還記得，武田信玄背盟之時，織田信長曾經憤怒地說就算到了世界末日也不會再和武田家有所往來。因此，織田信長在收到武田勝賴的和談請求後，對此嗤之以鼻。

武田勝賴在給織田信長的書信中依舊自稱父親的官途「大膳大夫」，織田信長卻非常無禮地在回信中直呼武田勝賴為「武田四郎」，壓根就不承認武田家的官職。

另外，當時書信的格式是有一定的要求的，在與重要的人通訊時，收信人的名字是要與月分在同樣的高度的。舉個例子，比如我在四月一日寫信給北條早雲，說我筆名和你名字很像，在書信的末尾，我豎著寫完「四月一日」之後，需要新起一行寫上收信人「北條早雲殿」，為了表示敬重，「北」字必須和「四」字在同一高度上。而織田信長寫給武田勝賴的信就非常隨意了，他不但將收件人寫成「武田四郎」，還把「武」字寫在了「月」字下面，與日期同高，這是一種對下人的高姿態的通訊格式。

順便一說，武田勝賴將織田信房送回織田家之事又沒有和盟友上杉景勝打招呼，使得上杉景勝以為武田家已經背叛了上杉家，和織田家締結了盟約。最後武田勝賴不得不讓側近跡部勝資寫信給上杉景勝，表示送織田信房回國是佐竹義重的請求，和盟約沒有關係。武田家絕對不會拋棄盟友與織田家和談的，即便要和談，也必須是武田、上杉、織田的「三家和談」。

很遺憾的是，武田勝賴雖然派出使者前往安土城獻上太刀和馬匹，但是織田信長卻拒絕接受武田家的和談請求，堅持要將背盟的武田、上杉兩家消滅。

高天神之崩

天正八年（1580年）年末至天正九年（1581年）年初期間，上杉景勝向武田勝賴提出出陣越中國增援上杉家的請求，同時還表示為了能夠順利支援越中國的局勢，希望武田家能將先前割讓的根知城、不動山城返還給上杉家。

根知城與不動山城在御館之亂時被上杉景勝讓渡給了武田家，可是這兩座城池卻將上杉家的領國攔腰斬斷，讓上杉軍的移動非常不便。

不過，此時的武田勝賴根本就沒有餘力增援上杉家，德川家康自天正八年十月開始，就在遠江國的高天神城附近修築了「高天神六砦」，將高天神城包圍。作為織田信長麾下的勢力，德川家康採用的戰法即是織田軍在各地廣泛運用的「兵糧攻」戰法，根據《三河物語》的記載，對高天神城的包圍號稱連一隻鳥也飛不出來。

天正九年（1581年）正月下旬，高天神城守將岡部元信從城內射出一

（四十三）甲州征伐

支飛矢，上面繫著一封書信，表示以高天神城以及自己轄區內的瀧堺城、小山城開城為條件，希望德川軍放過高天神城內的守軍性命。雖然有小說說岡部元信曾經讓使者通知武田勝賴不要救援高天神城，但是實際上事實相反，在高天神城的使者突破重圍前往甲府時，武田勝賴非但沒想派出援軍，還表示希望高天神城能夠挺住攻擊。

挺住？來來來，刀給你你來挺住試試？

德川家康在收到岡部元信的書信後立即通知了織田信長，但是織田信長卻拒絕了岡部元信的提議。織田信長拒絕對方的投降主要有兩個理由：一是武田勝賴的援軍還沒來，不用這麼著急，說不定能把武田軍引來擊敗他們。二是武田勝賴要是真的眼睜睜看著高天神城、瀧堺城、小山城被德川軍攻下而不派出援軍，那麼武田家就會人心盡失，接下去恐怕連想保住駿河國都是一件難事了。

不得不說，織田信長的策略眼光的確非常毒辣。

三月二十二日晚上，投降被拒、兵糧耗盡的岡部元信率領殘存的高天神城守軍對德川軍陣地發起決死突擊。岡部元信、橫田尹松率軍攻向德川軍中大久保忠世、大久保忠教兄弟的陣地，最終這支強弩之末的武田軍幾乎全部戰死，根據《信長公記》的記載，高天神城之戰德川軍共討取六百八十八名敵軍。

不知是有意還是無意，高天神城的守軍中有不少人還是逃出了生天。例如守將之一的橫田尹松，此人是武田信虎、武田信玄時代的猛將「鬼美濃」原虎胤的孫子，「武田五名臣」之一的橫田高松之子的養子。橫田尹松的祖父、養祖父都是武田家赫赫有名的猛將，在他狼狽地逃回甲斐國後，武田勝賴竟然還褒獎了他的戰功，下賜了武具。大概橫田尹松自己也覺得

受之有愧吧,他最終還是拒絕了武田勝賴的獎勵。

另外逃出城的還有信濃國依田一族出身的相木市兵衛、遠江國的國眾西尾久作等。相木市兵衛是信濃國的豪族出身,在 2008 年日本 NHK 電視臺拍攝的大河劇《風林火山》之中武田軍攻打海之口城時,海之口城的援軍裡就有一個叫「相木市兵衛」的武士,從高天神城中逃出的相木市兵衛就是這個人的兒子。「相木」是他們的苗字,而「市兵衛」則是他們家代代相傳的通稱。

西尾久作就更不得了了,他在武田家滅亡以後成為結城秀康的家臣,改名西尾仁左衛門宗次。西尾宗次在慶長二十年(1615 年)的大坂夏之陣時,在四天王寺附近討取了精疲力竭的豐臣軍主將之一真田信繁。

高天神城中的守軍,本就是武田勝賴從甲斐國、信濃國、上野國等地召集的精銳武士,因此守軍幾乎全軍覆沒的消息根本無法隱瞞,瞬間就傳遍了整個武田家的領地。再加上這些從高天神城逃出生天的武士回到領地之後,對國眾們描述高天神城彈盡糧絕的慘狀,極大地打擊了武田勝賴的威信。要知道,高天神城的守軍並非是堂堂正正地戰死的,而是被武田勝賴拋棄而死的。這些人要麼倒在突圍的路上,要麼乾脆就餓死在了城內。

在戰國時代,國眾們服屬於戰國大名的麾下,繳納年貢,派遣民夫、軍勢參戰,而戰國大名則有義務要保障國眾們的生命、財產安全。「高天神之崩」的慘劇,宣告著武田家與國眾之間的主從關係開始瓦解,留給武田家的時間,也已經不多了。

(四十三）甲州征伐

▍修築新府城

　　天正九年（1581年）正月，武田勝賴為了防備將來有可能到來的攻勢，下令在甲斐國修築新府城。武田家原本的居住地為武田信虎時期建成的「躑躅崎館」，從名字上的「館」字就可以看出，這座居館是仿造室町大名們在京都的別墅修築的，防禦力並不算高。不過，在躑躅崎館的背後，武田家還有一座用來防禦的要害山城，當年今川軍侵入甲斐時，武田信虎就曾命令女眷等進入要害山城防守，武田信玄也是在那時候出生於要害山城裡的。

　　到了天正九年時，日本新興的新型城堡已經經過戰爭逐步成型，躑躅崎館和要害山城都已經跟不上時代了，因此武田勝賴才會想要新築一座城池，作為武田家統治各地的政治中心。雖然在《甲陽軍鑑》的記載裡，建議武田勝賴修築新府城的乃是武田家的重臣穴山信君，不過武田家滅亡以後，穴山信君曾在書信裡說武田勝賴修築新府城乃是因為奸人的讒言，因此應當與他沒有關係。

　　直到天正十年正月為止，新府城都還處於半完工的狀態。當時城下已經開始修築許多家臣的住宅，但是卻沒有看到武田信廉、一條信龍等一門眾的宅邸，因而當時武田家的一門眾應當是比較反對在這個時候修築新城的。

▍家臣的背叛

　　甲斐國的穴山家是守護武田家的分家，在甲斐國擁有相當大的勢力，曾經一度從屬於今川家，後被武田信虎征服。自武田信虎時代以來，穴山家代代與武田家聯姻，雙方關係非常密切，武田信玄甚至將自己的幼名「勝

千代」賜給穴山家的嫡子使用。當然，武田家與穴山家的關係也就到此為止，穴山家對於武田家並沒有繼承權。

　　山縣昌景死後，穴山信君接替了山縣昌景的位置，負責駿河、遠江方面的政務。根據《甲陽軍鑑》的記載，天正八年（1580年）時穴山信君開始與織田家、德川家私下交涉，與穴山信君一同內通德川家的還有曾與真田昌幸一同被稱為「信玄雙眼」的曾禰昌世。不過，在高天神之崩時，武田家尚未發現有人內通德川家，因而兩人的背叛時間應該在高天神之崩以後比較可信。

　　自從高天神城陷落後，穴山信君開始對武田勝賴產生疑慮，認為武田勝賴並沒有身為一個戰國大名的能力與魄力。在這樣的基礎上，武田勝賴竟然還做出了驚人的意外舉動，徹底讓穴山信君對武田家失去了信心。

　　按照武田家與穴山家的姻親慣例，穴山信君之子應當是要迎娶武田勝賴之女作為正室夫人的。然而，武田信豐卻對此感到大為不滿，武田典廄家是武田信玄時代才出現的分家，到了武田信豐這一代，典廄家已經取代了穴山家的地位，成為武田家的一門眾筆頭。

　　武田信豐賄賂了勝賴的側近長坂釣閒齋、跡部勝資等人，昏了頭的武田勝賴竟然依舊看不清政局，毀棄了武田家與穴山家的婚約。穴山信君雖然對此感到不快，但是他倒沒有公開說什麼，反倒是穴山信君的妻子，也就是武田勝賴的姐姐見性院對此感到非常不滿。

　　除了上述的二人以外，在武田家滅亡以前，家老真田昌幸也與北條家內通，高天神之崩讓武田家的家臣們人人自危，家中上下與主君武田勝賴也是離心離德。

（四十三）甲州征伐

▋木曾義昌謀反

　　真正壓垮武田家的最後一根稻草，是武田勝賴的妹夫、信濃國的國眾木曾義昌的背叛。天正九年年末，得知木曾義昌背離武田家以後，織田信長便決心要在次年征討武田家，徹底消滅這個大敵。

　　木曾家的領地位於信濃國的門戶，一旦木曾義昌背叛，信濃國就會直接面臨織田軍的攻擊。為了防止這樣的事態出現，武田勝賴甚至親自下賜知行地給木曾家的兩個家老千村家與山村家兩家，想藉他們之手穩住木曾義昌。然而，木曾義昌早已對武田家的軍事實力以及家督才能失去了信心，為了家族存亡，他毅然決然地投入了織田家麾下。

　　天正十年（1582年）正月二十七日，千村右京進向新府城送去了木曾義昌叛變的消息，關東的北條家也在月末收到了織田信長準備討伐武田家的書信，不過北條氏政為了防止被騙，沒有急著出兵甲斐國。

　　二月二日，武田勝賴率軍出陣至信濃國的諏方上原城，準備親自前去討伐木曾義昌。根據《信長公記》的記載，武田軍的人數高達一萬五千人，然而此時距武田勝賴收到木曾義昌叛變的消息不過數日罷了，在這麼短的時間內武田家應當是召集不齊這麼多人的。二月三日，織田信長下令討伐武田家，織田信忠也在同一天率軍從木曾口、巖村口侵入信濃國。不過，從一次史料來看，二月六日時木曾義昌仍舊在向織田家請求援軍，並且送去了武田勝賴給木曾家的勸降信，因而《信長公記》裡織田軍的出陣時間可能並不準確。

　　二月六日，河尻秀隆突破巖村口的防禦，侵入信濃國。巖村口的瀧澤城由武田家的重臣下條信氏防守，然而下條家內有許多家臣都與織田家內

通，這些人驅逐了忠心的下條信氏，開城投降。

十四日夜裡，淺間山的火山噴發，據說連京都都能看到東方的天被火山染紅。當時的人們非常迷信，認為淺間山的火山在這個時候噴發，代表著武田家即將滅亡，不恰當時機的火山，極大地打擊了武田家的士氣。

二月十六日，武田軍攻打木曾家的領地，此時織田信忠已經率軍進入信濃國，得到織田家援軍的木曾義昌立即擊敗了來犯的武田軍。與織田家的攻勢同時展開的是德川家在遠江國、駿河國的攻勢，遠江國小山城的武田軍守軍曾經眼睜睜地看著高天神城陷落的慘狀，根本無心抵抗，在德川軍到來之前就棄城逃亡。

另外一方面，相模國的北條氏政此時收到了各式各樣的情報，他仍然不敢斷定織田家與德川家已經開始大舉入侵武田領地了，因而北條家暫時還沒有做出什麼過大的動作，仍舊是按兵不動。

▋甲信侵攻

為了阻止織田軍前進的步伐，武田勝賴命叔父武田信廉與家臣小原繼忠作為援軍前往下伊那郡的據點大島城。

然而，大島城城下町的町民已經被織田家策反，町民們在大島城放火，燒毀了大島城最外圍的曲輪，最後武田信廉只能率軍撤退。據說當時武田信廉有病在身，是帶病出征，所以也不能怪他沒有在武田家危急之際做出什麼貢獻。

大島城的城代日向玄德齋主張與城池共存亡，與織田軍決一死戰以報武田家的恩情，可是家臣們卻認為大島城根本阻擋不住織田軍的鐵騎，強

（四十三）甲州征伐

　　行將日向玄德齋拉上馬撤離了大島城。日向玄德齋後來前往甲斐國與武田勝賴會合，一同在天目山自盡。

　　根據《信長公記》的記載，大島城的町民們之所以叛變，是因為武田家越來越繁重的賦稅與徭役，再加上武田勝賴對町民採取了輕罪重罰的高壓統治，導致町民最終背棄了武田家。的確，武田勝賴在長筱合戰以後，為了復興武田家的軍事力量，不斷地加徵賦稅與徭役，修築新府城時又動員了非常多的民夫。對武田勝賴來說，自己的所作所為是為了讓武田家變得更強大，更有能力保護百姓，可是在百姓看來，武田勝賴此舉就是橫徵暴斂的暴政。

　　二月二十日，北條氏政確認了織田、德川兩家的軍事行動，下令北條軍出陣。次日，北條軍侵入了武田家的西上野領地。

　　此時德川家康已經平定了遠江國，開始攻打武田家麾下的駿河國用宗城。用宗城的守將乃是武田家的駿河先方眾朝比奈信置，朝比奈信置從武田勝賴處獲得了繼承朝比奈家總領的許可，與武田家的關係非常密切。德川家康派遣石川數正前往勸降，被朝比奈信置拒絕。

　　諷刺的是，守衛用宗城的甲斐、信濃的軍勢，在得知朝比奈信置拒絕了德川家的勸降後，對城主表示抗議，最後朝比奈信置只得開城投降，後被織田信長殺害。

　　在武田家滅亡前夕，武田家的家臣們並沒有像通說裡立刻倒戈投降，相反許多上級家臣們都試圖與織田軍決一死戰，這大概是因為武田勝賴對他們恩遇有加的緣故。然而，武田勝賴輕視下級家臣、領民的民生，導致最後武田家的城池大多數都是因為陪臣與地下眾等中下級領民的背叛而開城投降的。

穴山信君叛變

　　二月十九日，武田勝賴的正室桂林院向武田八幡神社奉納了祈禱武田勝賴能夠擊敗入侵的敵軍、取得勝利的願文，武田勝賴也在次日向上杉景勝發去了請求援軍的書信。

　　此時的上杉家正被越中國的柴田勝家攻擊，而北越後的國眾新發田重家也在織田家的煽動下起兵叛亂。上杉景勝深知唇亡齒寒的道理，下令出陣救援武田家，但是上杉家的家臣們卻不願在領國內憂未平之際去救援他國。

　　二月二十五日，穴山信君從甲府奪還了人質，公開叛變。穴山信君是武田家在駿河國的負責人，穴山家的領地又在甲斐國與駿河國交界，地理位置非常重要。穴山信君的謀反，使得武田勝賴的後方甲斐國暴露在了德川、北條兩家的攻勢之下。

　　此時的武田勝賴正準備出陣救援信濃國的高遠城，高遠城是武田勝賴曾經繼承的高遠諏方氏的主城，此時的城代乃是武田勝賴的弟弟仁科信盛。得知穴山信君謀反以後，武田勝賴不得不在二十八日率軍返回了新府城。

　　順便一說，仁科信盛原本名叫「仁科盛信」，在武田家城代家臣凋零之時，武田勝賴為了強調弟弟的武田家血統，下賜了武田家的通字「信」字，因而仁科信盛才把仁科家的通字放在後頭，將名字從「盛信」改為「信盛」。

　　三月一日，武田勝賴發出了武田家作為戰國大名的最後一封文書，這是給因為徵集鐵炮有功的上野國國眾浦野民部右衛門的知行安堵以及免除

(四十三) 甲州征伐

債務許可的朱印狀。

三月二日，高遠城遭到織田信忠的攻擊，僅僅一日就被織田軍攻陷，守將仁科信盛、小山田昌成以下的守軍大部分都戰死在防戰當中。當時信濃國的諏方眾也率軍進入城中防守，諏方賴辰的妻子甚至親自拔刀上陣與織田軍交戰，最終也一併戰死。

三月三日，武田勝賴決定放棄在半完工的新府城守城，決定前往郡內小山田氏的居城巖殿城防禦。

武田家滅亡

根據《甲陽軍鑑》的記載，武田勝賴在召開撤離新府城的軍議時，嫡子武田信勝反對父親的意見，主張在新府城據城抵抗，表示大不了切腹就是了。而真田昌幸則向武田勝賴建議讓武田一族前往真田家的巖櫃城防禦，這樣一來比較容易獲得上杉家的援軍，實在不行也可以退至上野國以圖後舉。

武田勝賴原本認為真田昌幸的建議比較可行，但是側近長坂釣閒齋卻向武田勝賴進了讒言，表示真田家不過是從真田幸綱時代才侍奉武田家的侍大將而已，不足為信。長坂釣閒齋的建議讓武田勝賴猶豫不決，最終還是決定前往武田家的譜代家臣小山田信茂的領地。

《甲陽軍鑑》成書於江戶時代，他的作者號稱是甲州流兵法家（還冒充高坂昌信），不過作者的祖先可能和武田勝賴、跡部勝資、長坂釣閒齋幾個人有仇，刻意在書裡貶低抹黑這幾人。而真田昌幸雖然在江戶時代失勢，但是真田昌幸的長子真田信之卻身為江戶幕府麾下的大名存活下來，

因而他才會在書裡拍真田家的馬屁。

　　實際上，真田昌幸時代的真田家在武田家中的地位與父兄出任家督時非常不同。雖然在電視劇裡真田昌幸的父親真田幸綱早早就成為武田家的重臣之一與武田四名臣談笑風生，但是這僅僅是因為真田家的人氣比較高，電視劇替他加了戲份而已。在歷史上，真田幸綱不過是武田家的信濃先方眾之一罷了，可能頗受武田家的器重，但是地位並不算高。

　　而真田昌幸就不一樣了，他先是繼承了甲斐的名門武藤家，被武田信玄當做武田家未來的家老進行培養。長筱合戰以後，武田家城代級別的家臣大都陣亡，武田勝賴便命真田昌幸回歸真田家繼承家督，真田家也從這時候開始成為了武田家的譜代家臣，進入了武田家的權力中樞。真田幸綱、信綱父子在武田家的身分是城將，而真田昌幸則是城代，城代與城將雖僅一字之差，地位卻相差甚遠，因此《甲陽軍鑑》裡說真田家不過是一介侍大將，其實是有悖歷史的。

　　另外，從真田昌幸的動向來看，為了保留真田家的存續，即便他將武田勝賴綁了送交織田家也不是沒有可能的。當然，只是可能而已，畢竟更多的人都希望武田勝賴能夠在忠臣真田昌幸的輔佐之下復興武田家，我們就不破壞他的形象了。

　　武田勝賴一行人從新府城逃出時，因為百姓大多已逃亡，武田勝賴甚至連民夫以及馱馬都徵集不到。同日，諏方高島城也被織田信忠攻陷，織田軍隨後在武田家的保護神社諏方大社縱火，將武田家的精神象徵燒毀。

　　甲府的町人們因為織田軍即將到來，紛紛燒毀了住宅逃進山裡，武田勝賴隨後與家臣們一同前往郡內，路上不斷地有民夫與家臣逃亡。三月四日，武田勝賴一行人來到進入郡內的關口笹子峠前的駒飼宿之中，等待小山田信茂派出的迎接使者。

(四十三）甲州征伐

　　在此期間，小山田八左衛門尉來到了駒飼宿裡，向武田勝賴提出想將小山田信茂的人質母親先接回領內。小山田八左衛門尉是武田家的直臣，非常受到武田勝賴的寵信，此時武田勝賴雖然感到不安，但是因為不想得罪小山田信茂，便同意了這個要求。

　　人質返回領地後，小山田信茂下令封鎖了笹子峠，阻止武田勝賴進入郡內。沒了去處以後，跡部勝資向武田勝賴建議前往天目山召集忠於武田家的軍勢抵抗織田軍，據說家臣土屋昌恆得知以後，便抱怨說當初還不如留在新府城守城。

　　天目山，是武田勝賴的祖先武田信滿在上杉禪秀之亂時兵敗自盡的地點，當時武田家差點因此滅亡。誰也沒有想到，一百多年後武田勝賴會再次來到天目山，武田家的歷史也將在此地畫上一個句號。

　　武田勝賴來到天目山山麓的田野時，瀧川一益的軍勢恰好也趕到此地，兩軍隨即展開激戰。武田勝賴想讓正室桂林院返回小田原城，但是桂林院卻堅決不從，表示要與武田家共存亡，同時桂林院還提出讓幾個家臣前往小田原城，將自己死前的最後姿態告知兄長北條氏政，表達不滿。

　　三月十一日，武田勝賴、正室桂林院、嫡子武田信勝在天目山自盡，武田勝賴時年三十七歲，桂林院時年十九歲，武田信勝則是十六歲。曾經在武田信繩、武田信虎時期與北條、今川兩家爭霸，在武田信玄、武田勝賴時代達到巔峰的東國巨人武田家就此滅亡。

　　武田家滅亡後，織田信長將甲斐國、信濃國諏訪郡賞賜給了河尻秀隆，安堵了穴山信君在甲斐國、駿河國的領地，其餘的駿河國領地則被賜給了德川家康。武田家在上野國的領地以及信濃國的小縣郡、佐久郡被賜給了瀧川一益，餘下的信濃國、美濃國的部分領地則分別被賜給森長可、

毛利長秀等人。因為織田信忠在甲州征伐時立下了非常多功績，織田信長特意表示今後會將天下之事全都委託給信忠處理，也就是將天下人的地位讓給織田信忠。

當武田勝賴的首級送到織田信長處時，織田信長對著武田勝賴的首級破口大罵，表示經過這麼多年終於將惡貫滿盈的武田家消滅。另外，織田信長還對首級說道：「聽說你們父子一直都想要上洛？現在我就讓你的首級上洛，掛在京都示眾。」

為了報復曾經的背叛，織田信長下令在武田家領地內施行「武田狩」，捕殺武田一族以及武田家的重臣及其一族。武田信廉、武田信豐等武田一門都在武田狩中遇害，馬場信春、山縣昌景等重臣的一族、郎黨也遭到織田軍的搜捕。

除此以外，武田信玄、武田勝賴時代倍受器重的快川紹喜和尚，因為庇護了許多織田信長昔日的敵人，所在的惠林寺也被織田軍包圍。快川紹喜拒絕向織田軍交出在寺廟裡藏匿的人們，最後快川紹喜和全寺的僧人都被織田軍放火燒死。

很多戰國史愛好者都接受不了武田家的滅亡，我也是。

（四十三）甲州征伐

（四十四）

備中高松城合戰

▌織田、毛利的交涉

　　天正八年（1580年）五月，織田信長命丹羽長秀、武井夕庵寫信給毛利家的家督毛利輝元，表達了自己和談的意願。

　　此時的毛利家在織田家的攻勢下節節敗退，尤其是前一年宇喜多直家的叛變，讓毛利家在西國的勢力大為衰退。於是，毛利輝元便下令讓安國寺惠瓊為毛利家的負責人，與織田家協商和談。在這之後，明智光秀也在信長的授意之下派遣了使者前往毛利家，表示宇喜多直家乃是個表裡不一的人，織田家還是希望能夠與毛利家和談。安國寺惠瓊則向織田家提議，讓吉川元春之子迎娶織田信長的女兒，雙方締結成兒女親家。

　　兩家就這樣一邊交涉，一邊繼續著合戰，不過從這時開始，毛利家的合戰目的就已經從打倒織田家變成了平定宇喜多家等西國國眾的叛亂。與此同時，宇喜多直家知道織田信長並不信任自己，只能越發努力地對毛利家發起攻勢，以贏得信長的肯定。

　　同樣的，羽柴秀吉也不希望毛利家和織田家和談，否則的話，自己這個西國軍團長便沒有了存在的意義。天正九年（1581年）十月，羽柴秀吉攻陷了毛利家在因幡國的據點鳥取城，擴大了織田家的版圖。與此同時，

（四十四）備中高松城合戰

獨力對抗毛利家的宇喜多家遭到了毛利軍的猛烈攻擊，宇喜多直家的健康也每況愈下，兩年多以來的戰爭將宇喜多家逼到了崩潰的邊緣。

十二月，羽柴秀吉向織田信長提議出陣西國救援宇喜多家。身為西國軍團的總大將，羽柴秀吉一手策反的宇喜多家要是被織田家放棄滅亡的話，將會極大地打擊自己在織田家中的地位，因此羽柴秀吉不願意拋棄宇喜多家。

此時的織田信長已經對東國的武田家、上杉家保持著巨大的優勢，即便出陣西國也是遊刃有餘，信長也覺得沒有必要再與毛利家和談，回覆秀吉說在次年秋季自己會親自出陣征討毛利家。

另外一方面，九州的大友家以及新崛起的島津家都對織田信長表達了臣服意願，島津義久甚至直接在書信裡稱呼織田信長為「上樣」。只要兩家聽從信長的命令聯合從九州進軍，毛利家的滅亡不過是彈指間的事情。

■ 八濱合戰

為了順利征討毛利家，織田家開始對備前國兒島的兒島水軍進行策反。兒島水軍雖然與村上水軍相比名氣要低許多，但是卻也是制霸瀨戶內海商路的海賊眾之一，再者，兒島水軍的據點兒島是毛利軍東進的重要據點，只要能控制此地，別說毛利家難以繼續東進，連備前國都不一定能保住。

天正十年（1582年）二月，兒島水軍在羽柴秀吉的策反下倒戈，投入了織田家的麾下。毛利家失去了水路要道兒島，局勢越來越不樂觀了。不過，這年正月，長期臥病在床的宇喜多直家去世，對毛利家來說，這是不

幸中的萬幸。

毛利軍在兒島水軍倒戈後，立即渡海前來與叛軍交戰，宇喜多家得知毛利軍來襲，也派出軍勢前去迎戰。兩軍在兒島灣的八濱展開激戰，最終宇喜多軍敗退，大將宇喜多基家戰死，要是織田家再不來援，宇喜多領國必然會在毛利家的攻勢下崩潰。

在這樣的背景下，織田信長不得不改變策略，提前派遣羽柴秀吉率軍兩萬入侵宇喜多家、毛利家交戰的前線備中國，支援宇喜多家。

▎村上水軍分裂

此時毛利家雖然擊敗了宇喜多家，但是依舊沒有收復兒島，只能說是在織田水軍到來之前，在海上仍舊掌握著制海權。

羽柴秀吉身為西國侵攻的總大將，自然也知道水軍的重要性。現在織田家占盡優勢，羽柴秀吉決定利用這個條件，陸續策反毛利家麾下的村上水軍，最後來島水軍響應了羽柴秀吉的號召，決心加入織田家。

村上水軍分為來島水軍、因島水軍、能島水軍三家，小早川隆景得知來島水軍動向不穩後，派遣了因島水軍的村上康亮前往來島詢問，但是來島水軍卻沒有答覆。四月十日，來島水軍正式加入了織田家的麾下，隨後鹽飽水軍也背離了毛利家。

有了兒島、來島、鹽飽三家水軍的支援，羽柴秀吉在西國有了相當大的底氣，而毛利家則漸漸失去了對瀨戶內海的制海權。五月五日，毛利輝元甚至在書信裡表示本陣的兵糧、武器等物資嚴重不足。

毛利家在西國的合戰中，後勤補給都不是靠走陸路，而是透過更方便

（四十四）備中高松城合戰

的海運運送。這與早年的應仁之亂時西國的軍勢是異曲同工，當時在京都的山名家、大內家等領地在西國的西軍大名，兵糧、武器等正是透過海路來輸送的，西軍後來在應仁之亂中落敗，原因之一也是制海權被東軍掌控。

▎備中侵攻

四月十三日，羽柴秀吉開始朝著毛利家的領地進軍，十六日，織田軍攻擊了備中國的宮路山城與冠山城，同時對其餘的毛利家城池進行策反。

四月二十四日，日幡城守將上原元將被羽柴秀吉策反，隨後冠山城在二十五日陷落，宮路山城也在五月二日被織田軍攻陷，僅有巖山城的湯淺將宗依舊抵抗織田軍。不過，因為日幡城等城池的陷落，備中國的國眾們不願意再與織田家敵對，國眾們家屬所在的鬼石城在宮路山城陷落的同日開城投降，國眾們隨後也都紛紛降服，背離了毛利家。

毛利家此時的境地與武田家相同，身為戰國大名的毛利輝元已經難以透過軍事實力來保障中小型領主們的生命與財產，這些在地領主們自然也就選擇換一個老闆，不再為毛利家賣命。

▎包圍高松城

五月七日，羽柴秀吉包圍了毛利家家臣清水宗治防守的備中國高松城，此時秀吉麾下的軍勢加上宇喜多等西國勢力共有二、三萬人，而高松城內

的守軍只有五千人。

　　備中高松城是一座平城，按照常理來說，平城的防禦力和山城相比要弱上許多。不過，高松城的位置處於盆地之中，東、西、北三面環山，並且地勢泥濘、多沼澤，不利於進攻。城外唯一的開闊地帶就是高松城的南面，毛利軍在此地也修築了深溝高壘，因而至少在毛利家看來，高松城是一座固若金湯的城池。

　　高松城的城主清水宗治本是備中國的豪族，後來從屬毛利家成為外樣國眾之一，深受毛利家的器重。面對羽柴秀吉的誘降，清水宗治堅決不從，想要據守城池等待毛利家的援軍，之後便可裡應外合，一舉擊敗秀吉。

　　羽柴秀吉眼見勸降無望，便下了決心要攻下此城。在常人看來，備中高松城易守難攻，但是在攻城能手羽柴秀吉的眼裡，他一眼就看出了這座城的弱點——高松城位於低地之中，只要圍而不打，這座易守難攻的城池簡直和一具棺材沒什麼兩樣。與當初攻打三木城、鳥取城不同，羽柴秀吉這次對高松城的包圍戰法，不僅僅是單純的包圍，他還準備利用周圍的地理環境協助自己攻城，著名的「水淹高松城」就此開始。

　　根據《川角太閣記》、《中國兵亂記》等江戶時代的軍記物語記載，包圍高松城期間，羽柴秀吉花費了大量金錢與糧米，僱傭了高松城附近的鄉民在十二天內於備中高松城南面修築了一條長度近三公里、高約七公尺餘的堤壩，原本三面環山的備中高松城變成了四面環「山」，連棺材板都被羽柴秀吉給釘上了。

　　將高松城包圍以後，羽柴秀吉下令鑿開了高松城附近的足守川堤壩，足守川的河水瞬間灌進低地之中淹沒了高松城，高松城的天守變成了人工湖中的一座搖搖欲墜的孤島。

（四十四）備中高松城合戰

五月二十二日，為了救援高松城，毛利輝元率領的毛利軍本陣抵達了備中高松城附近約二十公里的猿掛城，吉川元春、小早川隆景二人則在高松城外圍布陣。根據羽柴秀吉的書信來看，秀吉自稱毛利軍有五萬人，而後來在羽柴秀吉命令下創作《唯任退治記》的大村由己則說有八萬人。

不過，此時的毛利家因為織田軍的來襲導致領內叛亂跌出，並且他們還需要防備九州的大友宗麟與島津義久，因此能動員起來救援高松城的兵力可能並不多，預計只有一萬餘左右，加上高松城的守軍也不到兩萬人。絕對劣勢的兵力讓早就來援的毛利軍不敢輕舉妄動，只能眼睜睜地看著高松城被秀吉變成一座人工游泳池。

雖然高松城的水位在五月二十二日有所下降，但是守軍卻依舊陷入了兵糧補給不足的境地。高松城是毛利家準備好的抵抗織田軍侵攻的重要據點，毛利家在此地囤積了大量的軍隊，但是此時的毛利家實力與財力下滑嚴重，根本沒有能力在城裡囤積足夠的糧草，這也是為什麼在織田軍包圍高松城不到一個月後，高松城就彈盡糧絕陷入絕境，最終只能開城投降。

包圍高松城後的羽柴秀吉率領軍勢在高松城外與毛利軍對峙，靜候主君織田信長率領的本陣大軍的到來。然而讓秀吉沒有想到的是，織田信長永遠也不會來了。

▌水淹高松城的真相

前文提到，在江戶時代的軍記物《川角太閣記》等書中詳細說明了羽柴秀吉在十二天內從自身本陣所在的石井山蛙鼻到福崎修築了全長二十六町、高四間的堤壩。不過這件事的具體過程、堤壩的具體資料在當時的一

水淹高松城的真相

次史料中並沒有被詳細記錄，可以確定的只有羽柴確實藉地理因素將高松城淹沒這件事。

寬政三年（1791年），江戶時代的地理學者古川古松軒對備中高松城附近進行了實地考察，此時距離備中高松城合戰雖然過去兩百多年，但是曾經的地勢卻依舊沒有改變。考察之後，古川古松軒在繪製的〈備中國加夜郡高松城水攻地理之圖〉中的一個名為「水通（排水口）」的地方寫下了「在這裡修築了新堤」的標注。然而，因為當時時代的局限性，軍記物語的作者們為了戲劇效果，恨不得把羽柴秀吉寫成孫悟空，拔了幾根汗毛一夜之間就變出了堤壩，因此古川古松軒的考證沒有得到大家的重視。

到了現代以後，現代地理學者再度對備中高松城附近的地理進行考察，同時還計算出了在現代修築《川角太閤記》裡那樣的堤壩所消耗的砂土總量，需要載重量十噸的卡車晝夜不停地運輸六萬多車次才能實現。即便能夠完成運輸，使用現代的技術在十二天內築成這樣的堤壩也有相當大的困難。

另外，在軍記物語中還提到，羽柴秀吉為了修築堤壩花費的費用為錢六十三萬五千零四十貫，米六萬三千五百零四石，折合成現代的金錢為二百七十五億日元。這筆數額巨大的鉅款就算在現代也是一筆國家級的開銷，而當時的織田信長不過是日本的半國之主，只是信長麾下家臣的羽柴秀吉要是擁有這樣的實力，未免也太過於誇張了。

按照現代的考證，備中高松城雖然三面環山，但是高松城的南面實際上因為足守川水流長年的侵蝕，形成了一個天然堤壩。因此，高松城被四面包圍並非是羽柴秀吉的傑作，而是這座城本身就被天然的地理環境給包圍了。

(四十四）備中高松城合戰

　　另外，高松城位於低地之中，四周遍布溼地與沼澤，非常容易積水。在受到暴雨襲擊時，備中高松城所能仰賴的排水口只有古川古松軒標注的那個「水通」隘口。1985 年（昭和六十年），備中高松城的遺址所在地岡山縣岡山市高松地區遭到大暴雨襲擊，之後發生了洪水將該地淹沒，當時的景象被人們稱為是羽柴秀吉「水淹高松城」的再現。

　　綜合上述的結論，羽柴秀吉修築的堤壩實際上位於「水通」這個位置，不過這條堤壩就沒有軍記物語中的三公里那麼壯觀了，而是只有通說中十分之一的規模，也就是三百公尺。

（四十五）

最後的上洛

▍左大臣推任

天正九年（1581年）三月一日，在洛中御馬揃舉行之後，朝廷向織田信長派去了使者，表示希望推舉織田信長出任左大臣的官職，卻被信長拒絕。朝廷以為織田信長是在謙虛推讓，便在九日再度派出使者，織田信長的回覆依舊是「不」。

在三年前，織田信長辭去了右大臣與右近衛大將的官職，不過織田信長並沒有辭掉位階，依舊有復官的可能，因而朝廷一直想讓他重新出任官職。這年朝廷給信長的左大臣推任，在舊說裡是說織田信長的御馬揃嚇到了朝廷，朝廷不得不推任信長出任左大臣，然而現今經過更多一次史料的發掘，這種說法已經普遍不被學界所認可了。

另外，織田信長雖然拒絕了左大臣的任官，但是卻再次向敕使詢問了天皇何時退位之事。見信長詢問天皇退位，朝廷便放下了心，畢竟織田信長糾結的是正親町天皇退位這件事，至少說明在天皇退位以後他仍舊願意復任官職。

前文說過，日本的朝廷和中國的有些不一樣，天皇退位開設院廳才是王家政治的常態。不過朝廷之所以遲遲沒有舉行退位儀式，原因之一就是

（四十五）最後的上洛

誠仁親王居住的二條御所位於現在正親町天皇御所的東北方向，這個位置在當時屬於「鬼門」，非常不吉利。朝廷在詢問了陰陽師以後，認為當下退位並非良事，因而便推遲了退位儀式。

織田信長身為一個武將，自然是不知道朝廷的這些規矩，他一直不理解為什麼天皇退位這樣的好事得不到朝廷的響應，畢竟退位典禮的錢自己可以負擔，無需天皇負責。再加上此時織田家的家督乃是織田信忠，信長希望朝廷能夠替信忠加官進爵，抬高織田家宗家的地位，而不是一味地替自己這個前家督冠以高官。

在這之後，朝廷還曾想要推舉織田信長出任「征夷大將軍」、「關白」、「太政大臣」中的一個，但是最終也沒有成功，這個我們放在下文再表。

安土城下的教堂

安土城修築完畢以後，織田信長在天正八年（1580年）的閏三月十六日，命令菅屋長賴、堀秀政、長谷川秀一為奉行，在安土城南面賜了一塊土地給耶穌會建立修道院，同時還特許修道院使用和安土城同樣的瓦片。

天正九年（1581年），耶穌會在東亞的巡察師瓦利尼亞諾來到了日本，前往安土城覲見織田信長。瓦利尼亞諾在獻上許多禮品以後，告訴織田信長他決定在修道院所在地建立一座教會學校教導學生。

織田信長自然是不明白什麼是教會學校，不過他看到其他傳教士都對瓦利尼亞諾畢恭畢敬的，就知道這人來頭不小，最後將一幅繪有安土城全貌的屏風送給了瓦利尼亞諾。據說這個屏風繪製得十分精美，織田信長曾經將屏風借給正親町天皇欣賞，天皇看了非常喜歡，但是織田信長卻沒有

將屏風獻上。這次有外國友人前來，信長便想讓瓦利尼亞諾將安土城的樣貌帶到國外去，讓更多的人知道日本有個織田信長，有一座豪華的巨城安土城。

瓦利尼亞諾滯留安土城期間，他向織田信長展示了中提琴、風琴等西洋樂器以及西方的鐘錶等等，織田信長非常高興，還褒獎了演奏樂器的少年。

一國破城令與檢地

本願寺降服後，織田信長下令筒井順慶將居城大和郡山城以外的城池全部拆除，這便是後來的「一國一城令」的由來。不過，一國一城令並非是說日本六十六個分國裡只能保留六十六座城，而是指一個大名在一個分國裡最多只能保有一座城。

織田信長頒布破城令的原因，是為了強化領主的一元化統治，將戰國時代散布在各地的軍事據點拔除，削弱國人對領主的抵抗力量。

自永祿末年開始，織田信長就對近江國、伊勢國、山城國、越前國等地進行檢地，到了天正八年本願寺降服以後，信長又下令在攝津國、播磨國、大和國、丹後國、能登國、越中國進行檢地。

織田家的家臣明智光秀在天正九年對領地丹波國進行檢地，同時制定了明智家家臣的軍役標準，即〈明智光秀軍法〉。不過，這份〈明智光秀軍法〉因為對家臣的知行以及軍役標準的資料記錄過於詳細，在當時織田家的其他檢地中沒有見過同樣的例子，因而也有人認為這是江戶時代創作的偽書。

（四十五）最後的上洛

另外，織田家的檢地並沒有統一的標準，而是石高制與貫高制混用，這也是為什麼織田家檢地的名氣沒有羽柴秀吉的「太閤檢地」那麼出名。不過即便是太閤檢地，當時也沒有全部採用石高制，仍舊有一部分領主是以貫高制的形式進行檢地的。

值得一提的是，當時柴田勝家在越前國的檢地就是以石高制進行的，其計算方式與太閤檢地基本相同。因此學者池上裕子認為，後來豐臣家施行的以石高制為主要標準的太閤檢地，其實正是參考了柴田勝家越前檢地的模式再進行擴大化，因而豐臣政權也被視為是織田政權的延續與繼承者。

▋四國國分令

在織田信長的幾個兒子之中，織田信忠、信雄兄弟因為是信長最喜愛的側室生駒氏的兒子，因而非常受到信長的喜愛，反觀另一個側室坂氏所生的織田信孝就沒有這麼幸運了。

織田家平定伊勢國以後，織田信長將織田信雄送進伊勢國國司北畠氏的家中繼承家業，北畠氏是南北朝時代以來公卿世家，家世顯赫。而織田信孝則被織田信長送到了伊勢國的一個國眾神戶氏的家中成為養子，繼承的也不過是一個國眾的領地。

根據《當代記》的記載，信長的長子織田信忠受封尾張國、信濃國二國，織田信忠麾下的與力大名則擁有甲斐國、信濃國，織田信雄的領地則為伊勢國南部五郡以及加賀國三郡。與兩個哥哥相比，織田信孝的領地僅僅只有伊勢國的兩郡，並且信孝的官位也只是從五位下侍從，別說是和信

忠、信雄相比了，即便是織田家中官位在信孝之上的也有不少人。

畢竟都是自己的孩子，織田信長自知冷落了信孝有些不公，便在天正八年（1580年）時讓織田信孝成為大和國國主筒井順慶的猶子。不過，大和國在當時的人們眼中是佛門聖地，許多人都對武家出身的織田信孝不抱有好感，所以最後織田信長又取消了信孝成為筒井順慶猶子之事。

恰好，天正十年（1582年）以後，一直與織田家交好的長宗我部元親不願降服，織田信長便讓織田信孝成為阿波三好家出身的三好康長的養子，想要征伐長宗我部元親。五月十一日，織田信孝抵達住吉，織田信長任命丹羽長秀、蜂屋賴隆為織田信孝的副將，織田家的四國軍團正式開始組建。

根據《織田軍記》的記載，織田信長任命織田信孝為「南海總管」統領四國島。在織田信長給織田信孝的書信中，信長也允諾平定四國後將贊岐國賜給織田信孝，將阿波國賜給三好康長，而土佐國、伊予國則之後再說。這樣一來，只要四國島平定，織田信孝最少能成為擁有一國領地的大名，在家中的地位也會迅速上升，與兩個兄長相當。當然，織田信長的希望還是織田信孝能夠更好地作為織田家的有力一門眾輔佐織田信忠。

夜宿本能寺

天正十年（1582年）二月，武田家的重臣木曾義昌與穴山信君相繼背叛了武田勝賴，隨後織田軍對武田家發起了總攻。三月十一日，武田勝賴在天目山自盡身亡，領地遍及東山道、東海道、北關東的盛極一時的戰國大名武田氏正式宣告滅亡。

（四十五）最後的上洛

即便是在穴山信君、木曾義昌反叛後，武田家仍然有著遼闊的領地，然而誰也沒有料到武田家竟然如此迅速地敗亡了。於是乎，織田信長在武田氏遺領安插了美濃兼山城城主森長可、伊勢長島的瀧川一益等心腹家臣，而這些領地在安土城周圍的家臣前往武田氏遺領，也導致了後來本能寺之變發生時他們沒能及時趕上救援，以及參加對光秀的討伐戰。

五月十五日，德川家康與穴山信君一同前往安土城覲見織田信長，而明智光秀則負責招待德川家康一行人。就在這個期間，羽柴秀吉自備中高松城的前線發來了毛利輝元、吉川元春、小早川隆景已經出陣的消息，在《信長公記》有著如下的記載：

信長公聽聞了這個報告，說：「這次雙方互相出陣，是上天賜予我的好機會，我親自出陣後，應該能將中國諸將悉數討伐，平定到九州為止的領地。」隨後，信長派遣堀久太郎（秀政）前往秀吉處作為使者傳達命令。另外命令惟任日向守（明智光秀）、長岡與一郎（細川忠興）、池田勝三郎（池田恆興）、鹽河吉太夫、高山右近、中川瀨兵衛（清秀）作為先陣出陣，解除現在負責的職務。

五月十七日，惟任日向守從安土城返回了坂本城，其他人也同樣返回了自家領地，做好出陣的準備。

五月二十九日，織田信長在安土城留下了一部分近江眾與馬廻眾以後，率領著二、三十人的小姓上洛，進入了京都的本能寺之中。

本能寺名為寺院，實際上當時已經沒有僧人了，而是被改造成了織田信長在京都的御所，四周也有簡易的堀與石垣等防禦設施，但是畢竟不同於真正的城池。在桶狹間合戰時，今川義元因為布陣過於分散，所以當織田軍與今川軍本陣遭遇後，今川軍的其餘軍勢來不及馳援，導致大將今川

義元戰敗身死。自這次合戰以後，織田信長一直都非常小心，很少有讓自己與主要軍隊脫離的情況，在長筱合戰前夕，織田信長甚至三度變換本陣，與大軍一同移動。

然而，大概是因為天下統一在即導致鬆懈，亦或者是織田信長認為此次準備出陣西國途徑的都是自己的領地腹地，因而信長這次上洛並沒有攜帶軍勢，同時一些能夠與明智光秀抗衡的家臣也都被信長派往東國或者回到自己的領國準備出陣西國的事宜。

六月一日（日本舊曆沒有五月三十日），本能寺之變的前一日，此時距離本能寺之變不足二十四小時。《信長公記》對這天並沒有留下詳細的紀錄，但是在公卿勸修寺晴豐的日記《晴豐公記》中卻記載當天有許多公卿以及親王的使者拜訪了織田信長，獻上了很多禮品。一方面是祝賀信長討滅了武田勝賴，另一方面則預祝織田信長出陣西國馬到成功。而在山科言經的日記《言經卿記》中，也記載著除了吉田兼見以外，約有四十名公卿拜訪了織田信長，同時信長還在本能寺召開了茶會。

叛臣入洛

「六月一日夜裡，丹波國龜山城的惟任日向守光秀起了逆心，與明智左馬助、明智次右衛門、藤田傳五、齋藤內藏佐、三澤昌兵衛等商議以後，決定討伐信長，成為天下之主。」——《信長公記》

《信長公記》中記載的明智左馬助在一次史料中並無此人，太田牛一所指的應當是明智彌平次秀滿。不過因為《信長公記》的誤記，以及後來創作於《信長公記》基礎上的《甫庵信長記》的沿用，導致明智秀滿在後世

（四十五）最後的上洛

反而以明智左馬助聞名。

按照《信長公記》的記載，明智軍的動向是這樣的：

「原本（明智軍）應該自丹波龜山城出陣，越過三草山，前往西國。但是在三草山時，明智光秀突然下令全軍調轉方向，向東登上老山，自山崎朝著攝津國進軍，同時命令先前與自己密謀殺害織田信長的明智秀滿、齋藤利三等人作為先陣。

六月一日夜裡，明智軍登上老山，右側是山崎天神馬場到攝津國街道的路線，左側是直接前往京都的道路。在這時，明智軍從左側進軍，越過桂川時，已經天明。」

此時明智軍的人數，通常以《川角太閣記》中記載的一萬三千人為通說。根據《川角太閣記》的記載，明智光秀向部下解釋：「京都的森亂丸（森蘭丸）傳達了信長的命令，說信長想要檢閱軍隊，因而才改道上洛。」

在進軍途中，明智光秀騎馬親自巡視軍隊，詢問家臣齋藤利三：「我軍人數有多少。」而齋藤利三回答說：「人數合計一萬三千。」

此事是否是《川角太閣記》的創作，無法查證。另外，在弗洛伊斯當年所寫的《耶穌會日本年報》中，記載著明智軍的人數為三萬人，而羽柴秀吉的御伽眾大村由己奉秀吉之命寫作的《惟任退治記》裡則說明智軍有兩萬餘騎。

明智光秀領地有近江國志賀郡以及丹波國一國，按照後來檢地的石高計算約有三十萬石左右。而在太田牛一所寫的《太閣樣軍記之內》中記錄明智光秀麾下有著一萬人的軍隊，因而明智光秀所能動員的軍隊達到一萬人是沒有什麼問題的。值得注意的是，此時明智光秀的與力大名細川藤孝、筒井順慶等人均未支援明智軍，因而明智軍的人數也不會太多。

叛臣入洛

近年來，比較受到關注的一份由本能寺之變時，明智軍中的一名叫本城惣右衛門的丹波國武士在寬永十七年（1640年）所寫的回憶錄《本城惣右衛門覺書》中所述：

「那時候，太閣大人（秀吉）在備中與輝元殿（毛利輝元）交戰，而明智則作為援軍出陣。然而朝著山崎進軍實屬意外，（明智光秀）應該是想要上京。我以為是因為家康大人上洛的緣故，要去討伐德川家康，並不知道是要去本能寺。」

雖然有人提出，本城惣右衛門的想法從側面可以看出織田信長殘忍刻薄的一面，實際上卻並不能這樣理解。從後文來看，本城惣右衛門在進軍時是直接排除了造反的可能性的，因而在這樣先入為主的觀念下，對他來說明智軍趁著夜色偷偷摸摸進京的唯一合理解釋就是討伐德川家康了。

不過，本城惣右衛門身為下級武士，並不知曉德川家康早在五月二十六日就已經離開了京都，此時正逗留在堺。同理，即便《川角太閣記》裡明智光秀向部下做的閱兵解釋是真事，本城惣右衛門這樣地位的士卒也沒有機會獲知。

明智光秀之所以對士卒隱瞞進軍的目的，就是為了防止在進軍途中出現士卒逃亡的現象。另外根據《川角太閣記》的記載，明智軍在行軍過程中曾遇到東寺的二三十個早起前往農田種瓜的農民，農民們看見全副武裝的武士在進軍，嚇得四處逃散。為了防止有人洩密軍隊動向，明智光秀的家臣天野源右衛門將這些農民悉數殺害。

（四十五）最後的上洛

(四十六)

本能寺之火

▍織田、德川方的記載

六月二日，上洛的明智軍先陣包圍了織田信長所在的本能寺，在《信長公記》中有著如下的記載：

(明智軍)將信長公的御座所本能寺包圍，從四方發起進攻。信長和小姓們一開始以為是下人之間發生了衝突，然而並非如此，喧鬧聲愈演愈烈，御殿也遭到了鐵炮的襲擊。信長說：「是謀反嗎？誰做的？」森亂（森蘭丸）答到：「好像是明智。」信長回覆道：「那沒有辦法了。」隨後進入了御殿，面御堂的御番眾也在這裡與信長會合。

……

信長最初以弓矢射擊，兩支、三支地射出，每一次引弓都用盡了畢生之力，導致弓弦繃斷。在這之後，（信長）又手持著長槍作戰，手肘也被敵方的長槍刺傷。到這時為止，仍然還有女官們跟隨著信長。信長（對她們）說：「女眷們不必擔心，快快逃走吧！」大火燒到了御殿，信長不想讓別人看到自己死時的模樣，便往裡走，從內側將御南戶的門關上，心無旁騖地切腹自盡了。

《信長公記》作為太田牛一為主公所寫的傳記，在織田信長生命的最

(四十六) 本能寺之火

後時刻描述了其作戰的英勇姿態。織田信長自知難逃一劫，囑咐本能寺內慌亂的女官們逃命，還說明智軍此行是為了謀反，應該不會太為難女眷。本能寺之變發生時太田牛一並不在現場，但是這些在織田信長身邊的女官們的所見所聞，最終成為了太田牛一記錄織田信長決死一戰英勇姿態的消息來源。

在德川家康的家臣大久保忠教的《三河物語》裡是這麼寫的：

明智日向守是信長的家臣，受領丹波，突然發起了叛亂，從丹波國夜襲本能寺。一開始時，信長問：「是城介（信長長子信忠，官途為秋田城介）謀反嗎？」森蘭回答：「看起來是明智叛亂。」信長答：「嗯，是明智嗎？」隨後明智軍的士卒持槍闖入，森蘭與之交戰戰死。（明智軍）在館內放火，信長也被燒死。

《三河物語》記載的來源不明，應該也是從第三方處了解到的，與《信長公記》相同的是，兩書中織田信長第一時間都沒有想到造反者是明智光秀。《三河物語》中的對話顯然更加意味深長，當時織田信忠夜宿的妙覺寺距離織田信長所在的本能寺不過六百公尺左右，因而織田信長的第一反應竟然是織田信忠造反。在信長政權後期，織田信忠的二弟信雄、三弟信孝在家內逐漸抬頭，信忠如果對此抱有不滿也是很正常的事。

▍明智家臣的遺談

明智家重臣齋藤利三的三子齋藤利宗在晚年的遺談筆記中，對本能寺之變的過程是這樣敘述的：

本能寺方向進軍的大將是利三與秀滿，三千餘人自西洞院向四條坊

門的本能寺進軍。這時，天已經微明，襲擊本能寺之事，看來不是在做夢了。

先陣的人抵達大門時，從寺內出來打水的下人從小門往外看到了許多身著大鎧的武士，嚇得立即返回了寺內，插上了門閂。（明智軍的大將）大喊：「明智日向守為了出陣中國，率軍前來接受檢閱，快快開啟大門。」在沒有回應後，（明智軍）用武器擊破了大門，朝著窗戶用鐵炮射擊。

近習與小姓只穿戴著帷子持刀出來，立即有二十人被殺死。森亂穿著白色的帷子和羽織，提著長槍出來，也在本堂的邊緣戰死。信長穿著白綾睡衣出現，手持弓箭射擊，在弓弦斷裂後，持槍作戰。不知道是誰擊傷了信長，信長就這樣朝著裡面走去，關上了門。此時因為火勢過猛，利三率領軍隊撤出，從四面將本能寺圍住。

齋藤利宗在江戶時代成為了德川幕府的旗本武士，於正保四年（1647年）以八十一歲高齡去世，在本能寺之變時正值年少，他的回憶便可能是他的親眼所見。在齋藤利宗的回憶中，明智光秀並沒有參加攻打本能寺的戰鬥，圍攻本能寺的是明智軍的先陣，也就是明智光秀的重臣齋藤利三以及明智秀滿。而明智光秀本人則率軍坐鎮後方，這也是為什麼織田信忠能夠在本能寺之變後逃出妙覺寺的緣故——明智軍並沒有做好充足的準備就對本能寺發起了攻擊。

▍耶穌會的見聞

另一方面，弗洛伊斯所寫的《耶穌會日本年報》裡與其他史料有些不同，弗洛伊斯身為第三者，並不會刻意去美化誰。他在天正十年（1582年）

(四十六) 本能寺之火

十一月五日所追記的內容中記下的本能寺之變經過是這樣的：

明智的士兵從宮殿（本能寺）的大門進入，在場的人們均沒有意識到這是謀反，沒有人抵抗，（士兵）進入內部以後遇到了剛洗完臉和手，正在擦拭的信長，一箭射中了信長的背後。信長將箭拔出，用長柄的有些像鐮刀的被稱為薙刀的武器作戰，但是手腕被鐵炮射傷，因而進入屋內，關上了門。有人傳說信長說要切腹，又有人傳說信長命令在宮殿的周圍放火自盡。但是我等所知道的是，這個不僅僅是聲音、甚至聽到名字都會令人感到戰慄的人，連毛髮都沒有留下，就化為了灰燼。

弗洛伊斯本人在本能寺之變的當日並不在現場，甚至不在京都，但是京都的教會距離本能寺不過二百多公尺，當時也有許多牧師在教會中，因而教會能夠獲知各式各樣的情報也不奇怪。

不過弗洛伊斯所書寫的明智軍武士如入無人之境一般闖入本能寺，甚至接近到了近處在信長背後引弓搭箭都沒有被人發覺，這也實在是太讓人難以相信了。除了這一節有些匪夷所思外，後文的信長持薙刀作戰、在負傷後退入內側屋子的記載，倒是與《信長公記》如出一轍。

■〈本城惣右衛門覺書〉

在〈本城惣右衛門覺書〉的記載裡，本城惣右衛門回憶的進攻本能寺的過程與弗洛伊斯的記載有些相似，本城惣右衛門的記述如下：

進軍途中，軍勢中有兩個騎馬的武士跑到了前頭，正在想是誰時，發現是齋藤內藏助大人的兒子和兩個小姓。在前往本能寺時，我等在其後邊行進。

〈本城惣右衛門覺書〉

　　進入片原町後，內藏助大人的兒子前往北邊，而我等則沿著南邊的堀向東前進，走上了進入本能寺的道路。橋邊有一個守衛，被我們殺死討取了首級。我們就這樣進入了本能寺，門就這樣開著，裡面安靜得連一隻老鼠也沒有。因為我們持著保全的首級，從北側進入的彌平次大人和兩個武士說道：「將討取的首級丟了。」於是我們便將首級丟到了堂下。

　　從本堂外部進入以後，屋子裡沒有任何一個人，只掛著一張蚊帳。朝著本能寺的伙房方向前進時，捉住了一個穿著白衣的女人，但是沒有看到武士。被捉住的女人說：「殿下穿著白色的衣服。」在那個時候，我還不知道這個女人說的「殿下」指的就是信長公。隨後這個女人就被交給了齋藤內藏助大人。

　　進入本堂內部時，看到有二、三個將肩衣繫到了袴上的旗本，其中一個的首級被我討取。有一個男人，從裡面的房間穿著麻布的單衣，連衣帶都沒有繫上，拔著刀走了出來。我在蚊帳的暗處躲藏，等到他經過時，突然從背後斬殺了他並取下了首級。這時，屋內已經闖進了許多我軍的士兵，在這次襲擊中，我共討取了兩個敵人的首級。

　　在本城惣右衛門的回憶中，雖然和弗洛伊斯的報告有些不同，但是二者的相同點在於本能寺的守軍還沒來得及對明智軍的來襲做出應對措施就被明智軍攻進了寺內。本堂的戰鬥也沒有像《信長公記》記載的那樣激烈和精采，在本堂戰死的幾個守衛，想必指的就是森亂丸等幾人。

　　本城惣右衛門的回憶與《信長公記》的記載究竟孰是孰非，其實並沒有定論。太田牛一詢問的是從本能寺逃出的女官，而弗洛伊斯在報告裡也有提到織田信長與明智軍交戰的紀錄，至少說明在當時的日本，還是有織田信長在本能寺被攻擊時率眾抵抗的傳言的。

(四十六) 本能寺之火

▎織田信忠的動向

　　本能寺之變發生時，織田家的家督、信長的長子織田信忠正在妙覺寺中留宿。在獲知本能寺之變後，織田信忠卻沒有選擇逃出京都，而是前往二條城防守，最終被明智軍包圍，力戰後自盡。織田信忠之死直接導致了後來織田家內部分裂、兩個弟弟大打出手，而織田政權也隨著織田信長、信忠父子之死逐漸分崩離析。

　　織田信忠出生於弘治三年（1557 年），其母是織田信長的馬廻眾生駒家長的妹妹。因為織田信長的正室濃姬沒有子嗣，因而信忠成為了織田家的嫡子，另外也有一種說法是說織田信忠被濃姬收養，因而成為了嫡子。

　　天正十年（1582 年）的甲州征伐中，織田信忠代替織田信長成為織田軍的總大將。在滅亡武田家以後，織田信忠立下了莫大的戰功，織田信長便宣布將天下的大權轉讓給他，為信忠鋪路。

　　五月十四日，織田信忠處理完戰後的瑣事後返回了安土城，次日德川家康、穴山信君也來到了安土城覲見織田信長，織田信忠此時應該也身為織田家的家督陪伴著德川家康等客人。五月二十一日，織田信忠率先上洛，原本準備作為嚮導帶領德川家康前往堺遊玩，卻因為收到了信長即將上洛的報告而取消了這個計畫，留在京都等候信長上洛。

　　在本能寺之變發生的前一天，也就是六月一日，織田信忠拜訪了本能寺，與織田信長閒話家常直到深夜方才返回住宿的妙覺寺。然而，令織田信忠沒有想到的是，幾個小時後的六月二日天明時分，明智光秀突然襲擊了本能寺。織田信忠聽聞本能寺之變後，原本準備率軍馳援，卻從天下所

司代村井貞勝處得知本能寺已經陷落，於是便前往二條御所守城，直到被明智光秀包圍。

二條御所守城

在《兼見卿記》、《言經卿記》、《晴豐公記》等當時的公卿日記以及德川家家臣創作的《家忠日記》等書中，都有提到織田信忠在二條御所戰死之事。然而，這些書中卻沒有詳細地記載交戰的過程，現在我們所了解到的交戰過程，一般是根據太田牛一所寫的《信長公記》、大村由己所寫的《惟任退治記》以及耶穌會的報告紀錄等資料還原的。

織田信忠原本準備前往本能寺與父親一起戰死，但是卻被村井貞勝阻止。村井貞勝身為天下所司代，一開始聽到異變還以為是有人發生爭鬥，便前往本能寺查看。在路上得知明智光秀謀反的消息後，便改道前往織田信忠所在的妙覺寺報告。但是在《信長公記》的記載中，織田信忠是在前往本能寺的路上時遇到了村井貞勝，方才獲知了本能寺陷落。總之，織田信忠在前往本能寺前與村井貞勝商議，隨後進入了二條御所中據城防守，這是沒有問題的。

二條御所原本是作為織田信長在京都的住所建造的，與安土城一樣在天正四年（1576 年）動工，除了準備建築天主臺外，還將松永久秀的多聞山城的主殿移到了此地，可以看出織田家對二條御所的防禦能力也下了一定的工夫。天正七年（1579 年），織田信長將二條御所獻給了正親町天皇的皇太子誠仁親王一家，在耶穌會傳教士的紀錄中，將二條御所稱為「僅次於安土城的華麗建築。」

(四十六)本能寺之火

從後世的上帝角度來看，雖然明智光秀發起了本能寺之變，但是作戰的過程非常粗糙，無論是攻方還是守方都沒有做足準備。明智光秀的目標一開始只是本能寺，並沒有做出針對織田信忠的部署，若織田信忠及時出逃，興許能夠逃出京都，再率領軍隊殺回。可是織田信忠最終卻選擇前往二條御所，這一決定改變了他的人生，也改變了織田家的命運。

那麼，織田信忠為何做出這種決定？

與織田信長不同的是，織田信忠在京都擁有數百人的馬廻眾。正是因此，才會有《三河物語》中織田信長誤認為是織田信忠謀反的逸聞。只不過，織田信忠的馬廻眾此時都分住在京都各處，所在的妙覺寺中僅留下了一些側近而已。

根據《當代記》的記載，織田信忠的側近曾建議織田信忠前往安土城，再做討伐明智光秀的打算。但織田信忠卻認為明智光秀既然謀反，就必然會在各地的要隘設下伏兵，若是在野外遭遇明智軍的話，只怕是凶多吉少。

織田信忠的看法得到了毛利良勝等人的支持，最終妙覺寺的一行人決定前往二條御所防守。一方面二條御所的防禦工事較為完善，另一方面在二條御所守城，分住在京都各地的馬廻眾也會聚集到此地防守。

▎信忠的末路

本能寺陷落後，明智軍方才開始攻擊妙覺寺。但是當明智軍來到此地時，發現妙覺寺內已經人去樓空，在獲知了織田信忠前往二條御所以後，明智軍的軍勢便立即跟上，包圍了二條御所。前文提到織田信長已將二條

御所獻給了皇太子誠仁親王，因而此時的二條御所內除了織田信忠一行人以外，還有一臉錯愕的誠仁親王一家。

誠仁親王沒見過這樣的架勢，便派出使者前往明智光秀處詢問：「準備怎麼處置我？難道要我切腹嗎？」

明智光秀回答道：「我要找的只有織田信忠，並不想為難親王，請不要騎馬或者乘轎，立即從御所內出來吧！」

明智光秀不許誠仁親王騎馬或乘轎，主要是擔心織田信忠會混在親王一行人中逃走，因而誠仁親王一家人只得徒步從二條御所內走出。誠仁親王在退出二條御所後，連歌師里村紹巴連忙到別處調來了一頂轎子，讓皇太子乘坐轎子離開。因為只有一頂轎子的緣故，女眷和孩子只能徒步，這一做法雖然合理，但是卻相當無禮，使得公家和皇室恨透了明智光秀。

誠仁親王離開後，明智軍對二條御所發起了攻擊。二條御所的守軍，也就是織田信忠一方，因為事發倉促，隨身攜帶的武具只有簡單的刀槍而已。雖然守軍身上沒有穿著甲冑，但是所有人都做好了戰死的覺悟，與明智軍展開了長達一個小時的激戰。

織田信忠的小姓山口小弁與赤座永兼將明智軍中率先攻入的武士刺倒，取得首功。而身為新陰流弟子的織田信忠也非常擅長武藝，在前一年的御馬揃時還曾展示過騎術與刀劍，讓在座的織田家家臣倍感震驚，此戰僅織田信忠一人就斬殺了十七名敵兵。

因為織田信忠的奮戰，明智光秀無法取得戰果，便讓鐵炮隊登上二條御所周圍的近衛前久宅邸的樓頂，從樓頂朝著守軍射擊。二條御所的守軍並沒有裝備遠端武器，在明智軍的打擊下人數銳減，連織田信忠也受了傷，同時明智軍還在二條御所放起了火。在絕望中，織田信忠無力抵抗明

（四十六）本能寺之火

智軍的攻擊，最後只得切腹自盡。

在二條御所之戰中，其實還有一個插曲。前文說耶穌會在前一年送了一個叫「彌助」的黑奴給織田信長，織田信長在本能寺身死以後，彌助逃到了二條御所，與織田信忠一同抵抗明智軍的進攻，戰敗被俘。

齋藤利三準備將彌助殺死，但是明智光秀卻制止了他，說道：「黑人不是日本人，而是動物，他什麼也不知道，饒他一命吧！」隨後彌助便被送回了同在京都的耶穌會裡。

（四十七）

本能寺之變謎團

▌光秀為何謀反

明智光秀為何反叛，幾百年以來一直爭議不斷，總結一下這幾百年的觀點一直都是如下幾點：

1、野心說，即明智光秀也想取得天下。

2、怨恨說，即明智光秀對信長不滿。

3、黑幕說，明智光秀只是個棋子，幕後黑手另有其人。

首先說說第一點，也就是野心說。這種說法在《信長公記》中就可窺得一二，太田牛一在記錄明智光秀進軍前一夜的軍議時提到，明智光秀想要取信長而代之。不過，在太田牛一的記載中，參加軍議的人包括明智光秀在內一共只有六人，且都是明智光秀的親信家臣，那麼太田牛一如何知道軍議的具體內容呢？

再者，即便明智光秀趁機擊殺了織田信長父子，織田家各地的家臣與軍勢一旦回師，想要逐一擊敗他們並奪取天下可不是一件簡單的事情。要知道織田家組建的四國軍團還未動身，此時也在京畿。所以，《信長公記》的記載可能只是太田牛一的推測，他可能自己也不清楚明智光秀謀反的原因，因而才會做出這種明智光秀想要奪取天下的推理。

（四十七）本能寺之變謎團

其次是第二點，即怨恨說。怨恨說一直以來都是流傳範圍最廣的一種說法，尤其在小說以及影視劇中非常流行。比如在《明智軍記》的記載中，織田信長沒收了明智光秀的領地，改封至出雲國與石見國，而這兩個領國處於毛利家的控制之下，並不屬於織田家的勢力範圍，因而信長對光秀的這次「轉封」，實為沒收領地。

然而，《明智軍記》的說法明顯是站不住腳的。在本能寺之變前，明智光秀先是返回了近江國的坂本城，隨後再前往丹波國召集軍勢，如果織田信長真的沒收了明智光秀的領地，那明智光秀是沒有權力在這些地方召集軍勢的，更別提西進攻打毛利家了。

另外前文提到，在《常山紀談》一書中說明智光秀攻打丹波國時曾將自己的母親作為人質送到抵抗織田信長的波多野家中，以換取波多野家的家督波多野秀治前往安土城覲見信長。然而，織田信長卻不顧明智光秀母親的安危，執意將波多野秀治殺死，因而明智光秀的母親也被波多野家殺害，從此他也對信長心生怨恨。可是，明智光秀將母親作為人質送出這件事並沒有其他史料可以作為佐證，波多野家降服的原因也並非是因為光秀的人質，而是因為長達一年多的攻城戰導致城內兵糧耗盡，再加上援軍也都被明智光秀擊敗，最終才不得不開城投降。

不過，根據《川角太閤記》的記載，提到明智光秀在招待德川家康時，因為宴會上的魚不新鮮而遭到了信長的打罵，大丟面子的明智光秀因此對織田信長心生怨恨。在弗洛伊斯的記載中，也有明智光秀曾被織田信長召見，並遭到了織田信長毆打的紀錄。這說明不管是因為什麼原因，至少明智光秀曾遭到織田信長打罵的傳聞在當時流傳較廣。那麼，是否明智光秀因為被織田信長毆打而產生怨恨呢？這個我們留著下文再細說。

明智光秀在本能寺之變以後曾寫信給細川藤孝說，謀反並非是為了自己，而是為了「光慶和忠興」，也就是光秀的兒子明智光慶和細川藤孝的兒子細川忠興。不過這個說法明顯是不可靠的，只能顯示出明智光秀在本能寺之變後陷入孤立，不得不四處哄騙他人尋求盟友。

▋朝廷黑幕說

最後一種原因就是黑幕說了。在這種說法裡，明智光秀並非本能寺之變的主謀，而幕後黑手則有朝廷與足利義昭兩種說法，有時候也會加入羽柴秀吉和德川家康。那麼，黑幕說的動機又是什麼呢？

首先說說朝廷黑幕說，這種說法經常會提到織田信長想要以下犯上，甚至發展到說信長想取天皇而代之的陰謀論中，依據有如下幾點：

1、三職推任事件。朝廷向織田信長詢問想任職征夷大將軍、關白、太政大臣中的哪一個時，織田信長推辭了，說明信長意不在為人臣，而是想做人主。

2、織田信長向朝廷施壓，逼迫正親町天皇退位。

3、強行切取蘭奢待事件。

4、織田家與朝廷在曆法上的對立。

朝廷黑幕說近幾年來提倡的人越來越少，主要原因便是隨著研究的推進，發現織田信長與當時的天皇朝廷並非是對立關係。相反，織田信長和朝廷的關係非常好。

例如三職推任事件，拒絕出任三職的並非是織田信長本人，而是天下

（四十七）本能寺之變謎團

所司代村井貞勝。並且傳達三職推任的也不是正式的朝廷下文，只是探探織田家的口風，因而村井貞勝推辭的原因究竟是「主公不想出任三職」，還是「這麼大的事你問我我哪知道」，就不得而知了。

另外，雖然三職推任的輔證是織田信長曾辭去朝廷的官職，以此來推測織田信長並不想成為天皇的臣子。但是實際上信長在辭官的同時保留了自己的位階，這種做法是在為將來復任官職做準備，說明織田信長並沒有與朝廷決裂。

至於逼迫天皇退位一事，則更是一個非常大的誤解。前文提到，在中世紀的日本，從院政時期開始以後，退位的天皇便被稱為「治天之君」，即真正的統治者。而天皇後繼者的人選，一般也都出自於「治天之君」的指定。織田信長建議正親町天皇退位，不是為了削弱皇族，反而是向天皇示好，鞏固正親町天皇的地位。

和建議天皇退位同時發生的，便是割取蘭奢待的事件。蘭奢待是日本自古以來就代代流傳的一塊香木，而歷史上得以切取蘭奢待的大多數都是日本的當權者，僅有足利義政、織田信長、明治天皇三人在切的時候留下了姓名，其他人大都是偷偷切取。

在以往的通說中，切取蘭奢待被視為是信長藐視天皇權威的證據。然而近年來的研究卻不這麼認為，織田信長在出陣大和國時，嚴令禁止軍隊借宿興福寺，同時還向興福寺與奈良的領主和住民表示會保障他們的領地與人身安全。切取蘭奢待以後，織田信長將其獻給了正親町天皇，而天皇之後又分別取了一片賜給了毛利輝元以及前關白九條稙通。

在當時的記載中，正親町天皇也對織田信長的舉動有所感慨，認為這是「再興王家」的好機會，因而織田信長勸天皇退位以及切取蘭奢待並不

能作為朝廷黑幕說的依據。

　　朝廷黑幕說的最後一條，便是織田信長使用的尾張、美濃的日曆與朝廷的日曆不同。濃尾使用的日曆比朝廷陰陽寮計算出來的日曆更為精確，本能寺之變的前一天時，織田信長曾提出在這年二月從朝廷受領的日曆有問題。在當年的曆法裡，濃尾的地方曆將次年的正月調整為天正十年閏十二月，而朝廷使用的日曆則是在次年設立閏正月。朝廷黑幕說的倡導者便以此為依據，說織田信長試圖奪取朝廷制定曆法的權利，挑戰朝廷權威，最終導致次日凌晨被害。

　　實際上，在織田信長死後，織田家諸將文書的日期都是使用朝廷的日曆。這是因為織田信長雖然認為朝廷的日曆有問題，但是卻仍然命令織田家統一使用朝廷曆法的緣故。所以，該說無論是從時間上還是實際上都不足以支撐朝廷黑幕說。

▋將軍黑幕說

　　另外一種黑幕的說法指的便是足利義昭黑幕說，該說法的主要提倡人便是日本學者藤田達生，藤田達生一直強詞奪理地想證明足利義昭就是本能寺之變的幕後黑手。藤田達生所依賴的證據便是上杉家的家臣河隅越中守寫給直江兼續的書信，信中提到：

　　前天，越中魚津城的須田滿親派出使者來春日山城報告，說明智光秀的使者到達了魚津城，說：「希望上杉家給我方最大限度的幫助。」我答應了他……

（四十七）本能寺之變謎團

　　這封書信並無原件，只有抄本被收錄在《歷代古案》以及《覺上公御書集》裡。其中《歷代古案》中收錄的內容甚至沒有收件人與日期，《覺上公御書集》裡的收件人則是直江兼續，日期是六月三日。

　　藤田達生認為，明智光秀的使者所說的「我方」指的便是足利義昭與明智光秀等人，而六月三日的前天，便是本能寺之變發生的前一天即六月一日。說明明智光秀至少在五月就派出使者前往北陸與上杉家聯繫，力求在本能寺之變後能夠得到上杉家的支持。

　　不過，這封書信的內容並站不住腳。首先根據《上杉家御年譜》的記載，六月一日時須田滿親並不在魚津城，而是在天神山城之中。直到本能寺之變發生、織田家的北陸軍團撤軍後的六月十一日至十三日左右，須田滿親方才返回魚津城（魚津城於六月三日被織田軍攻陷）。那麼，這封書信中提到的六月一日魚津城的須田滿親派出使者前來春日山城之事就非常值得懷疑。況且，六月三日之前的魚津城被圍得水洩不通，明智光秀的使者又是如何在織田軍的重圍下進入魚津城、又如何和一個根本不在魚津城的須田滿親聯繫的呢？

　　在前兩年，藤田達生發現了本能寺之變後的六月十二日時，明智光秀寫給土橋重治的親筆書信，書信中提到了讓足利義昭上洛返回京都之事。然而，這封書信成書於本能寺之變的十日後，並不能作為明智光秀在本能寺之變前就與足利義昭有過聯繫的證明，反而和之前那封寫給細川藤孝的書信一樣，明智光秀在積極地與反信長勢力聯繫，博取認同感以獲得支援。

　　除了目前並沒有實質性的證據指向明智光秀在本能寺之變前與足利義昭有過聯繫外，在足利義昭眼裡，明智光秀可能還是個叛徒。

元龜四年（1573年）時，足利義昭舉兵反抗織田信長，身為兩屬家臣的明智光秀立即站隊，徹底與足利義昭決裂，攻打了足利義昭一方的今堅田城，隨後還和細川藤孝一同在上京放火，恫嚇在二條城內據守的足利義昭。所以在我個人看來，明智光秀說發起本能寺之變是為了復興室町幕府的行為，其實和吳三桂想要反清復明的可信度差不了太多。明智光秀想要復興幕府、或者明智光秀和室町幕府關係緊密的說法，還是不怎麼可信的。

另外值得一說的就是，明智光秀在文藝作品裡通常都是以文化人的儒雅身分現身，實際上歷史上的明智光秀手段極為卑劣與殘忍。在織田家與比叡山延曆寺敵對以後，明智光秀進入了宇佐山城監視延曆寺的動向，在這個時期他寫給志賀郡雄琴城主和田秀純的書信中提到要將仰木（延曆寺領地）的百姓通通殺光。從這點上要說明智光秀溫文儒雅、愛國愛民，只怕還是有待商榷。

「明智子孫」的神論

明智光秀在山崎合戰敗死之後，其子孫大多被視為叛黨處死。但是正如許多絕嗣的名人一樣，從江戶時代至今，依然有人自稱是明智光秀的後代。其中傳說是明智光秀後裔或自稱是明智光秀後裔的人裡，比較著名且較活躍的，一個是被小說家強行扯上關係的坂本龍馬，另外一個就是活躍在歷史領域的歷史作家明智瀧朗。

明智瀧朗聲稱明智光秀有個兒子「於崔丸」在山崎合戰後倖存，自己就是於崔丸的子孫，因此才會研究明智光秀，儘管他們家的「明智出身」

（四十七）本能寺之變謎團

比韓林兒的宋朝後裔還不可靠。

另外，現今我們能夠了解到的「明智光秀就是德川家康的寵臣南光坊天海」的相關內容，基本上都是出自於這個自稱光秀子孫的人的手筆。儘管明智瀧朗把日光東照宮裡裝飾的木瓜紋認成了桔梗紋，但是他提倡的說法還是被許多小說家採用。

明智瀧朗有個孫子明智憲三郎，畢業於日本慶應義塾大學工學科。明智憲三郎曾經寫過一本名為《本能寺之變》的書，因為為明智光秀洗白過頭引起日本史專業學者們的口誅筆伐。

明智憲三郎的觀點主要如下：

1、本能寺之變並不是明智光秀一個人發起的，他有個盟友叫德川家康。

2、德川家康因為長子信康被織田信長命令殺害而怨恨信長。

3、武田家滅亡以後，對織田信長來說德川家康沒有了利用價值，三河兵戰鬥力太強，所以被忌憚的德川家康即將遭到織田信長的處分。

4、織田信長想趁德川家康這次上洛殺死他，再奪取德川家的領地。

5、本來織田信長和明智光秀約好了在本能寺殺德川家康的，結果德川家康去了堺，沒來，明智軍不小心殺錯人了。

首先，明智憲三郎認為德川家康是憎恨織田信長的，理由就是織田信長曾逼迫德川家康殺死自己的嫡長子德川信康。然而很可惜的是，織田信長逼德川家康殺死長子的故事是後世創作的，這件事在上文就已經解釋過了。

其次，明智憲三郎認為，德川家康身為織田信長的盟友，一直以來都為織田家抵抗住今川家、武田家的威脅。然而隨著武田家滅亡，失去利用價值的德川家康不斷做大，再加上德川家麾下的三河武士驍勇善戰，所以

「明智子孫」的神論

織田信長認為德川家康是個威脅，需要儘早解決。本能寺之變的起因是織田信長想殺害上洛的德川家康以及德川家的重臣，再派明智光秀、細川藤孝、筒井順慶征討德川家的領地。

明智憲三郎認為三河兵戰鬥力比較強，明顯是司馬遼太郎的小說看多後產生的幻覺。歷史上從來就沒有三河兵強的這種說法，關於這一點織田信長的父親織田信秀最有發言權，當年織田信秀多次和三河的松平清孝、松平廣忠交手，均沒有落入下風。後來織田信秀更是一舉攻下了岡崎城，逼得松平廣忠將兒子竹千代送到了織田家當人質。

順便一提，當年三方原合戰時，武田軍的先鋒裡也有不少三河國的武士，最後卻被織田、德川聯軍打得丟盔棄甲，若不是武田勝賴和馬場信春拚死作戰，再加上武田軍人多勢眾，只怕武田信玄在三方原合戰也未必能夠取勝。

再者，明智憲三郎認為織田信長想要趁早解決德川家康，這個更加不可思議。當時的織田家雖然統一在即，但是很多交好、臣服的大名卻仍然沒有編入織田家麾下，比如關東的北條、佐竹、九州的島津、大友、東北的伊達、最上，這些人的威脅都不比德川家康小。瀧川一益已經進入了關東，織田信長想盡快地管控關東，必然需要德川家康支援瀧川一益，如何會在這個時候動手解決德川家康呢？若師出無名攻伐了德川家，又怎麼不會引起其他臣服或準備臣服的大名的警惕呢？

除此以外，此時德川家的地位已逐漸由盟友向家臣轉變，攻伐德川家實質上就是一次織田家的內亂，這會不會導致各地的織田軍軍團軍心動搖，反織田勢力士氣大振呢？我覺得按織田信長的處事風格和智商來看，明顯是不會做出明智憲三郎說的這種事的。

（四十七）本能寺之變謎團

並且，如果織田信長真的想殺死德川家康一行人，為了將事件影響壓制到最低，就務必要在動手後盡快地征服德川家的領地。而明智光秀、細川藤孝、筒井順慶三人的軍勢加起來也不過萬餘人，軍隊人數還比不上長篠合戰時的武田勝賴，就這麼有信心能夠在短期內征服德川家？

從地理位置來說，明智光秀的主要領地在丹波國，本能寺之變前在近江國坂本城集結軍隊後的明智光秀率軍趕往了丹波國，若是想征伐德川家，路徑應該是反過來的。而以丹波國為根據地的明智光秀若是負責征伐德川家，後勤補給會非常不方便，還不如直接派遣領有濃尾的織田信忠為大將。

還有一個佐證就是，如果織田信長想征服德川家康的領地，留在武田氏遺領甲斐國的河尻秀隆不可能作壁上觀，肯定會提前召集軍勢配合主力進軍。然而實際上直到本能寺之變後，河尻秀隆都沒有做好戰鬥的準備，最後他甚至死在了一揆眾的手上，若他提前召集軍勢，又怎麼會是這樣的結局呢？

最後一點，明智憲三郎認為，德川家康意識到了織田信長想殺死自己，所以在安土城的時候偷偷和明智光秀會過面（二人也只有這個機會可以商談），結成了同盟。不過，這件事並沒有史料佐證，只是明智憲三郎自己的推測。所謂〈本城惣右衛門覺書〉裡的「本以為要討伐家康」，也只是本城惣右衛門自己的猜測而已，不能代表織田信長的意思。

在戰國時代的統治階層裡，決策通常都是主君和家臣商談後決定的，例如武田家每年就都有一個只有重臣才能參與的會議，明智光秀在出兵本能寺前也召集了家臣商談，德川家康如果與明智光秀結盟，不會不和心腹重臣提起這件事。

況且，德川家康在五月十四日才抵達安土城，明智光秀在十六日就因為要出陣西國匆匆離開，離開以前的明智光秀一直在為準備招待宴會之事忙東忙西的，二人基本上沒有會面的時間。再加上明智光秀與德川家康並無太多交集，此前身為織田家與德川家取次的一直都是佐久間信盛與水野信元，德川家康憑什麼就會信任一個和自己交往不深的織田家家臣呢？

所以，明智憲三郎一直宣揚的本能寺之變德川家康黑幕說根本就站不住腳，沒有任何實質性的證據，全部都是捕風捉影的臆測。

四國政策轉變

隨著近幾年《石谷家文書》的面世，本能寺之變的謎團也越來越清晰起來——即「織田家四國政策的轉變」，也就是通常提起的本能寺之變的「四國說」。

有的人看見「四國說」就半懂不懂地認為本能寺之變的幕後黑手是四國長宗我部元親，其實並非如此。長宗我部家在長宗我部國親一代復興，在國親之子元親統治時期統一了四國島的土佐國，並且與織田信長交好。長宗我部元親的嫡子長宗我部信親名字裡的「信」字就是從織田信長處拜領的，這種拜領形式表明了長宗我部家並非是作為對等的同盟者與織田家結盟，而是作為下位的盟友，也就是織田家的從屬勢力而結盟。長宗我部元親因此獲得了進攻阿波國與讚岐國的許可。

長宗我部元親的妻子是室町幕府奉公眾石谷光政（美濃源氏）的女兒，石谷光政沒有兒子，便從美濃國的齋藤家迎接了石谷賴辰為養子。而

（四十七）本能寺之變謎團

石谷賴辰是明智家重臣齋藤利三的親兄弟，所以明智光秀才能夠藉著這個關係成為織田家的四國外交取次。

長宗我部家與織田家的關係一直不錯，但是二者的關係卻在天正八年（1580年）開始惡化。這一年，織田信長與石山本願寺和談，許多從本願寺逃出的浪人與紀伊國的雜賀眾、淡路國的國眾一同奪取了阿波國的盛瑞城。當時有謠言說這群浪人獲得了織田信長奪取盛瑞城的許可方才侵入阿波國，這使得長宗我部元親開始防備織田信長。

另外，長宗我部元親進攻伊予國的親織田勢力西園寺家之事招致了織田信長的不滿，對此，織田信長在天正九年派遣三好康長前往四國，同時命令長宗我部元親協助三好康長平定阿波國。對長宗我部元親來說，織田家原本許可自己進攻阿波國與贊岐國，但是現在又介入了阿波國的戰爭，違反了盟約，因而兩家的關係開始迅速惡化。

三好康長的養子三好信吉是羽柴秀吉的外甥，即後來的關白羽柴秀次。也就是說，三好康長在織田家內的支持者其實就是以播磨國為據點的羽柴秀吉。

在江戶時代創作的史料《元親記》中也有相關的記載說，長宗我部元親本來獲得了織田信長奪取四國的許可權，但是信長後來又反悔了，只允許長宗我部元親保留土佐國與阿波國半國。長宗我部元親因此與織田信長敵對，明智光秀則派遣齋藤利三的兄弟石谷賴辰前往四國遊說，希望長宗我部元親不要與織田家決裂，但是被元親拒絕。於是，織田信長便召集了討伐長宗我部家的四國軍團，不過在出陣前發生了本能寺之變，此事告吹。

浮上水面的真相

在《石谷家文書》收錄的書信中，天正十年（1582年）正月十一日時，齋藤利三曾寫過一封信給在長宗我部元親處的石谷光政，大意如下：

「石谷賴辰等已經持著（信長的）朱印狀前往土佐了，讓元親接受朱印狀（的命令）比較好。光秀殿下也說不想局面惡化，因此請穩妥地協調此事。」

然而，這封書信寄到以後，長宗我部元親卻遲遲沒有對織田信長的要求作出回應。到了五月，織田信長內定讓三子神戶信孝成為三好康長的養子，作為總大將召集「四國軍團」討伐長宗我部元親。因而，在五月二十一日時自知無力抵抗織田家的長宗我部元親才寫了一封回信給齋藤利三，大意如下：

「利三大人對我的恩情我將永世難忘。這次回覆拖延了這麼久其實並沒有他意。阿波國的一宮城等城將會按照朱印狀的命令開城，但是希望能夠將海部城與大西城留給長宗我部家。這不是因為我等對阿波國有野心，只是為了防衛土佐國而已。」

可以看出，根據長宗我部元親在回信中的敘述，《元親記》裡織田信長強行要求長宗我部元親讓出領地之事並非子虛烏有。不過按照書信的內容分析，織田信長要求長宗我部元親只保留土佐國，而不是《元親記》裡的土佐國與阿波國南部。

因為當時交通不便、戰亂未停的緣故，這封書信很可能沒有及時地在本能寺之變前送到京畿，明智光秀並不知道長宗我部元親已經接受了織田信長的命令準備降服。

（四十七）本能寺之變謎團

　　另外一點就是上文提到的織田信長毆打明智光秀之事。根據弗洛伊斯的記載，這件事發生在招待德川家康期間。而在《稻葉家譜》的記載中，此事則另有原因。

　　天正十年（1582年），稻葉一鐵的家臣那波直治因為與稻葉一鐵不和投奔了明智光秀，引起了稻葉一鐵的不滿。實際上，這種事在當時的日本是不被允許的，例如在武田信玄制定的《甲州法度之次第》中就嚴厲禁止這種行為，因為容易引起家臣之間的糾紛。

　　明智光秀的另一個家臣齋藤利三早年也是稻葉一鐵的家臣，在元龜元年（1570年）時與稻葉一鐵不和，投到了明智光秀麾下。只是當時明智光秀正如日中天，因而沒有遭到信長的處罰。

　　這次就不一樣了，稻葉一鐵將此事告到了織田信長處後，信長大怒不已，對此事做出處罰決定——那波直治返回稻葉家，齋藤利三切腹謝罪。雖然織田信長最後命側近將切腹命令追回，但是仍然召見了明智光秀，並賞了明智光秀一個大耳刮子，據說明智光秀是個禿子，平時有戴假髮的習慣，而信長的這一巴掌直接把明智光秀的假髮都給拍飛了。

　　織田信長之所以嚴厲處置齋藤利三與責罵明智光秀，可能正是因為長宗我部元親遲遲沒有降服的原因。而明智光秀身為與長宗我部家的外交取次，自然首當其衝會被信長責罰。

　　本能寺之變時明智光秀的年紀不詳，按照較為可信的《當代記》的記載，這一年明智光秀已經六十七歲了。因為早年時的流浪生活，明智光秀的兒子明智光慶出生很晚，在這年才十四歲左右。與織田家的其他家臣相比，明智光秀已經是半隻腳邁入棺材裡的人了，從織田信長對齋藤利三的

處分來看，織田家四國政策的轉變使得明智光秀在織田家中的地位直線下降。

明智光秀無法保證自己一生的努力最後會不會化為烏有，再加上他可能並不知道長宗我部元親已經低頭，因而對織田信長心生怨恨。最終，破罐破摔的明智光秀決定發起本能寺之變。

從明智光秀一開始並沒有對織田信忠做出敵對舉動以及事後不知所措的慌亂舉止來看，本能寺之變很可能是一次根本就沒有預謀的衝動殺人事件。

(四十七）本能寺之變謎團

(四十八)

信長的遺產

▌光秀的「三日天下」

　　織田信長、信忠的死，讓所有人都感到非常意外，甚至連明智光秀自己都覺得有些不可思議。六月二日下午，明智光秀率軍離開京都，前往近江國的大津，在進軍途中，吉田兼見騎馬奔來，向明智光秀表示希望明智軍不要侵入吉田家的領地。

　　六月三日至五日期間，明智光秀一邊待在居城坂本城裡誘降領地周圍的織田家家臣，一邊向長濱城、安土城派去了軍勢。三日下午，安土城的守將蒲生賢秀認為無法堅守城池，下令放棄安土城，攜帶著織田家的女眷與孩童前往浦生家的居城日野城守城。

　　五日，明智軍占領了安土城，明智光秀將安土城內的金銀財寶全部取出，分給士兵們。隨後又命京極高次、武田元明等將分別占領羽柴秀吉、丹羽長秀的居城長濱城與佐和山城，近江國大半都落入了明智光秀的手中。

　　六月七日，為了安撫明智光秀，誠仁親王派遣和明智光秀曾經有過舊交的吉田兼見前往安土城會見明智光秀。需要注意的是，朝廷並沒有任命明智光秀為「征夷大將軍」，朝廷沒那麼蠢（封了黑鍋就甩不掉了），明智光秀也沒有那麼蠢（受封了就得不到舊幕府勢力的支持）。

（四十八）信長的遺產

在這期間，因為織田家諸將都分布在各地，因而京畿一時間沒有勢力敢與明智光秀敵對，大多數都在據城觀望。明智光秀短暫地統治了京畿，因此這段時間也被稱為是明智光秀的「三日天下」。

■ 魚津城攻擊

說完了京畿，那麼本能寺之變發生時，各地的織田家諸將又都在做什麼呢？

天正十年（1582 年）四月，隨著武田家的滅亡，織田家的北陸軍團包圍了上杉家在越中國的最後一個據點魚津城。魚津城的守將是中條景泰為首的十三名上杉家家臣，在被織田軍包圍後，立即向春日山城派去使者，希望上杉景勝能夠派兵前來增援。然而，此時越後國內新發田重家等國眾掀起了叛亂，並且信濃國、上野國都落入了織田家的手中，上杉景勝實在是難以出陣越中。

五月十五日，魚津城的二之丸被織田軍占領，上杉景勝硬著頭皮從春日山城出陣，抵達魚津城東方的天神山城。不過，僅僅十天之後，越後國傳來森長可與瀧川一益準備入侵的消息，上杉景勝不得不率軍返回了春日山城。撤走之時，上杉景勝還把越中松倉城的守軍一併帶回了越後。

六月三日，織田軍對魚津城發起了最後攻擊，守城的上杉軍諸將紛紛自殺，織田軍徹底攻占了魚津城，隨後朝著越中國、越後國的邊境挺進，沿途的上杉軍紛紛棄城逃亡。此時已經是本能寺之變發生後的第二天了，北陸軍團山高路遠，尚且沒有收到消息。

▎神流川合戰

　　本能寺之變時，最慢收到消息的是在上野國的瀧川一益。瀧川一益藉著織田信長為靠山，這才來到了關東。不過到了六月十日時，關東的國眾們大多已經知道了織田信長父子橫死的消息，北條家也向瀧川一益去信詢問京畿的狀況。

　　此時上野國與武藏國的國境局勢非常緊張，北條家派出了北條氏照前往深谷城，瀧川一益也派出軍勢防備。

　　因為各地都有織田信長已經死去的消息傳來，北條氏政越來越相信織田家已經發生了內亂，北條家重新制霸關東的機會再一次到來了。為了表示北條家的外交政策變更，北條氏政甚至將臣服織田家後改變的花押又改回了原本獨立時期使用的花押。

　　六月十八日，北條軍前鋒北條氏邦侵入上野國，朝著賀倉野城進軍。瀧川一益迅速派出軍勢在金窪原與北條軍交戰，最終北條軍戰敗，戰死三百餘人。北條氏邦戰敗以後便在原地待命，靜候北條家家督北條氏直率領的本陣軍隊的到來。

　　此時從屬織田家的上野國國眾獲知織田信長已死後，認為瀧川一益難以抵擋北條家的大軍，便再也無意與北條家敵對，紛紛逃亡。在這樣的情況下，瀧川一益在神流川硬著頭皮與北條軍交戰，最終寡不敵眾，全軍潰敗。戰敗後的瀧川一益不敢繼續留在上野國，而是和家臣們一同前往信濃國，結果信濃國的織田家家臣們也逃得一乾二淨，最後不得不返回了自己的領地。

(四十八）信長的遺產

▎中國大返還

六月三日夜裡，備中國高松城外的織田軍營地之中，羽柴秀吉收到了明智光秀叛變、織田信長已經自盡的消息。

羽柴秀吉的身分原本非常低下，甚至連苗字都沒有，是織田信長給了羽柴秀吉一個全新的人生，秀吉也非常感激織田信長的知遇之恩。因此，收到信後羽柴秀吉的第一反應就是要返回京畿為主君報仇。不過，此時羽柴秀吉正在與毛利軍對峙，高松城也是破城在即，若是就這樣匆忙撤退，只怕毛利軍還未追擊，自己這邊就亂了陣腳開始崩潰了。

好在毛利家尚且不知道本能寺之變的消息，四日上午，羽柴秀吉派出使者前往毛利軍陣中，表示自己以慈悲為懷，同意以清水宗治切腹為條件換取高松城城兵的性命。同時，羽柴秀吉還與毛利家的外交僧安國寺惠瓊聯繫，雙方開始了和談的交涉。

羽柴秀吉提出的條件是：

1、毛利家必須割讓備中、備後、美作、伯耆、出雲五國給織田家。

2、備中高松城開城投降。

3、毛利家必須向織田家交納人質。

不得不說，羽柴秀吉的條件實在是有些苛刻，所以當安國寺惠瓊向毛利輝元轉達了議和條件後，毛利輝元有些為難。經過一番討價還價，羽柴秀吉表示願意做出退讓，將議和條件中的割讓五國改為僅需割讓備中、美作、伯耆三國，毛利輝元得知秀吉的讓步後，立即答應和談。在割讓的三國之中，有許多地盤實際上已經被織田家占領了，所以這個條件對此時的毛利家來說影響還不算很大。除此以外，備中高松城早就山窮水盡，開城

投降也是遲早的事情，而備中國海面上的制海權如今被織田家掌握，毛利軍的兵糧、武器等補給嚴重不足，根本無力在備中國和羽柴秀吉繼續耗下去。

羽柴秀吉與毛利家和談後，在六月五日開始從備中國撤退，率領羽柴軍上洛。毛利家雖然在次日收到了本能寺之變的消息，知道被羽柴秀吉給耍了，但是卻也只能打碎了牙往肚子裡吞。

一方面，毛利家無法判斷織田信長已經自盡的消息是否屬實，另一方面正如前文所述，毛利軍的後勤補給已經跟不上了。再加上羽柴秀吉雖然撤軍，南條、宇喜多等從屬織田家的西國國眾卻留在了原地監視毛利軍，毛利家後方的領地也是叛亂迭出，哪有能力追擊秀吉。

六月七日夜裡，羽柴秀吉率先陣部隊抵達播磨國姬路城，姬路城距離高松城約有一百零五公里，羽柴軍經過三天的急行軍，已經是疲憊不堪。後續的部隊在六月八日陸續趕到姬路城，羽柴秀吉稍作休整，在九日天明時分下令全軍繼續東進。

六月十三日，羽柴秀吉率軍抵達澱川，與在京畿的織田信孝、丹羽長秀的四國軍團會合，在同日傍晚，織田軍一同朝著山崎進軍。

山崎合戰

在織田信孝、羽柴秀吉反擊以前，明智光秀是非常鬱悶的。光秀麾下的與力大名筒井順慶原本派出軍勢前來參陣，發覺明智光秀是謀反以後，又下令全軍撤回了大和國。

此時明智光秀麾下的軍勢並不多，雖然若狹國有一些舊室町幕府的奉

(四十八) 信長的遺產

公眾前來參陣,但是這些人不過是杯水車薪而已。反觀明智軍除去逃走的士兵以外,明智光秀還得分兵防守坂本城、長濱城、安土城等地,兵力嚴重不足。

六月九日,明智光秀請求昔日同僚、現在的親家細川藤孝、細川忠興父子率軍來參陣,但是卻遭到了細川家的拒絕。細川藤孝身為從室町幕府時代就開始混在各方勢力之間的老油條,一眼就看出來明智光秀的作亂根本就不會長久。且不說瀧川一益、柴田勝家、羽柴秀吉等分布在各地的織田家軍團是否會及時回師京畿,僅位於京畿附近的織田信孝、丹羽長秀的四國軍團就足以讓明智光秀吃頓苦頭了。

六月十三日,織田信孝、羽柴秀吉在山崎與明智光秀展開決戰,織田軍一方的人數為四萬人左右,而明智光秀一方人數僅有一萬不滿。根據《太閣記》的記載,山崎合戰的關鍵戰場在於天王山陣地的爭奪,因為山崎合戰決定了將來的天下走向,天王山之戰又決定了山崎合戰的勝負,因而後來「天王山之戰」也變成了一個形容關鍵賽點的詞語。

不過,從弗洛伊斯的記載來看,在山崎合戰中奮勇作戰的乃是中川清秀、池田恆興、高山右近等從屬於四國軍團的攝津國眾。高山右近在山崎町布陣,而中川清秀朝著山路進軍,池田恆興則從水路進軍。明智光秀隨後派遣部隊進攻山崎町,被高山右近擊退,明智軍敗退以後戰意全無開始潰逃。

至少在弗洛伊斯的眼中,山崎合戰的關鍵點不在天王山,而是在高山右近布陣的山崎町。確實,羽柴秀吉的西國軍團經過近一週的高強度急行軍,非常疲憊,兩軍交戰的前線部隊,應當是織田信孝麾下的四國軍團。

下午六時,明智軍全軍崩潰,明智光秀帶著殘兵逃進了勝龍寺城,城

池也立即被織田軍包圍。晚上九時左右，明智光秀拋棄了軍隊，僅僅帶著幾十名近臣逃出城區，勝龍寺城的明智軍在第二天上午發現主將不見了，便也開城投降了。

明智光秀想逃回近江國，但是又不敢走大路，只能沿著山路逃亡。在路過一個名為小慄棲的地方時，一行人遭到了手持竹槍的當地農民的襲擊。最終，重傷的明智光秀以家臣溝尾勝兵衛為介錯，在山裡切腹自盡，結束了自己罪惡的一生。

清洲會議

七月六日，柴田勝家、羽柴秀吉、丹羽長秀、池田恆興、堀秀政五人在清洲城會面，商議分割織田家遺領之事，瀧川一益因為在神流川打了敗仗，沒有資格參加會議。

另外，雖然影視劇裡織田信雄、織田信孝也參加了清洲會議，但是實際上從《多聞院日記》的記載來看，當時開會的只有織田家的五個家臣。最終，大家一致決定讓織田信忠的嫡子三法師繼承織田家，柴田勝家、羽柴秀吉、丹羽長秀、池田恆興四人作為家老輔佐三法師，堀秀政則出任三法師的側近。

身為織田家的首席重臣，柴田勝家在清洲會議以後除了原有的領地越前國以外，還獲得了包含長濱城在內的北近江三郡。羽柴秀吉因為討伐明智光秀有功，獲得了播磨國、山城國、河內國等領地。而織田信長的四子、秀吉的養子羽柴秀勝繼承了原本明智光秀的領地丹波國，羽柴秀吉的領地在京畿至西國連成了一片。丹羽長秀因為山崎合戰有功，獲得了原有

(四十八）信長的遺產

的領地若狹國以外的以坂本城為首的近江國二郡。池田恆興同樣受封池田、有岡、尼崎、大坂、兵庫等領地。瀧川一益雖然被排除在清洲會議以外，但是仍然保有伊勢國長島的領地。

多聞院英俊還在日記裡寫到，織田信雄、織田信孝在清洲會議後為了爭奪三法師成年以前的織田家「名代」地位鬧得不可開交。「名代」便是傳說中武田勝賴出任的那個「陣代」，可以看出，同時期的史料裡織田信雄、信孝兄弟並沒有想要爭奪織田家的家督。

另外，從羽柴秀吉的書信來看，秀吉提到要讓織田家的重臣互相交換誓書，裡頭的重臣不光包括了參加清洲會議的五個家臣，還包括了織田信雄、信孝、德川家康三人。這八個人一同組成了清洲會議以後統治織田家的「織田體制」。

此時織田信長、信忠父子雖死，但是織田家實力尚在，如果織田信雄、信孝二人盡心盡力輔佐，等待三法師成年，織田家也未必會走向沒落。然而，在這樣關鍵的時刻，織田信雄、織田信孝卻在清洲會議以後兩個月不到，就因為尾張國、美濃國的領地邊界問題發生爭執。值得注意的是，清洲會議時羽柴秀吉支持的是與自己一同討伐了明智光秀的織田信孝，而柴田勝家則是支持織田信雄，這與小說裡完全不一樣。

羽柴秀吉與柴田勝家、織田信雄、織田信孝之間的關係在織田信長的喪禮以後急遽惡化。在羽柴秀吉主辦的喪禮上，喪主既不是三法師，也不是織田信雄、信孝兄弟，而是養子羽柴秀勝。再加上羽柴秀吉多次催促織田信孝將三法師從岐阜城送至安土城，導致織田信孝最終與柴田勝家走到了一起，對抗羽柴秀吉。

武田遺臣一揆

　　本能寺之變發生時，德川家康正應邀在堺遊玩。得知事變之後，德川家康立即經由伊賀返回領國，而同行的穴山武田氏家主穴山信君則沒有那麼幸運，他在經由另外一條路返回領地的途中被一揆眾殺害。

　　德川家康回到領國以後，決定擁戴織田信長的孫子三法師為主上洛討伐明智光秀，並在六月十四日率軍出陣尾張國的鳴海城。不過，明智光秀並沒能撐到德川家康的上洛，早在兩天前的山崎合戰中，明智光秀就已經戰敗。

　　山崎合戰的結果在六月十五日傳到了鳴海城，但是德川家康卻依舊朝著津島進軍。此時羽柴秀吉得知了德川家康的動向，擔心德川軍的上洛會引起騷動，便去信德川家康，表示京畿的叛亂已經平定，希望德川軍能夠速速撤軍。

　　德川家康沒能占到討伐明智光秀的先機，見大局已定，再加上武田家舊領發生了動亂，只得在二十一日率軍撤退。

　　在本能寺之變後，幾個月前才剛被織田軍占領的武田家舊領發生了動亂，許多武田氏的舊臣結成一揆，開始攻擊織田家的家臣。織田家的勢力衰退後，武田氏遺領成為了一塊肥得流油的無主之地。

　　德川家康早在返回領地之後的六月六日時，就以穴山信君遇難為由派遣武田家舊臣岡部正綱前往甲斐國下山城留守，此地也是穴山家的根據地。穴山信君死後，因其子穴山勝千代年幼，穴山家就這麼被德川家康給控制，成為德川家的從屬勢力。

（四十八）信長的遺產

　　另外一方面，德川家康派遣家臣本多忠政前往甲斐國，知會受封當地的織田家家臣河尻秀隆，想要協助織田家穩住甲斐國的局面。然而，本多忠政勸說河尻秀隆暫時放棄甲斐國之事卻遭到了河尻秀隆的猜疑，河尻秀隆認為本多忠政是想誘騙自己離開甲斐，德川家才好趁機奪取此地，因而將本多忠政殺死。

　　本多忠政死後，孤立無援的河尻秀隆遭到武田舊臣組成的一揆襲擊，最終被一揆殺死。因為織田家占領武田領地之後曾採用血腥的手段鎮壓武田家舊臣，所以河尻秀隆的屍體也被一揆眾們高高掛起示眾。

　　眼見甲斐國的動亂越來越嚴重，德川家康又派遣了家臣大須賀康高、原武田家家臣岡部正綱、曾禰昌世率軍進軍甲斐，拉攏武田家舊臣加入德川家，平定甲斐國。

　　在甲斐國發生動亂時，武田家的另一個遺領信濃國也發生了動亂，織田家在此地的家臣森長可等人丟棄領地逃亡，放棄了信濃國。上杉景勝在解除了柴田勝家的威脅之後，立即趁虛而入，率軍占領了北信濃的川中島四郡。

　　六月二十日，德川家康命令甲斐國的武田舊臣依田信蕃等人率軍侵入佐久郡，進入小諸城防守，但是受命侵入佐久郡的武田家舊臣卻在此地與從關東前來的北條軍遭遇。北條家原本在天正八年就從屬織田信長，在甲州征伐時也作為織田軍的一員參陣。但是，在甲州征伐以後，北條家沒有獲得多少實質性的利益，反而織田信長還派遣了重臣瀧川一益進入上野國，負責織田家對關東的事務。

　　本能寺之變以後，北條家立即與織田家斷交，在神流川合戰中擊敗了瀧川一益，隨後就對無主的武田家舊領地發起了侵攻。

德川家康、上杉景勝、北條氏政圍繞武田家舊領地的爭奪戰「天正壬午之亂」正式開始。

▎天正壬午之亂

北條氏政侵入武田家舊領地是以自己是武田信玄的女婿、嫡子北條氏直是武田信玄外孫的名義進行的，與北條家相比，德川家康對武田家舊領地的主權宣告則更有信服力。

七月七日，羽柴秀吉去信德川家康，表示織田家已無力顧及武田遺領了，與其讓甲信被敵人（北條家）奪取，不如請德川殿下奪下。德川家康在收到奪取武田遺領許可後立即率軍出陣甲斐，利用當初武田家滅亡時收留的武田家臣的關係網，將許多武田舊臣都拉攏到了麾下。另外，德川家康將處置信濃國諸事務的權力交給了家臣酒井忠次，同時還令下條賴安、知久賴氏占領佐久郡。

此時北條家已經平定了大半上野國，勢力伸進了信濃國。北條家先是收服了真田昌幸等信濃國眾，隨後又試圖奪取被上杉景勝占領的川中島四郡，兩方在川中島形成了對峙之勢。眼見北信濃陷入僵局，北條氏政只得命令北條軍改變策略，著眼奪取南信濃以及甲斐國。

南信濃諏訪郡的高島城城主諏方賴忠在北條軍到來前就已經投入了北條家的麾下，酒井忠次策反高島城失敗以後，德川軍對高島城發起了攻擊。七月二十九日，北條軍的前鋒、上野國國眾小幡信真率領小幡黨抵達高島城附近，增援諏方賴忠。得知北條軍到來以後，德川軍不得不撤軍，隨即便遭到了北條軍的追擊，一路逃回了甲斐國（追擊德川軍的正是原武田家

285

（四十八）信長的遺產

的「小幡赤備」）。

八月七日，北條軍抵達甲斐國的若神子城，得報後的德川家康在次日將本陣從甲府移到了新府城。此時北條軍的軍勢約有兩萬餘，德川軍卻只有兩千人左右。十二日，德川軍在黑駒迎擊了侵入甲斐國都留郡的北條軍，討取了三百餘北條軍士兵。雖然兵力上北條軍占優勢，但是二者卻在甲斐國對峙了起來。

除了甲斐國以外，德川家也在駿河國的駿東郡以及富士郡頑強地抵抗入侵的北條軍。令人意想不到的是，德川家非但守住了河東二郡，還一度侵入伊豆國奪取了北條家的城池。八月二十六日，清洲會議以後成為織田家家督輔政人的織田信孝下令，讓從屬自己的木曾義昌率軍出陣駿河國支援德川家，同時表達了自己還會繼續派遣援軍的意願。

北條家的優勢就這樣逐漸失去，原本德川家在信濃國只有佐久郡的依田信蕃一人孤軍奮戰，但是隨著木曾義昌的來援，局面大為好轉。九月，德川家康與越後的上杉景勝締結了盟約，使得從屬北條家的小縣郡國眾真田昌幸倒戈，同時織田信雄也派遣了水野重忠率軍前來支援德川家康。

為了對付北條家，德川家康採用的策略與當初和北條家敵對的武田信玄一模一樣，他積極地與下總國、下野國、常陸國的關東豪強們展開外交，構築了針對北條家的「北條包圍網」，織田家也表示，在穩定局面以後將派遣大軍討伐北條家。

不過，織田家的局面卻沒有穩定下來，因為織田信雄、織田信孝兄弟、羽柴秀吉、柴田勝家等家臣之間的對立，織田家內部已經劍拔弩張，根本沒有餘力派遣援軍。在這樣的情況下，織田信雄、織田信孝兄弟身為中間人，開始調解德川家與北條家的戰爭。

十月二十九日，德川家與北條家達成和議，北條家將占領的甲斐國、信濃國的領地讓渡給德川家，德川家也需要承認北條家對上野國的占有，兩家締結姻親關係結成同盟，「天正壬午之亂」宣告結束。

不過，雖然德川家與北條家和談，甲信卻依舊持續不斷地爆發戰事。德川家康對信濃國的控制力十分薄弱，信濃國眾在德川家與上杉家（背後支持者為羽柴秀吉）之間朝秦暮楚，對德川家康製造了許多麻煩，還給了羽柴秀吉介入信濃國的藉口。

另外一方面，在德川家與北條家的和談條件中，還有著讓真田家把上野國沼田領讓渡給北條家的條款，這項條款最終埋下了北條家滅亡的隱患。

從賤岳合戰到長久手合戰

天正十年（1582 年）十二月，因為不滿羽柴秀吉的專權，織田信孝擁戴三法師為主在岐阜城舉兵，柴田勝家、瀧川一益等家臣加入了織田信孝一方。

反觀羽柴秀吉這邊，秀吉早已做好準備，在知會了丹羽長秀、池田恆興、德川家康等人以後，羽柴秀吉表示織田信孝拒絕履行清洲會議的約定，綁架了家督繼承人三法師。為了織田家的安泰，秀吉決定擁戴織田信雄為家督，以獲取討伐逆臣的大義名分。

次年四月，羽柴秀吉在賤岳合戰中擊敗了柴田勝家，隨後柴田勝家在越前國的北莊城自盡，織田信孝也開城投降，後被下令切腹自盡。

賤岳合戰以後，織田信雄名義上是織田家的領導者，但是實際控制的領國不過只有尾張、伊勢、伊賀三國，與羽柴秀吉形成了鮮明的對比。為

（四十八）信長的遺產

　　了對抗日益驕橫的羽柴秀吉，織田信雄不得不仰賴織田家的舊日盟友德川家康。

　　德川家康在這時已經占據甲信大部，又與關東的北條家結盟，解決了後顧之憂。接到織田信雄的求援後，德川家康在天正十二年（1584 年）二月派遣重臣酒井重忠前往尾張與織田信雄接洽。

　　三月六日，織田信雄暗殺了三位有與秀吉內通嫌疑的重臣，此舉意味著織田家正式對羽柴秀吉宣戰。一開始，雙方都認為戰場會在伊勢國，酒井忠次率領的德川軍先陣也在伊勢國布陣。然而，被轉封至美濃的池田恆興父子以及森長可的動向大大地改變了戰局。

　　池田恆興是織田家的舊臣，其母又是織田信長的乳母，與信長是乳兄弟的關係，因此織田信雄非常希望池田恆興能加入己方。然而，池田恆興自從本能寺之變後就唯秀吉馬首是瞻，最終加入了秀吉一方，森長可身為池田恆興的女婿，自然也加入了秀吉方。

　　三月十三日，池田恆興與森長可率軍攻陷了毫無防備的犬山城，德川家康將在北伊勢的酒井忠次派往尾張國支援。三月十七日，森長可軍離開犬山城獨自進軍羽黑，在此地遭到了酒井忠次的攻擊戰敗，森長可在羽黑合戰的敗仗，為之後的長久手合戰埋下了伏筆。

　　三月二十八日，德川家康前往小牧山布陣，羽柴秀吉也在擊敗了紀伊國一揆眾後，率軍前往小牧山附近的樂田布陣。因為美濃國勢力的動向，這場合戰的交戰場所由伊勢國轉向了尾張國。

　　根據《當代記》的記載，在小牧山城布陣的織田、德川軍有一萬六、七千人左右，而在樂田布陣的羽柴秀吉軍則有十萬人。但是，根據秀吉的陣立書來看，四月時羽柴軍在此地的軍隊其實只有六萬一千五百人，遠不

及十萬。不過即便如此，織田、德川聯軍與羽柴軍的兵力對比仍舊懸殊。

羽柴秀吉並不想為攻打德川家康所在的小牧山城而白白犧牲兵力，為了將織田、德川軍從小牧山城引出，羽柴秀吉制定了以別動隊侵攻德川家康老巢三河國的計畫。

四月六日，羽柴秀吉以外甥三好信吉（羽柴秀次）為總大將，以池田恆興父子、森長可為前鋒，堀秀政、長谷川秀一為軍監，率領兩萬四千人的軍勢朝著三河國進軍。另一方面，德川家康得知別動隊的動向後，留下了酒井忠次、石川數正、本多忠勝等作為小牧山城的留守部隊，自己在四月八日夜裡偷偷率軍出城，進入了尾張國的小幡城，隨後準備對別動隊發起奇襲。

四月九日上午，德川家康以榊原康政、大須賀康高作為前鋒，突然襲擊了羽柴軍別動隊的殿軍三好信吉的軍勢，長久手合戰爆發。正在食用早飯的三好軍沒有料到小牧山城的織田、德川聯軍已經出城，猝不及防，頃刻之間便戰意全無，全軍崩潰。堀秀政、長谷川秀一得知三好軍敗走以後，急忙派遣使者通知前鋒的池田恆興與森長可，自己則率領著軍勢返回長久手迎戰德川軍，勉強擊敗了德川軍的前鋒。

此時德川家康的本隊也與池田恆興、森長可遭遇，兩軍隨即展開激戰。混戰之中，池田恆興父子、森長可均死於戰陣中，羽柴軍的別動隊全軍崩潰，戰死者近萬人。當羽柴秀吉收到敗報，率軍前去準備與德川家康決一死戰時，德川家康卻早已率軍離開戰場，返回了小牧山城。

不過，雖然羽柴軍的別動隊戰敗，但是羽柴秀吉的主力尚在。在長久手合戰以後，織田、德川聯軍便再沒有和羽柴軍有過大規模的交戰，反而羽柴秀吉不斷地攻陷了聯軍方的城池。

（四十八）信長的遺產

　　小牧・長久手合戰看似是織田、德川兩家與羽柴家的交戰，實際上卻捲入了非常多的勢力，加入聯軍方的有北條家、長宗我部家、紀伊國一揆、佐佐成政等，而加入羽柴秀吉方的則有毛利家、上杉家、佐竹家等等，並且羽柴秀吉還掌控著京畿與西國大部的領地，實力非常雄厚。

▎關白任官

　　德川家康雖然在長久手合戰中獲勝，綜合國力的差距卻在之後的對峙中顯露了出來：信濃國的木曾義昌受到羽柴方的策反背叛了德川家，隨之同國的伊那郡國眾也有了不穩定的動向；德川家的盟友北條家因為上杉家、佐竹家的牽制，無法對德川家康進行有效的支援；再加上羽柴秀吉的實力足以多線作戰，聯軍方的勢力相繼都遭到了羽柴秀吉的攻擊。

　　為了解決軍力不足的問題，德川家康對全領國下發了包括農民在內的總動員令。十一月十一日，織田信雄擅自與羽柴秀吉議和，割讓除北伊勢五郡的伊勢國與伊賀國，並向羽柴秀吉遞交人質，此舉名為議和，實際上是織田信雄向羽柴秀吉投降。

　　進入天正十三年（1585年）後，羽柴秀吉建立起了絕對的優勢。三月，羽柴秀吉敘任正二位內大臣，威勢凌駕於織田家，以羽柴家為核心的羽柴政權正式粉墨登場。四月，根來寺、雜賀等地的一揆遭到羽柴軍的攻擊，和泉、紀伊的反秀吉一揆勢力遭到鎮壓。

　　七月十一日，在羽柴秀吉的操作下，朝廷下旨讓秀吉敘任從一位關白，這是日本歷史上第一個非藤原氏出身的關白（嚴格來說當時秀吉也算藤原氏養子）。雖然江戶時代捏造秀吉真正想要出任的是征夷大將軍，但

關白任官

是實際上並沒有證據,並且公家的關白在世人眼中地位也要遠遠比武家的征夷大將軍高出許多。

出任關白後,秀吉開始對四國的長宗我部氏動手,羽柴軍如風捲殘雲一般席捲了整個四國島。八月,長宗我部元親不得不以安堵土佐國為條件臣服於羽柴秀吉。八月末,佐佐成政所在的北陸也遭到了羽柴軍的侵攻,佐佐成政剃髮歸降。

與一帆風順的羽柴秀吉相比,德川家康的境地越來越窘迫了。六月時信濃國的真田氏、小笠原氏背叛德川家加入羽柴家麾下;十一月,德川家的岡崎城城代石川數正出逃,投奔了羽柴秀吉。除了沒幫上什麼忙的北條家,德川家康已經是眾叛親離、窮途末路了。

十一月十九日,羽柴秀吉決定,在次年正月正式對德川家的領地發起總攻。此時的德川家陷入了比當年武田家來襲更恐怖的危機中,並且這一次沒有盟友織田信長支援自己了。為了挽救領國危機,德川家康甚至許可在早年的「三河一向一揆」中被自己逐出領地的一向宗寺院返回舊寺,希望寺社的武裝力量能夠加入德川軍共同迎戰即將到來的羽柴軍。

好在上天還是眷顧德川家康的,十一月二十九日夜裡,日本發生了天正大地震,羽柴領地在地震後百業凋敝,最終秀吉緩和了攻勢,改變了對德川家的策略。德川家康也非常識相地借坡下驢,表示臣服於羽柴家。

天正十四年(1586年)九月,朝廷下旨讓秀吉出任「太政大臣」,同時下賜了一個全新的氏名「豐臣」。豐臣與織田、武田、上杉、羽柴這些「苗字」不同,是屬於和「源平藤橘」並列的「氏」。

日本從此正式迎來了由豐臣家統治的時代,這又是另一段故事了,日後有機會的話我們可以再詳細說說。

(四十八)信長的遺產

參考書目

- 《信長記》，太田牛一 著，池田文庫本
- 《信長公記》，太田牛一 著，奧野高広 巖沢願彦 校注，角川日本古典文庫
- 《甫庵信長記》，小瀨甫庵 著，神郡周校注，現代思潮社
- 《織田信長の文書研究》，奧野高廣 著，吉川弘文館
- 《寬永諸家系図伝》，續群書類從完成會
- 《寬政重修諸家譜》，堀田正敦 編
- 《現代語訳三河物語》，大久保彥左衛門 著，小林賢章 訳，ちくま學藝文庫
- 《現代語訳信長公記》，太田牛一 著，中川太古 訳，新人物文庫
- 《現代語訳信長公記天理本首巻》，太田牛一 著，かぎや散人 訳，デイズ
- 《織田信長》，桐野作人 著，新人物文庫
- 《信長の戰爭》，藤本正行 著，講談社學術文庫
- 《戰國期の室町幕府》，今谷明 著，講談社學術文庫
- 《鉄砲伝來》，宇田川武久 著，講談社學術文庫
- 《上杉謙信の夢と野望》，乃至政彥 著，ワニ文庫
- 《桶狹間の戰い》，藤本正行 著，洋泉社
- 《長篠の戰い》，藤本正行 著，洋泉社

參考書目

- 《本能寺の変》，藤本正行 著，洋泉社
- 《鉄砲隊と騎馬軍団—真説・長篠合戦》，鈴木眞哉 著，洋泉社
- 《本能寺の変と明智光秀》，洋泉社編集部 編，洋泉社
- 《秀吉の出世と伝説》，渡邊大門 著，洋泉社
- 《明智光秀》，谷口研語 著，洋泉社
- 《再検証長篠の戦い》，藤本正行 著，洋泉社
- 《明智光秀 殘虐と謀略》，橋場日月 著，祥伝社新書
- 《天下人の父・織田信秀》，谷口克広 著，祥伝社新書
- 《豊臣秀吉》，小和田哲男，中公新書
- 《信長と消えた家臣たち》，谷口克広 著，中公新書
- 《織田信長＜天下人＞の実像》，金子拓 著，講談社現代新書
- 《黒田官兵衛》，渡邊大門 著，講談社現代新書
- 《織田信長》，神田千里 著，ちくま新書
- 《戰國大名武田氏の戦争と內政》，鈴木將典 著，星海社
- 《室町幕府全將軍・管領列伝》，日本史史料研究會 監修，平野明夫 編集，星海社
- 《武田信玄と勝頼》，鴨川達夫 著，巖波新書
- 《足利義稙》，山田康弘 著，戎光祥出版
- 《斎藤道三と義龍・龍興》，横山住雄 著，戎光祥出版
- 《駿河今川氏十代》，小和田哲男 著，戎光祥出版
- 《朝倉孝景》，佐藤圭 著，戎光祥出版

- 《織田信長の尾張時代》，横山住雄 著，戎光祥出版
- 《武田信玄と快川和尚》，横山住雄 著，戎光祥出版
- 《室町幕府將軍列伝》，榎原雅治 清水克行 編集，戎光祥出版
- 《北條氏康の妻 瑞渓院》，黒田基樹 著，平凡社
- 《松永久秀と下剋上》，天野忠幸 著，平凡社
- 《秀吉の武威、信長の武威》，黒嶋敏 著，平凡社
- 《武田勝頼》，丸島和洋 著，平凡社
- 《德川家康》，柴裕之 著，平凡社
- 《淺井氏三代》，宮島敬一 著，吉川弘文館
- 《今川義元》，有光友學 著，吉川弘文館
- 《足利義昭》，奥野高広 著，吉川弘文館
- 《信長軍の合戦史》日本史史料研究會 監修 渡邊大門 編集，吉川弘文館
- 《武田信玄》平山優 著，吉川弘文館
- 《戰國時代の足利將軍》山田康弘 著，吉川弘文館
- 《天正壬午の亂》，平山優 著，吉川弘文館
- 《検証長篠合戦》，平山優 著，吉川弘文館
- 《長篠合戦と武田勝頼》，平山優 著，吉川弘文館
- 《信長の天下布武への道》，谷口克広 著，吉川弘文館
- 《定本 德川家康》，本多隆成 著，吉川弘文館
- 《織田信長》池上裕子 著，吉川弘文館
- 《天皇と天下人》，藤井讓治 著，講談社

參考書目

- 《戰國ウォーク長篠・設楽原の戦い》，小和田哲男 監修，小林芳春 編集，黎明書房
- 《長篠・設楽原合戰の真実》，名和弓雄 著，雄山閣
- 《戰國大名武田氏の家臣團》，丸島和洋 著，教育評論社
- 《上杉謙信》，矢田俊文 著，ミネルヴァ書房
- 《武田信玄》，笹本正治 著，ミネルヴァ書房
- 《戰國三好一族》，今谷明 著，新人物往來社
- 《越後上杉一族》，花ヶ前盛明 著，新人物往來社
- 《武田氏年表》，武田氏研究會 編集，高志書院
- 《上杉氏年表》，池享 矢田俊文 編集，高志書院
- 《今川氏年表》，大石泰史 編集，高志書院
- 《北條氏年表》，黑田基樹 編集，高志書院
- 《証言本能寺の変》，藤田達生 著，八木書店
- 《考証織田信長事典》，西ヶ谷恭弘，東京堂出版
- 《秀吉の虛像と実像》，堀新 井上泰至 編集，笠間書院
- 《德川家康三方ヶ原戰役畫像の謎》原史彦，『金鯱叢書』第 43 輯
- 《戰國大名武田氏の貫高制と軍役》湯本軍一 著，『法政史學』第 29 號

織田信長，室町幕府的終章：

尾張權力統合、京都政治重構……打破戰國舊格局的天下構想

作　　　者：北條早苗
發　行　人：黃振庭
出　版　者：複刻文化事業有限公司
發　行　者：崧燁文化事業有限公司
E - m a i l：sonbookservice@gmail.com
粉　絲　頁：https://www.facebook.com/sonbookss/
網　　　址：https://sonbook.net/
地　　　址：台北市中正區重慶南路一段61號8樓 8F., No.61, Sec. 1, Chongqing S. Rd., Zhongzheng Dist., Taipei City 100, Taiwan
電　　　話：(02)2370-3310
傳　　　真：(02)2388-1990
印　　　刷：京峯數位服務有限公司
律師顧問：廣華律師事務所 張珮琦律師

-版權聲明-

本書版權為淞博數字科技所有授權複刻文化事業有限公司獨家發行電子書及紙本書。若有其他相關權利及授權需求請與本公司聯繫。未經書面許可，不得複製、發行。

定　　　價：420元
發行日期：2025年08月第一版
◎本書以POD印製

國家圖書館出版品預行編目資料

織田信長，室町幕府的終章：尾張權力統合、京都政治重構……打破戰國舊格局的天下構想 / 北條早苗 著. -- 第一版. -- 臺北市：複刻文化事業有限公司, 2025.08
面；　公分
POD版
ISBN 978-626-428-203-1(平裝)
1.CST: 織田信長 2.CST: 傳記
783.1856　　114010265

電子書購買

爽讀APP　　臉書